한국인공지능협회 추천도서

AI와 함께 평생 일하는 기술

50대 이후, 안정적인 커리어를 위한 실전 전략

정종기 지음

"AI와 동거하면 새로운 삶이 시작되고 AI와 협업하면 새로운 직업이 생깁니다"

 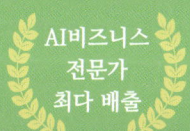 

AI활용 최다 수강생 배출   AI비즈니스 전문가 최다 배출   기업대상 AI활용 최다 강의

[세종도서 선정] 저자의 신간

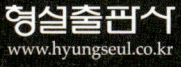

형실출판사
www.hyungseul.co.kr

프롤로그

AI시대, 우리는 어떻게 평생 일할 수 있을까?

AI로 재창조되는 내 커리어의 미래

우리는 지금, 하나의 혁명적인 변화의 시대에 살고 있다. 기술이 모든 산업과 삶의 방식을 급격하게 바꾸고 있는 지금, 그 중심에는 '생성형 AI'라는 혁신적인 기술이 자리잡고 있다. 이 변화는 단순히 기술적인 진보를 넘어서, 우리의 일과 삶의 방식을 근본적으로 바꿔 놓을 것이다. 그리고 이 책은 바로 그 변화를 어떻게 포용하고, 나아가 우리의 커리어와 미래를 새롭게 창조할 수 있을지에 대한 실질적인 길잡이가 될 것이다.

AI 기술은 단순한 자동화의 수준을 넘어, 이제는 창작하고 사고하며 인간과 협업하는 새로운 차원으로 발전하고 있다. 이 거대한 변화의 물결 속에서 가장 중요한 질문은 이것이다. **"우리는 AI 시대에 어떻게 살아남고, 더 나아가 지속 가능한 미래를 만들어갈 것인가?"**

AI는 우리를 대체하는 것이 아니다. 우리가 AI와 함께 성장할 기회를 제공하는 것이다.

수년 전, AI가 사람의 일을 대체한다고 했을 때 우리는 그것을 미래의 일로만 여겼었다. 그러나 이제 AI는 그저 자동화와 기계적 작업을 넘어서 창의적이고 혁신적인 협업의 동반자로 자리잡고 있다. '생성형 AI'는 우리가 기존에 가지고 있던 개념을 뛰어넘는 새로운 차원의 기술을 제시하며, 우리가 일하는 방식을 완전히 재구성하고 있다. AI는 우리의 업무를 자동화하고, 반복적인 작업을 덜어내며, 동시에 우리가 그동안 해오지 못한 창의적이고 가치 있는 작업을 가능하게 만든다.

이 책은 여러분에게 AI의 이런 가능성에 대한 깊은 이해를 제공하며, AI를 어떻게 활용할 수 있는지에 대한 실용적인 가이드를 제공한다. 생성형 AI는 단순히 기술적인 도구에 그치지 않는다. 그것은 우리의 경험과 지식을 새로운 방식으로 연결하고, 혁신적인 아이디어를 창출할 수 있는 강력한 촉매 역할을 한다.

지속 가능한 커리어를 만들기 위한 첫걸음

우리는 모두 빠르게 변화하는 세상 속에서 살아가고 있다. 직업의 형태와 요구되는 역량이 끊임없이 변하고 있으며, 이에 따라 기존의 일자리가 사라지거나 새로운 직업이 탄생하고 있다. AI는 기존의 직업을 대체하는 것이 아니라, 새로운 기회를 제공하며, 더 효율적이고 창의적인 업무 방식을 만들어간다.

이 책은 여러분이 AI를 어떻게 활용하여 변화의 흐름에 대응하고, 지속 가능한 커리어를 설계할 수 있는지에 대한 실질적인 전략을 제시한다. 단순히 직업을 유지하는 것을 넘어, AI를 활용하여 새로운 직업군으로의 전환, 그리고 경쟁력을 갖춘 전문가로 자리매김할 수 있는 방법을 제시한다. 생성형 AI는 기술적인 학습에 그치지 않고, 여러분의 경험과 지식을 어떻게 재구성하고 확장할 수 있을지에 대한 구체적인 방향을 제시할 것이다.

새로운 기회를 창출하는 혁신적인 기술

AI가 제공하는 기회는 단지 직업을 유지하고 생산성을 높이는 데 그치지 않는다. 그것은 우리가 바라지 않았던 새로운 기회를 창출한다. 기존의 업무 방식을 혁신할 수 있을 뿐만 아니라, 새로운 직업, 새로운 비즈니스 모델을 만들 수 있는 잠재력을 지니고 있다. AI는 인간이 할 수 있는 업무의 범위를 확장시켜주고, 우리가 더욱 창의적이고 가치 있는 활동에 집중할 수 있도록 돕는다.

따라서 AI는 더 이상 '위협'이 아니다. 그것은 우리의 동반자이며, 우리가 새로운 성공을 거두는 데 필요한 도전과 기회를 제공하는 파트너이다. 이 책은 바로 그런 AI의 진정한 역할을 이해하고, 그것을 자신의 커리어와 삶에 어떻게 적극적으로 적용할 수 있을지에 대한 구체적인 방법을 알려준다.

지금, AI와 함께 새로운 미래를 준비할 때이다.

AI가 발전할수록 새로운 기회가 생기는 동시에 기존의 직업과 일자리는 변화할 수밖에 없다. 그렇다면 우리는 AI와 경쟁하는 것이 아니라, AI를 활용하여 우리 자신을 더욱 가치 있는 존재로 만들어야 한다.

지금 이 순간에도 AI는 인간의 생산성을 높이고, 새로운 창작과 혁신을 가능하게 만들고 있다. **AI를 활용하면, 첫째,** 기존의 업무를 자동화하여 더 높은 부가가치를 창출할 수 있다. **둘째,** 새로운 직업을 만들고, 기존 직업의 경쟁력을 강화할 수 있다. **셋째,** AI를 활용한 창의적 활동과 지속 가능한 수익 모델을 개발할 수 있다.

AI는 그 자체로 마법 같은 존재가 아니다. AI를 이해하고, 적절히 활용하는 것은 우리 모두에게 가능한 일이다. 우리가 지금 이 순간부터 AI를 학습하고 활용하는 방법을 알게 된다면, 미래는 더 이상 두려운 것이 아니라, 우리가 원하는 대로 형성할 수 있는 기회의 땅이 될 것이다.

이 책은 AI를 통한 경력 전환, 창의적 활동의 활성화, 지속 가능한 수익 모델 창출 등, 다양한 실용적인 방법을 제공하여 여러분이 미래를 준비하는 데 필요한 동기를 부여하고 길을 제시한다. 이제는 기술의 변화에 대응하는 것을 넘어, 그 변화의 주도자가 될 때이다. AI를 활용하여, 여러분의 커리어는 물론 삶 전체를 새롭게 창조하는 기회를 맞이해 보면 좋겠다.

AI와 함께하는 여정의 시작

우리는 모두 100세 시대에 살고 있다. 하지만 100세 시대는 단지 긴 수명의

축복만을 의미하지 않는다. 그것은 지속적으로 배우고 성장해야 하는 시대이기도 하다. AI는 그 지속적인 학습과 성장을 돕는 중요한 동반자가 될 것이다. AI를 배우고 활용하는 능력은 곧 우리의 경쟁력이다.

이 책을 통해 여러분은 단순히 AI의 기술적 측면을 배우는 것이 아니라, AI를 활용하여 어떻게 더 나은 미래를 설계할 수 있을지에 대한 실질적인 방법을 얻게 될 것이다. 이 책은 AI 시대에서 지속 가능한 커리어와 새로운 기회를 찾는 모든 사람들에게 실질적인 가이드를 제공할 것이다. AI와 함께하는 여정을 시작하여, 변화하는 세상 속에서 지속 가능한 성공을 이루어 나가길 바란다. 지금이 바로 AI를 활용한 새로운 커리어와 미래를 준비할 시간이다.

AI를 활용한 지속 가능한 성공을 향해 나아가자!

**AI시대에 뒤처지지 않고, 평생 일할 수 있는 기술
지금 당신의 인생 2막이 시작된다.**

본서의 구성

본서는 총 5장으로 구성되어 있으며 그 내용은 다음과 같다.

1장인 '**생성형 AI란 무엇이고, 무엇이 가능한가**'에서는 생성형 AI란 무엇인가?, 생성형 AI와 판별 AI의 차이점, ChatGPT 학습과정의 이해, 생성형 AI의 데이터 처리 프로세스의 이해, 프롬프트 엔지니어링 기술(질문의 기술), ChatGPT 답변 도출 원리 세부 3단계, ChatGPT 무엇이고 무엇이 가능한가, 이미지 생성 인공지능(Text to Image), 음악생성 인공지능(Text to Music), 활용 가능한 다양한 생성형 AI Tools 모음 등의 내용으로 구성하여 서술하였다. 이 장을 통해 AI를 활용하여 **새로운 창작과 혁신을 이끌어가는 방법**을 익힐 수 있다.

2장인 '**생성형 AI와 함께하는 지속 가능한 평생 커리어 관리**'에서는 AI로 변화하는 직업 트렌드, AI가 만든 100세 시대의 10가지 커리어 모델, 생성형 AI를 활용한 경력 전환 모델, AI기술을 활용한 기존 직업 차별화된 경쟁력 창출 방안, 지속 가능한 수익 창출 전략, 자신의 경험과 기술을 바탕으로 경력 유지 및 확장 방안, 경력 유지와 확장의 지속 가능성은 본인 책임, AI를 활용한 지속적인 자기 개발 및 개인 브랜드 구축 전략, AI 기반의 새로운 네트워크 형성 및 관리 전략, AI를 활용한 개인 및 기업의 글로벌 시장 진출 전략 등의 내용으로 서술하였다. AI는 기존의 직업을 대체하기도 하지만, **새로운 기회를 창출**하기도 한다. AI와 협업하는 법을 배운다면, **더 오랫동안, 더 안정적으로 커리어를 유지할 수 있다**.

3장인 '**생성형 AI를 활용한 지속적인 수익 창출 전략**'에서는 생성형 AI를 활용한 재택 근무 수익 창출 전략, 생성형 AI로 취미와 특기를 비즈니스로 전환하는 방법, 생성형 AI를 활용한 진로 코치하기(초.중.고), 생성형 AI로 프리랜서 시장에서의 경쟁력 강화 방안, 생성형 AI로 집에서 효율적이고 창의적인 생활 만들기, 생성형 AI를 활용한 기업 컨설팅 및 자문 업무 수행, AI를 통한 새로운 수익 창출 기회(AI활용 내자산 내가불리기), 생성형 AI를 활용한 맞춤형 글쓰기 절차와 방법, 생성형 AI를 활용한 온라인 강의 및 교육 콘텐츠 제작 방법, 생성형 AI를 활용한 'AI 여행 컨시어지 전문가' 되기 등의 내용으로 서술하였다. 이 장에서는 AI를 활용한 **실질적인 수익 창출 방법**을 다루며, AI가 어떻게 **새로운 기회를 만들어낼 수 있는지** 설명한다.

4장인 '**생성형 AI를 활용한 직무 연속 및 직업 전환 사례**'에서는 초·중·고등학교 교사의 직무 연속 및 직업 전환 사례, 제조업 직원의 직무 연속 및 직업 전환 사례, 공공기관 공무원의 직무 연속 및 직업 전환 사례, 의료기관 근무자의 직무 연속 및 직업 전환 사례, 금융기관 직원의 직무 연속 및 직업 전환 사례, 법률 전문 업무 담당 직원의 직무 연속 및 직업 전환 사례, 언론기관 직원의 직무 연속 및 직업 전환 사례, IT회사 직원의 직무 연속 및 직업 전환 사례, 일반 회사 근무 직원의 직무 연속 및 직업 전환 사례, 중소기업 대표의 사업 전환 및 직업 전환 사례 등을 도움될 수 있도록 이해하기 쉽게 정리하여 서술하였다. **생성형 AI를 활용해 기존 직업을 유지하며 생산성을 높일 수 있고**, 새로운 기술을 학습하여 관련된 분야로 **전환할 기회를 가질 수 있다.**

 ## 감사의 말

　이 책을 준비하면서 컴퓨터공학과 경영학을 전공하고 35년 이상 삼성과 오라클, 얼라이언스코리아, 한국인공지능인재개발원에서 500개 이상 국내외 기업 및 정부기관을 대상으로 수행한 디지털전환, AI 도입 및 활용 컨설팅 등을 수행한 실전 경험이 도움이 되었고, 국내 최초 "ChatGPT 업무 및 비즈니스 활용 역량 과정" 운영(누적 수강생 2,000명)과 카이스트 AI연구교수, 한국외대 겸임교수, 서울디지털대학교 초빙교수, 서울대, 아주대, KMAC, 기획재정부 등 정부 공공기관에서 디지털전환, 인공지능, 생성형 AI, 융합기술 관련 강의(누적 수강생 12,000명)를 위해 연구하고 준비한 내용들이 많은 도움이 되었다.

　나는 인공지능(AI), 디지털전환(DX.AX), 플랫폼 비즈니스 분야에 관심과 전문성을 가지고 있지만, 내가 경험하고, 학습하고, 연구하고, 고민했던 부분에 대해서만큼은 조금 더 이해하고 있고, 조금 더 알고 있을 뿐이다. 그렇기 때문에 가능한 독자들이 이해하기 쉽도록 서술하기 위해 노력하였다. 그럼에도 불구하고 부족한 부분이 너무 많은 것 같다.
　저에게 많은 가르침과 도움을 주신 교수님, 지인, 친구들 그리고 저도 모르는 사이에 저에게 도움을 주신 모든 분들께 감사를 드립니다.

　끝으로 이 책이 출판될 수 있도록 물심양면으로 지원해 주시고 응원해주신 모든 분들에게 감사의 말씀을 전하고 싶다.

본 책을 준비하면서 밤 늦은 시간 집에 들어가면 맛있는 음식과 막걸리를 내놓으며 수고했다는 말과 함께 이 책이 완성될 수 있도록 옆에서 용기를 북돋아 준 사랑하는 아내 이계영과 지금은 세계 최고의 AI 비즈니스 전문가를 꿈꾸며 글로벌 기업인 SAP에서 근무중인 딸 서현이와 온라인 플랫폼 서비스 사업을 하고 있는 아들 현진이에게 주말에 같이 놀지 못하고 즐거운 시간을 많이 갖지 못해 미안한 마음과 함께 이 기쁨과 감사의 마음을 전합니다.

2025년 7월
새로운 미래를 창조하는 정종기

추천사

국내 최고의 명사분들이 직접 보내온 리얼 추천사입니다.

AI와 동거하면 새로운 삶이 시작되고 AI와 협업하면 새로운 직업이 생깁니다. AI에 새로운 길이 있습니다.

이 책 『AI와 함께 평생 일하는 기술』은 그 길을 가장 빠르고 정확하게 안내하는 최고의 나침반입니다. 이 책을 통해 독자들은 AI와의 공존을 넘어, **AI와 함께 스스로의 가치를 수십 배로 끌어올리는 방법**을 배울 수 있습니다.

윤은기, 경영학박사, 협업크리에이터, 중앙공무원교육원장(24대)

이제 기업과 사람의 경쟁력의 기준이 바뀌고 있다. 새롭게 출현한 생성형AI를 동반자로 인식하고 이를 잘 활용하느냐?에 달려 있다. 생성형 AI는 단순한 공학적 기술적 역량을 갖춘 사람보다 오히려 경험이 많고 인문학적 요소를 가진 사람이 더 유리하다는 생각이다. 이러한 중.장년을 위한 실용적인 AI가 절실한 때에 책이 출간되어서 반갑다. 현재의 직무에서 더욱 역량을 키우려는 분이나 새로운 커리어를 찾으려는 분 모두에게 아주 유용한 책이다. 일독을 권한다.

이금룡, (사)도전과나눔 이사장, 옥션 대표, 한국인터넷기업협회 초대회장

AI가 모든 것을 바꾸는 격변기를 살아가고 있습니다.

이미 늦었다고 생각하는 이들은 나락으로 떨어지는 반면, 지금 부터라도 AI, 신기술을 적극적으로 배워 활용하겠다는 그룹은 과거 보다 더 나은 미래를 맞이하게 될 것입니다.

선택은 나에게 달려있습니다.

마침 이론과 실무에 정통한 최고 전문가가 쓴 'AI와 함께 평생 일하는 기술' 특히, 50대 이후, 안정적인 커리어를 위한 실전 전략 책이 출간되었습니다. 모든 시니어분들께 강력히 추천합니다.

조영탁, 휴넷 대표

AI의 물결을 파도가 아닌 발판으로 바꾸는 책이다. 생성형 AI를 손에 쥐고 커리어를 다시 설계하는 길을 또렷이 제시하고, 무거운 이론 대신 살아 있는 사례와 즉시 가동할 전략을 보여준다. 페이지마다 두려움은 사라지고 인생의 설계도가 펼쳐질 것이다. AI와 손잡고 백세 시대를 주도할 당신의 두 번째 막을 만들기를 바란다.

김현철, 한국인공지능협회 회장

 **차례**

서문 AI시대, 개인의 성장동력 무엇으로 어떻게 찾을 것인가?
생성형 AI가 인간의 미래를 바꾸고 있다!
AI와 함께 지속가능한 커리어 관리와 성공전략이 필요하다.

프롤로그

본서의 구성

감사의 말

추천사

Part 1 : 생성형 AI란 무엇이고, 무엇이 가능한가

1. 생성형 AI란 무엇인가? 018
2. 생성형 AI와 판별 AI의 차이점 026
3. ChatGPT 학습과정의 이해 030
4. 생성형 AI의 데이터 처리 프로세스의 이해 035
5. 프롬프트 엔지니어링 기술(질문의 기술) 039
6. ChatGPT 답변 도출 원리 세부 3단계 047
7. ChatGPT 무엇이고 무엇이 가능한가 050
8. 이미지 생성 인공지능(Text to Image) 059
9. 음악생성 인공지능(Text to Music) 070
10. 활용 가능한 다양한 생성형 AI Tools 모음 079

Part 2 : 생성형 AI와 함께하는 지속 가능한 평생 커리어 관리

1. AI로 변화하는 직업 트렌드 086
2. AI가 만든 100세 시대의 10가지 커리어 모델 092
3. 생성형 AI를 활용한 경력 전환 모델 097
4. AI기술을 활용한 기존 직업 차별화된 경쟁력 창출 방안 103
5. 지속 가능한 수익 창출 전략 110
6. 자신의 경험과 기술을 바탕으로 경력 유지 및 확장 방안 117
7. 경력 유지와 확장의 지속 가능성은 본인 책임 123
8. AI를 활용한 지속적인 자기 개발 및 개인 브랜드 구축 전략 130
9. AI 기반의 새로운 네트워크 형성 및 관리 전략 137
10. AI를 활용한 개인 및 기업의 글로벌 시장 진출 전략 144

Part 3 : 생성형 AI를 활용한 지속적인 수익 창출 전략

1. 생성형 AI를 활용한 재택 근무 수익 창출 전략 154
2. 생성형 AI로 취미와 특기를 비즈니스로 전환하는 방법 161
3. 생성형 AI를 활용한 진로 코치하기(초.중.고) 167
4. 생성형 AI로 프리랜서 시장에서의 경쟁력 강화 방안 175
5. 생성형 AI로 집에서 효율적이고 창의적인 생활 만들기 182
6. 생성형 AI를 활용한 기업 컨설팅 및 자문 업무 수행 189
7. AI를 통한 새로운 수익 창출 기회(AI활용 내자산 내가불리기) 195
8. 생성형 AI를 활용한 맞춤형 글쓰기 절차와 방법 203
9. 생성형 AI를 활용한 온라인 강의 및 교육 콘텐츠 제작 방법 216
10. 생성형 AI를 활용한 'AI 여행 컨시어지 전문가' 되기 221

Part 4 : 생성형 AI를 활용한 직무 연속 및 직업 전환 사례

1. 초·중·고등학교 교사의 직무 연속 및 직업 전환 사례 230
2. 제조업 직원의 직무 연속 및 직업 전환 사례 235
3. 공공기관 공무원의 직무 연속 및 직업 전환 사례 239
4. 의료기관 근무자의 직무 연속 및 직업 전환 사례 243
5. 금융기관 직원의 직무 연속 및 직업 전환 사례 248
6. 법률전문 업무 담당 직원의 직무 연속 및 직업 전환 사례 253
7. 언론기관 직원의 직무 연속 및 직업 전환 사례 257
8. IT회사 직원의 직무 연속 및 직업 전환 사례 262
9. 일반 회사 근무 직원의 직무 연속 및 직업 전환 사례 267
10. 중소기업 대표의 사업 전환 및 직업 전환 사례 272

Part 5 : 별첨_참고문헌
   1. 참고문헌   278

Part 1

생성형 AI란 무엇이고,
무엇이 가능한가

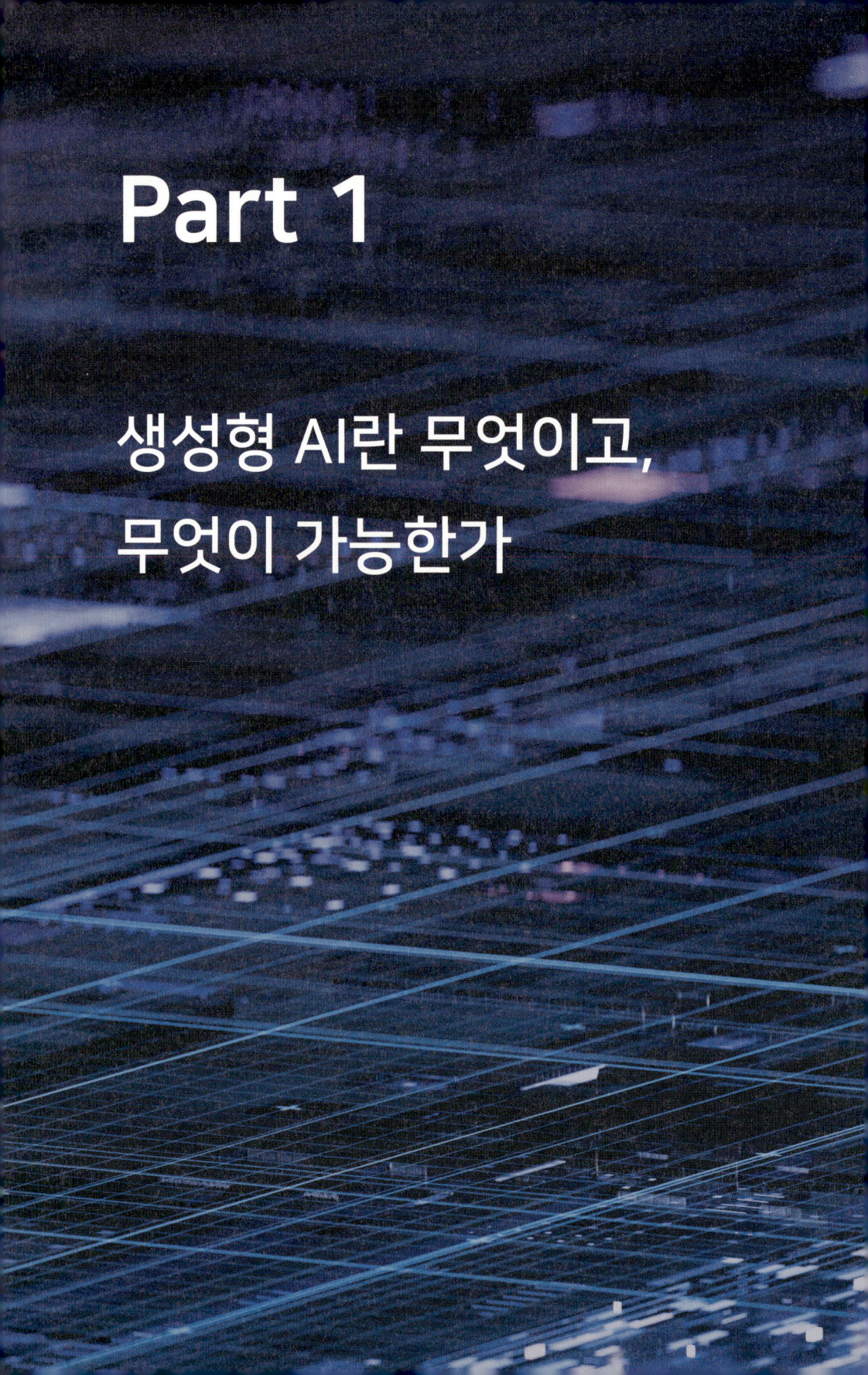

1. 생성형 AI란 무엇인가?

가) 생성형 AI의 정의

생성형 AI(Generative AI)는 인공지능의 한 종류로, 주어진 데이터를 학습하여 새로운 콘텐츠를 생성할 수 있는 기술이다. 즉, 입력된 데이터를 바탕으로 새로운 콘텐츠를 생성할 수 있는 인공지능을 말한다. 기존의 AI는 주로 데이터 분석, 분류, 예측을 중심으로 사용되었지만, 생성형 AI는 학습된 데이터를 활용해 창의적인 결과물(텍스트, 이미지, 음성, 동영상 등)을 스스로 만들어낼 수 있다는 점이 차별화된다.

예를 들어, 오픈AI의 ChatGPT 같은 AI는 방대한 양의 텍스트 데이터를 학습한 후 사용자의 입력(프롬프트)에 맞춰 새로운 텍스트를 생성한다.

사용자가 "한 달 동안 다이어트할 수 있는 저칼로리 식단을 제안해 주세요"라고 요청하면, 생성형 AI는 사용자의 요청을 이해하고 다음과 같은 텍스트를 생성할 수 있다.

생성형 AI의 출력, "1일차 아침: 오트밀과 블루베리, 점심: 닭가슴살 샐러드, 저녁: 고구마와 그릴드 채소. 2일차 아침: 요거트와 견과류, 점심: 연어 스테이크, 저녁: 퀴노아와 채소볶음." 또 다른 예로, DALL·E라는 AI는 사용자가 "바닷가에서 노을을 즐기는 고양이 그림"과 같은 문장을 입력(프롬프트)하면, 이를 바탕으로 고유한 이미지를 생성해준다. 이처럼 생성형 AI는 창의적이고 사람과 유사한 방식으로 새로운 콘텐츠를 만들어내는 것이 특징이다.

나) 생성형 AI의 주요 특징

(1) 자가 학습(Self-supervised Learning)을 통한 자율적 성장과 창의성

생성형 AI는 자가 학습 기법을 활용해 정답 데이터 없이도 패턴을 학습할 수 있다. 이를 통해 AI는 스스로 데이터를 분석하고, 규칙성을 발견하여 결과물을 생성한다. 예를 들어, ChatGPT는 방대한 텍스트 데이터를 학습하면서 문장 간의 연관성을 파악해 질문에 맞는 답변을 생성할 수 있다.

좀 더 쉽게 설명하면, 자가 학습은 AI가 정답이 명확하게 주어지지 않은 상황에서도 스스로 데이터를 학습하는 방법이다. 이 학습 방식은 특히 생성형 AI에서 중요한 역할을 한다. 생성형 AI에서 자가 학습이 중요한 이유를 설명 하면 다음과 같다.

자가 학습은 AI가 대량의 데이터를 효율적으로 학습할 수 있도록 도와준다. 사람이 일일이 정답을 알려줄 필요 없이, AI가 스스로 데이터를 이해하고 학습하기 때문에, 보다 넓은 범위의 데이터를 빠르게 다룰 수 있다. 또한, 이 방식은 AI가 새로운 데이터를 만났을 때도 그 의미를 추론하고 적절한 결과를 생성하는 능력을 키워준다.

이를 통해 생성형 AI는 다양한 상황에서 유연하게 대응할 수 있는 능력을 가지게 되며, 실제 비즈니스나 일상에서도 자연스러운 결과를 제공할 수 있게 된다. 이로 인해 다양한 문제 해결에 대한 창의적인 접근이 가능해진다.

생성형 AI는 기존 데이터를 변형하거나 조합해 새로운 콘텐츠를 창출한다. 이는 기존에 없던 아이디어나 창작물을 만들어낼 수 있는 능력을 의미한다. 예를 들어, AI 기반 음악 생성 모델은 기존의 악곡 데이터를 학습한 후, 새로운 멜로디와 리듬을 만들어낸다. 이는 음악 작곡가들이 창의적인 영감을 얻는 데 도움이 되며, 상업적으로도 활용도가 높다.

(2) 확장성을 바탕으로 한 다양한 응용 분야

생성형 AI의 확장성을 바탕으로 한 다양한 응용 가능성은 AI가 특정한 목적이나 분야에 한정되지 않고, 다양한 산업과 응용 분야로 쉽게 적용될 수 있다는 점을 의미한다. 이는 AI의 모델이 대규모 데이터 학습을 통해 계속 확장 가능하기 때문이다.

생성형 AI의 모델은 기본적으로 대규모 언어 모델(Large Language Model: LLM)을 바탕으로 다양한 분야에서 데이터를 학습할 수 있으며, 이를 통해 각 분야의 요구에 맞춘 해결책을 제시하는 능력을 갖추고 있다. 이처럼 **확장성**은 AI가 새로운 분야에도 신속하게 적응하고, 그곳에서 유용한 도구로 자리잡을 수 있도록 돕는 중요한 특징이다.

[그림1] 생성형 AI의 응용 분야

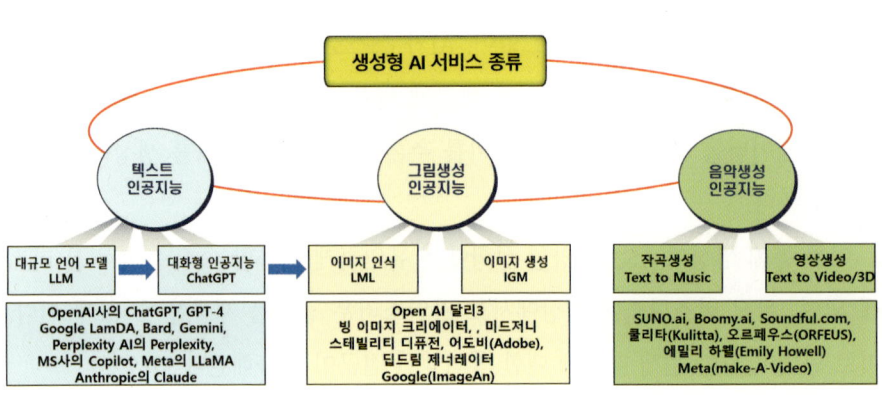

생성형 AI는 [그림1]과 같이 다양한 형태의 콘텐츠를 생성할 수 있다. **대규모 언어모델**을 활용해 사람처럼 자연스럽게 글을 쓰는 **텍스트 인공지능**부터, 입력된 텍스트를 바탕으로 이미지를 그리는 **그림생성 인공지능**, 음악을 작곡하는 **음악생성 인공지능**까지 다양하게 발전하고 있다. 예를 들어, Open AI의 ChatGPT, Google의 Gemini, Perplexity AI의 Perplexity, MS의 Copilot 등은 대화와 문서 작성에 활용되고, DALL-E는 텍스트를 이미지로 변환하며,

SUNO.ai 같은 음악생성 인공지능은 사용자 요구에 맞춘 맞춤형 음악을 작곡한다. 이러한 생성형 AI는 다양한 산업에 걸쳐 효율성을 높이고 창의적인 결과물을 만들어낸다.

이러한 생성형 AI는 다양한 분야에서 활용되고 있다. 주요 응용 분야를 간단하게 설명하면 다음과 같다.

① 먼저 콘텐츠 생성 분야이다. 생성형 AI는 단순히 텍스트 생성에 국한되지 않는다. 이미지 생성, 음악 작곡, 영상 편집 등 다양한 분야에서 응용될 수 있다.

[그림2] OpenAI의 DALL-E로 생성한 이미지

*출처: DALL-E 생성, 정종기 Seed No: 1440895470

OpenAI의 DALL-E라는 생성형 AI는 텍스트 설명을 바탕으로 창의적인 이미지를 생성해준다. 예를 들어, "아래 조건에 맞는 이미지를 생성해줘. 가을 풍경이 보이는 창가에 앉아 책을 읽고 있는 예쁜 한국 여성, 테이블 위에는 스타벅스 커피가 놓여 있다. 반 고흐의 별이 빛나는 밤 스타일" 라는 문구를 프롬프트로 입력하면, [그림2]와 같이 해당 조건에 맞는 독창적인 이미지를 생성한다. 이러한 특징은 마케팅, 디자인, 예술 분야에서 혁신적인 아이디어를 도출하는 데 기여하고 있다.
② 의료분야에서는 의료 데이터 분석 및 진단 지원에서 활용된다.
　　AI 기반 진단 시스템은 환자의 의료 기록과 데이터를 분석해 질병을 예측하고 맞춤형 치료법을 제안한다.
③ 교육분야에서는 맞춤형 학습 자료 생성과 학생 개별 피드백 제공에 활용된다.
　　AI 튜터링 시스템은 학생의 학습 성과를 분석해 적절한 학습 경로를 제시한다.
④ 금융분야에서는 금융 분석, 리스크 관리, 사기 탐지 등에 활용된다.
　　AI 금융 분석 시스템은 방대한 데이터를 분석해 투자 전략을 수립하고, 이상 거래를 실시간으로 탐지한다.
⑤ 엔터테인먼트분야 에서는 영화, 영화 대본 작성, 게임, 음악 등 다양한 엔터테인먼트 콘텐츠 제작에 활용된다.
　　AI는 스토리 라인 생성, 캐릭터 디자인, 게임 환경 구축 등 창의적인 작업을 지원한다.
　이처럼 생성형 AI는 각 산업에서 혁신을 촉진하며, 효율성을 높이고 사용자 경험을 향상시키는 데 중요한 역할을 하고 있다.

다) 생성형 AI의 장점
　생성형 AI의 장점을 [그림3]과 같이 표현할 수 있다.

[그림3] 생성형 AI의 장점

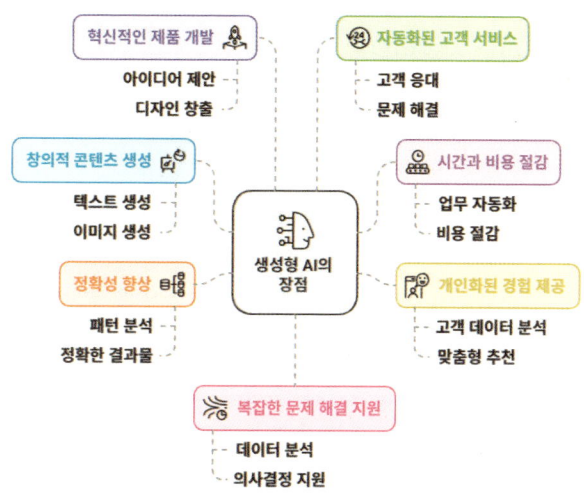

(1) 창의적 콘텐츠 생성

  생성형 AI의 장점은 다양한 분야에서 창의적인 혁신과 효율성을 제공한다. 생성형 AI는 텍스트, 이미지, 음악, 비디오 등 다양한 콘텐츠를 자동으로 생성할 수 있다. 이를 통해 예술, 광고, 마케팅 등에서 창의적이고 독창적인 결과물을 빠르게 생산할 수 있다. 예를 들어, DALL-E와 같은 이미지 생성형 AI는 간단한 텍스트 설명만으로도 예술적 가치가 높은 이미지를 생성할 수 있다.

(2) 시간과 비용 절감

  AI를 활용해 반복적이고 시간 소모적인 작업을 자동화함으로써, 기업은 시간과 비용을 절감할 수 있다. 콘텐츠 작성, 데이터 처리, 고객 응대 등의 업무를 자동화하여 인력 비용을 줄이고, 효율성을 극대화할 수 있다.

(3) 개인화된 경험 제공

  생성형 AI는 고객 데이터를 분석해 개인화된 서비스와 콘텐츠를 제공한다. 고객의 선호도와 행동 패턴을 학습해 맞춤형 추천을 제공함으로써, 고객 만족도를 높이고 충성도를 강화할 수 있다. 예를 들어, 넷플릭스나 유튜브의 추천 시스템은 사용자 경험을 극대화한 사례이다.

(4) 대규모 데이터 학습을 통한 정확성 향상

생성형 AI는 방대한 데이터를 학습해 패턴을 분석하고, 이를 바탕으로 높은 정확도의 결과물을 도출한다. AI는 학습이 진행될수록 더욱 정교해지며, 다양한 상황에서 일관된 품질의 콘텐츠를 생성한다. 이로 인해 비즈니스에서 더 신뢰성 있는 결정을 내릴 수 있다.

(5) 혁신적인 제품 및 서비스 개발

생성형 AI는 새로운 아이디어를 제안하거나, 독창적인 디자인과 제품을 창출할 수 있다. 이를 통해 기업은 혁신적인 제품을 더 빠르게 시장에 출시하고, 경쟁 우위를 확보할 수 있다. 예를 들어, 패션 산업에서 AI는 트렌드를 반영한 새로운 디자인을 제안할 수 있다.

(6) 자동화된 고객 서비스

생성형 AI를 활용한 챗봇은 24시간 고객 응대를 자동으로 처리하며, 정확하고 빠른 응답을 제공한다. 이를 통해 고객 서비스의 품질을 높이고, 고객 문제를 신속하게 해결할 수 있다. 이는 기업의 운영 효율성을 높이고, 고객 만족도를 개선하는 데 기여한다.

(7) 복잡한 문제 해결과 의사결정 지원

생성형 AI는 대규모 데이터를 분석해 복잡한 문제를 해결하고, 의사결정을 지원한다. 예를 들어, 비즈니스 전략 수립 과정에서 AI는 다양한 시나리오를 분석해 최적의 결정을 도출할 수 있도록 도와준다.

⑻ 확장성과 유연성

생성형 AI는 다양한 산업과 응용 분야에서 유연하게 활용될 수 있다. 콘텐츠 생성, 마케팅, 의료, 교육 등 여러 분야에서 맞춤형 솔루션을 제공하며, 필요에 따라 쉽게 확장하거나 적용할 수 있다.

이와 같이 생성형 AI는 창의적인 결과물 생성과 자동화를 통해 다양한 산업에 걸쳐 혁신을 이끌고 있다. 이러한 장점들은 개인과 기업이 더 효율적이고 창의적인 방식으로 비즈니스를 운영하고, 새로운 기회를 창출하는 데 중요한 역할을 한다.

2. 생성형 AI와 판별 AI의 차이점

가) 생성형 AI와 판별 AI의 이해

생성형 AI(Generative AI)와 판별 AI(Discriminative AI)는 인공지능 분야에서 중요한 두 가지 유형별 접근 방식이다. 이들의 차이점을 이해하는 것은 AI 시스템의 설계와 응용에 있어 핵심적인 요소이다.

생성형 AI 등장 이전의 AI는 흔히 판별 AI라고도 한다. 판별 AI는 아래 [그림1]과 같이 개과와 고양이과 동물을 식별해 내는 것 같이 입력된 데이터를 특정 기준에 따라 분류하는 역량이 뛰어나다. 주어진 데이터(사물/현상)에 대해 최적의 방법을 선택하고 실행하는 것까지 나아갈 수 있다. 반면 생성형 AI는 질문에 대해 그럴듯하게 답변하거나, 이미지나 음악 같은 새로운 콘텐츠를 만들어낼 수 있는 점에서 차별적이다. 예를 들어, 개나 고양이와 같은 이미지 데이터셋이 있을 때, 판별 AI는 특정 카테고리나 그룹을 구분해 내는 것에 초점을 맞추지만, 생성형 AI는 비슷하게 생긴 동물들을 미리 모아서 학습해 놓고 사용자 요청에 맞게 유사한 이미지를 출력해주는 것에 초점을 맞춘다.

[그림1] 판별 AI와 생성형 AI의 차이점

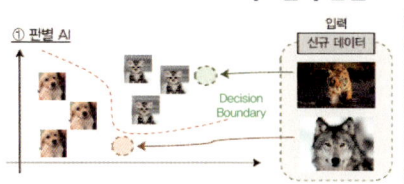
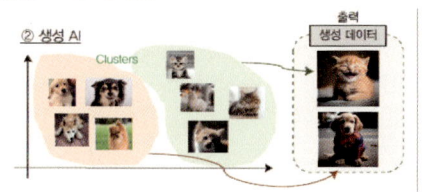

*출처: LG경영연구원

나) 생성형 AI와 판별 AI의 주요 차이점

인공지능 분야에서 중요한 두 가지 유형별 접근 방식을 이해하기 쉽게 살펴보면 [그림2]와 [표1]과 같다.

[그림2] AI(딥러닝의 두 가지 주요 유형)

(1) 생성형 AI(Generative AI)

생성형 AI는 주어진 데이터로부터 새로운 데이터를 생성하는 인공지능의 한 분야이다. 이는 기존의 데이터를 바탕으로 학습하여, 학습 데이터와 유사하지만 새로운 데이터(예: 이미지, 텍스트, 음악 등)를 생성할 수 있다. 생성형 AI의 목적은 실제와 구분하기 어려운 새로운 데이터를 만들어내는 것이다.

- 데이터 생성: 생성형 AI는 실제 데이터를 모방하여 완전히 새로운 데이터를 생성할 수 있다. 예를 들어, 사진에서 스타일을 학습하여 새로운 이미지를 생성하거나, 특정 작가의 글쓰기 스타일을 모방하는 텍스트를 생성할 수 있다.
- 데이터 증강: 부족한 학습 데이터를 보충하기 위해 사용될 수 있다. 예를 들어, 소량의 의료 이미지 데이터에서 추가적인 학습 데이터를 생성해 학습 효율을 높인다.
- 대표 기술: GAN(Generative Adversarial Networks), VAE(Variational Autoencoders) 등이 있다.

(2) 판별 AI(Discriminative AI)

　판별 AI는 주어진 데이터가 어떤 카테고리에 속하는지를 판별하거나 분류하는 데 초점을 맞춘 인공지능이다. 이는 입력 데이터를 분석하여 특정 클래스나 레이블에 할당하는 것이 목적이다. 판별 AI는 주어진 데이터 사이의 구별 가능한 특성을 학습한다.

　　　　- 분류 및 예측: 판별 AI는 이미지, 텍스트, 음성 등 다양한 형태의 데이터를 분류하고 예측하는 데 사용된다. 예를 들어, 이메일 스팸 필터링, 얼굴 인식, 질병 진단 등에 적용된다.
　　　　- 결정 경계 학습: 판별 모델은 다양한 클래스 사이의 결정 경계를 학습하여, 새로운 입력 데이터가 어떤 클래스에 속하는지 판별한다.
　　　　- 대표 기술: SVM(Support Vector Machines), 결정 트리, 로지스틱 회귀 등이 있다.

　정리하면, 생성형 AI와 판별 AI의 주요 차이점은 [표1]과 같이 생성형 AI는 새로운 데이터를 생성하는 데 초점을 맞춘 반면, 판별 AI는 주어진 데이터를 분류하거나 레이블을 할당하는 데 초점을 맞춘다. 생성형 AI는 주어진 데이터를 바탕으로 새로운 데이터를 생성하는 반면, 판별 AI는 데이터 사이의 구별 가능한 특성을 학습하여 클래스를 판별한다. 생성형 AI는 창조적인 콘텐츠 제작, 데이터 증강 등에 사용되며, 판별 AI는 분류, 예측, 의사 결정 지원 등에 주로 사용된다.

[표1] 생성형 AI와 판별 AI의 주요 차이점

구분	생성형 AI (Generative AI)	판별 AI (Discriminative AI)
목적	새로운 데이터를 생성하는 데 초점을 맞춤	주어진 데이터를 분류하거나 예측하는 데 초점을 맞춤
학습데이터 활용	주어진 데이터를 바탕으로 새로운 데이터를 생성함	데이터 사이의 구별 가능한 특성을 학습하여 클래스를 판별함
응용 분야	창조적인 콘텐츠 제작, 데이터 증강, 이미지 생성 등	분류, 예측, 의사 결정 지원 등
대표 기술	GAN(Generative Adversarial Networks), VAE(Variational Autoencoders)	SVM(Support Vector Machines), 결정 트리, 로지스틱 회귀 등

이 두 접근 방식은 각각의 고유한 장점과 적용 분야가 있으며, 때로는 상호 보완적으로 사용될 수도 있다. 생성형 AI와 판별 AI를 함께 활용하는 경우도 있는데, 예를 들어 생성적 대립 신경망(GAN)에서는 생성 모델과 판별 모델이 함께 학습되어, 생성된 데이터의 질을 향상시키는 데 기여한다. 이러한 상호작용을 통해 생성 모델은 더욱 정교한 데이터를 생성하게 되고, 판별 모델은 더욱 정확하게 실제 데이터와 생성된 데이터를 구분할 수 있게 된다.

생성형 AI와 판별 AI의 상호작용 예시를 살펴보면 다음과 같다. 생성적 대립 신경망(GAN)은 생성 모델과 판별 모델이 서로 경쟁하며 동시에 학습하는 구조이다. 생성 모델은 가능한 한 실제와 유사한 데이터를 생성하려 하고, 판별 모델은 실제 데이터와 생성된 데이터를 구분하려 한다. 생성적 대립 신경망(GAN)은 이미지 생성, 스타일 변환, 이미지 복원, 합성 이미지 생성 등 다양한 분야에서 활용되고 있다. 특히 고품질의 이미지 생성에 효과적인 기술로 평가받는다.

생성형 AI와 판별 AI는 인공지능 분야의 두 주요 접근 방식으로, 각각 고유한 기능과 목적을 가지고 있다. 생성형 AI는 새로운 데이터를 생성하는 데 초점을 맞추고, 판별 AI는 주어진 데이터를 분류하거나 예측하는 데 초점을 맞춘다. 이러한 차이점을 이해하고 적절히 활용함으로써, 다양한 문제 해결과 혁신적인 응용을 가능하게 한다. 또한, 상호작용하는 두 기술의 결합은 AI 분야에서 더욱 정교하고 혁신적인 솔루션을 탄생시키는 기반이 되고 있다.

3. ChatGPT 학습과정의 이해

가) ChatGPT에 대한 이해

ChatGPT는 인공지능 언어 모델로, 대규모 데이터를 학습하여 사람과 대화할 수 있도록 훈련된 시스템이다.

인공지능 언어 모델은 주어진 이전 단어들을 바탕으로 다음에 나올 단어나 문장을 예측하는 모델이다. 예를 들어 다음 빈칸을 채우는 형태 이다. "나는 학교에 (간다)." 또는 [그림1]과 같이 다음 단어를 (떠올)(리면)(된다). 등으로 예측하는 것이다.

[그림1] ChatGPT 학습방법

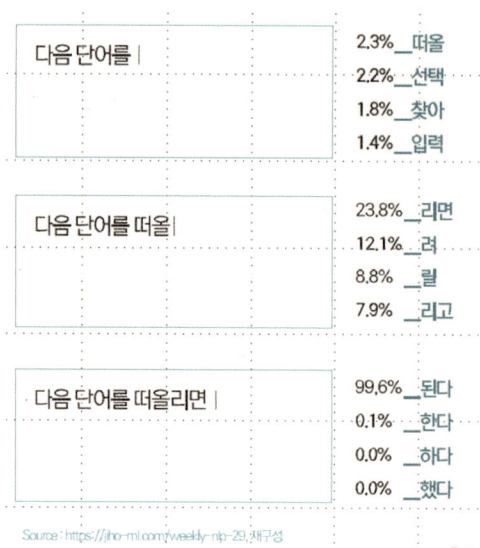

*출처: NIA The AI Report

예제만 본다면 단순해 보일 수 있지만 주어지는 단어나 문맥을 이해하여 비어 있는 영역을 채우는 것은 쉬운 일은 아니다. 그렇기 때문에 말뭉치 학습 등과 같은 과거의 언어 모델은 부자연스럽거나 기계적인 느낌이 있었다.

ChatGPT는 파라미터의 증가와 방대한 양의 데이터를 이용하여 학습시키면서 단순히 답변을 예상하여 답을 내놓는 수준을 넘어 지식을 다루는 영역에서는 훌륭한 성능을 보여주고 있다.

나) ChatGPT 학습과정

ChatGPT는 대규모 언어 모델로 학습되었으며 일반적으로 다음과 같은 과정으로 학습이 이루어졌다.

① 데이터 수집: ChatGPT는 다양한 사전 및 법령 그리고 온라인 소스에서 수집된 대규모 텍스트 데이터로 학습되었다. 이러한 데이터에는 인터넷의 웹 페이지, 영화 및 책 리뷰, 뉴스 기사, 온라인 포럼 등이 포함되어있다.

② 전처리: 수집된 데이터는 전처리 과정을 거쳐 모델 학습에 적합한 형태로 가공되었다. 이 과정에는 텍스트 정제, 문장 분리, 토큰화 등이 포함된다.

③ 모델 학습: 전처리된 데이터를 사용하여 GPT-3.5를 기반으로 모델을 학습시켰다. GPT-3.5는 Transformer라는 딥러닝 아키텍처를 기반으로 하며, 대규모 신경망을 통해 텍스트의 다음 단어를 예측하고 생성하는 능력을 가지고 있다.

④ 미세 조정: 초기 학습 후, ChatGPT는 추가적인 미세 조정 단계를 거친다. 이 단계에서는 실제 사용자의 피드백과 수정된 데이터를 사용하여 모델을 개선했다. 이러한 반복적인 과정을 통해 ChatGPT는 더욱 뛰어난 대화 능력을 갖추게 되었다.

⑤ 배포: 학습이 완료된 ChatGPT는 사용자들에게 서비스로 제공되었다. 이를 통해 사용자들은 다양한 주제에 대한 질문, 지식 요약, 창의적인 텍스트 생성 등 다양한 대화와 상호작용을 할 수 있다.

ChatGPT의 학습은 방대한 양의 데이터와 강력한 컴퓨팅 자원을 필요로 한다. 이를 통해 ChatGPT는 다양한 문제에 대한 일반적인 언어 이해와 생성 능력을 갖출 수 있다.

ChatGPT는 [그림2]과 같이 인간 피드백 기반 강화 학습(Reinforcement Learning with Human Feedback: RLHF)을 적용하여 사용자 질문에 적합한 응답을 생성한다.

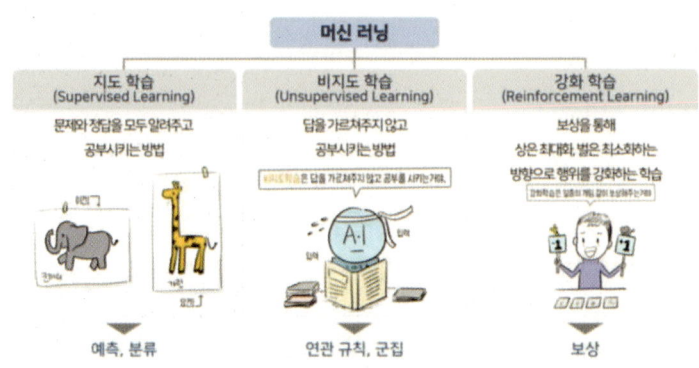

[그림2] 머신러닝(Machine Learning)의 3가지 학습방식

* 출처: https://hyeonjiwon.github.io/machine%20learning/ML-1/

ChatGPT가 사용자의 의도와 니즈에 부합하는 답변을 도출할 수 있도록 인간의 피드백을 반영하고 학습하는 RLHF 테크닉이 적용되는데, RLHF의 '인간 피드백(Human Feedback)'에 주목할 필요가 있다.

기존의 AI 학습 데이터에는 사람의 작업이 소량이거나 존재하지 않으나, ChatGPT의 경우 AI가 데이터를 학습하는 중간 단계에 레이블러(Labeler)라는 '인간'학습가이드를 두어 이들의 피드백(Human Feedback)을 바탕으로 최종 아웃풋의 퀄리티를 높인다. 즉, 인간의 선호도를 AI의 보상 신호(Reward Signal)로 사용하여 ChatGPT 모델을 미세조정(Fine Tuning)하는 것이다.

ChatGPT의 학습과정은 [표1]과 같이 세 단계로 구성되어, 프롬프트 기반의 지도학습과 RLHF 알고리즘을 통해 추가학습 시킨다.

먼저 지시프롬프트와 그에 대한 결과물로 이루어진 데이터셋을 정의하고 파인튜닝 한다. 두 번째는 프롬프트 결과로 나온 응답에 대해 선호도 순위를 구성하고 비교 데이터셋을 활용하여 보상 모델(Reward Model)을 학습시킨다. 세 번째는 프롬프트를 바탕으로 결과를 추론하고 보상 모델이 결과를 평가하고 보상값을 계산하여, 이를 기반으로 모델을 지속적으로 업데이트 시킨다.

[표1] ChatGPT 학습과정

1단계	2단계	3단계
데모 답변 수집 및 정책 부합성 검증	비교 데이터 수집 및 보상 모델 훈련	강화 학습 알고리즘으로 정책 최적화
프롬프트 생성 ↓ 데이터 라벨러(사람)가 답변 적절성 평가 ↓ 해당 데이터로 GPT-3.5 모델을 지도학습 기반으로 모델추가 조정	기존 프롬프트에 여러 개의 모델 산출값 생성 ↓ 데이터 라벨러(사람)가 산출물들의 점수(rank) 평가 ↓ 보상 모델 학습에 이 값을 활용	새로운 프롬프트 생성 ↓ 정책최적화 모델 가동 ↓ 정책에 따라 하나의 산출물 생성 ↓ 보상 모델이 산출물에 대한 보상값 산정 ↓ 보상값은 정책 업데이트에 반영

*출처: OpenAI, ChatGPT Method, 2023. (재편집)

다) 파인튜닝(Fine Tuning) 이란 무엇인가?

기존에 학습되어 있는 모델을 기반으로 아키텍쳐를 새로운 목적(나의 이미지 데이터에 맞게)변형하고 이미 학습된 모델 가중치(Weights)로 부터 학습을 업데이트 하는 방법을 말한다.

모델의 파라미터를 미세하게 조정하는 행위이다. 특히, 딥러닝에서는 이미 존재하는 모델에 추가 데이터를 투입하여 파라미터를 업데이트하는 것을 말한다.

파인튜닝을 했다고 말하려면 기존에 학습이 된 레이어에 내 데이터를 추가로 학습시켜 파라미터를 업데이트 해야 한다.

BERT 이후로 딥러닝 자연어처리는 사전훈련 모델이 기본이 되었다. 보통 위키피디아 같은 데이터로 사전훈련을 하면 언어의 기본적인 특징을 이해하게 된다. 그 다음 개별 태스크에 맞게 새로운 데이터로 재학습을 하는 파인튜닝을 거치게 된다.

요즘 딥러닝 모델은 기술을 Leading하는 몇몇 기관에서 거대한 데이터를 사용하여 미리 크기가 큰 Deep Learning model을 학습하고 일반 사용자들을 위해 이를 배포하는 형식으로 발전이 이루어지고 있다. 그럼 이제 사용자들은 이렇게 사전 학습된 모델을 가져와서 각자 적용할 데이터에 맞게 Tuning한다.

전이학습(Transfer Learning)과 파인튜닝의 차이점은 [표2]와 같이 구분할 수 있다.

[표2] 전이학습과 파인튜닝의 차이점

구분	생성형 AI (Generative AI)
전이학습 (Transfer Learning)	- 입력층에 가까운 부분의 결합 파라미터는 학습된 값으로 변화시키지 않음 - 학습된 모델을 기반으로 최종 출력층을 바꿔 학습하는 것 - 학습된 모델의 최종 출력층을 보유 중인 데이터에 대응하는 출력층으로 바꾸고, 교체한 출력층의 결합 파라미터(그리고 앞 층의 결합 파라미터)를 소량의 데이터로 다시 학습하는 것
파인튜닝 (Fine Tuning)	- 출력층 및 출력층에 가까운 부분뿐만 아니라 모든 층의 파리미터를 다시 학습함 - 출력층 등을 변경한 모델을 학습된 모델을 기반으로 구축한 후, 직접 준비한 데이터로 신경망 모델의 결합 파라미터 학습함 - 결합 파라미터의 초기값은 학습된 모델의 파라미터 사용함 - 전이학습과 달리, 출력층 및 출력층에 가까운 부분뿐 아니라 모든 층의 파라미터 재학습함

4. 생성형 AI의 데이터 처리 프로세스의 이해

가) 생성형 AI의 데이터 처리 프로세스 개요

　생성형 AI는 데이터를 효과적으로 처리하고 학습하여 새로운 콘텐츠를 생성한다. 생성형 AI의 데이터 처리 프로세스는 크게 세 단계로 나눌 수 있다. 첫 번째는 데이터 수집과 전처리이다. AI는 다양한 출처에서 데이터를 수집하고, 이를 정제하여 학습 가능한 형태로 만든다. 두 번째는 모델 학습과 최적화이다. AI는 수집된 데이터를 바탕으로 패턴을 학습하고, 이를 최적화하여 정교한 결과를 도출한다. 세 번째는 생성 및 응용 단계에서는 학습된 모델이 새로운 데이터를 생성하여 실제 비즈니스에 활용된다. 이러한 데이터 처리 프로세스는 AI의 성능과 결과물의 품질을 좌우하는 핵심 요소이다.

나) 데이터 처리 프로세스의 단계별 설명

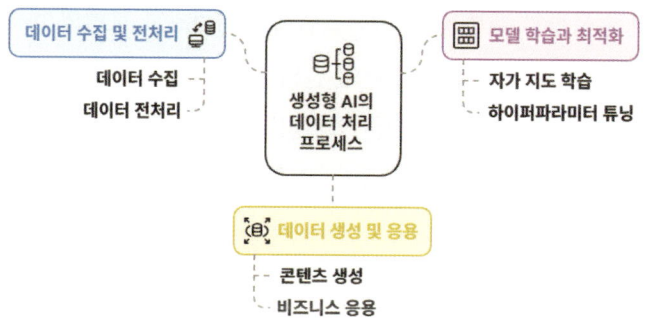

[그림1] 생성형 AI의 데이터 처리 프로세스

(1) 데이터 수집 및 전처리

생성형 AI의 데이터 처리 프로세스를 단계별로 설명하면 다음과 같다.

① 데이터 수집: 생성형 AI는 대규모 데이터를 학습하여 결과물을 생성하기 때문에, 다양한 소스에서 데이터를 수집하는 것이 중요하다. 예를 들어, 텍스트 기반 생성형 AI는 웹사이트, 도서, 논문 등 다양한 문서 데이터를 수집하여 학습한다.

② 데이터 전처리: 수집된 데이터는 그대로 학습에 사용될 수 없다. 노이즈 제거, 중복 데이터 제거, 데이터 정규화 등의 과정을 거쳐야 한다. 예를 들어, 웹에서 수집한 텍스트 데이터에는 불필요한 HTML 태그나 광고 문구가 포함될 수 있는데, 이러한 노이즈를 제거하고 AI가 학습하기 적합한 형태로 데이터를 정제한다.

예를 들어, GPT-3 모델은 전 세계에서 수집된 방대한 양의 텍스트 데이터를 기반으로 학습한다. 이 데이터는 전처리 과정에서 잘못된 문법, 중복된 정보, 불필요한 기호 등이 제거되어 AI가 더 정확하게 학습할 수 있도록 가공된다.

(2) 모델 학습과 최적화

전처리된 데이터를 바탕으로 AI 모델이 패턴을 학습한다. 이 단계에서는 입력 데이터와 출력 데이터 간의 관계를 파악하며, 반복적인 학습을 통해 모델의 성능을 개선한다. 생성형 AI는 자가 지도 학습(Self-supervised Learning) 기법을 사용하여, 정답이 없는 데이터에서도 스스로 규칙을 학습한다.

학습된 모델은 검증 데이터를 통해 성능을 평가받는다. 이 과정에서 모델의 정확도를 높이기 위해 하이퍼파라미터 튜닝이 이루어진다. 예를 들어, 텍스트 생성형 AI는 주어진 문장의 흐름을 더 자연스럽게 이어가도록 모델의 파라미터를 조정한다. 학습된 데이터를 기준으로 단어 간의 문맥적 관계를 파악하여 의미 있는 문장을 생성한다. 이 과정에서 모델은 입력된 단어와 다음에 올 단어를 예측하는 방식으로 학습이 진행된다.

(3) 데이터 생성 및 응용

학습이 완료된 AI 모델은 사용자의 입력(프롬프트)을 받아 새로운 콘텐츠를 생성한다. 예를 들어, 사용자가 "겨울의 첫눈을 주제로 한 시를 써줘"라고 요청하면, 생성형 AI는 학습한 데이터를 바탕으로 시를 작성한다. 이 단계에서는 학습된 패턴을 활용해 창의적이고 유의미한 결과물을 도출한다.

생성된 결과물은 다양한 비즈니스나 연구 분야에 응용된다. 텍스트 생성, 이미지 생성, 음악 작곡 등 여러 방면에서 활용되며, 사용자 피드백을 통해 AI 모델은 지속적으로 개선된다. 예를 들어, 마케팅 분야에서는 생성형 AI가 작성한 광고 카피를 실시간으로 테스트하고, 그 결과를 반영해 다음 캠페인에서 더 나은 카피를 생성할 수 있다.

다) ChatGPT의 답변 도출 원리 및 핵심적인 세부 5단계

ChatGPT는 입력된 질문(프롬프트)을 이해하고, 이에 대한 적절한 답변을 생성하기 위해 [그림2]와 같은 과정을 거친다.

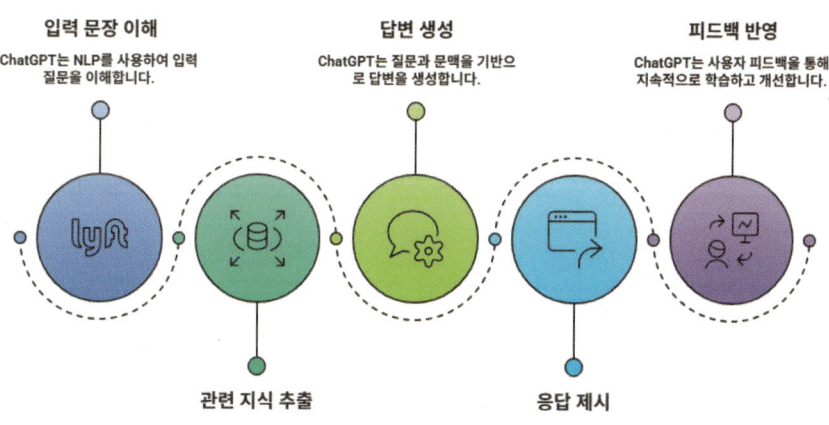

[그림2] ChatGPT 응답 생성 프로세스

① 입력 문장의 이해 단계: ChatGPT는 입력된 질문을 이해하기 위해 자연어 처리 기술(Natural Language Processing: NLP)을 사용하여 응답을 생성한다. 이를 통해 문장의 내용, 의도, 문맥 등을 파악한다.

② 관련 지식 추출 단계: ChatGPT는 입력된 질문에 관련된 정보를 추출하기 위해 학습된 대규모 텍스트 데이터셋을 활용한다. 이를 통해 질문과 관련된 정보, 지식, 패턴 등을 파악한다.

③ 답변 생성 단계: 입력된 질문과 문맥을 기반으로 관련된 정보와 패턴을 분석하여, 답변 가능한 답변 중에서 적절한 답변을 생성한다. 이를 위해 생성된 답변은 문맥적 일관성과 언어적인 자연스러움을 지키기 위해 추가적인 조정 및 수정이 이루어질 수 있다.

④ 응답 제시 단계: 생성된 답변은 사용자에게 제시된다. 이때, ChatGPT는 다양한 평가 기준을 활용하여 생성된 답변이 언어적으로 일관성이 있고 자연스러운지 확인하기 위해 다양한 평가 기준을 활용한다.

⑤ 피드백 반영 단계: 사용자의 피드백을 반영하여, 더 나은 답변을 생성할 수 있도록 지속적으로 학습한다. 이를 통해, ChatGPT가 제공하는 답변의 품질과 정확성을 높일 수 있다.

라) ChatGPT의 토큰화 과정

ChatGPT는 좀 더 정확한 답변을 도출하기 위해 입력 문장을 의미 있는 작은 단위로 분리한다. 이를 토큰(Token)이라고 한다. 예를 들어, "안녕하세요, 오늘 날씨가 좋네요!"라는 문장을 토큰화하면 "안녕하세요", ",", "오늘", "날씨가", "좋네요", "!"와 같은 토큰으로 분리된다. 그리고 분리된 각각의 토큰을 숫자로 변환한다. 이를 인코딩(Encoding)이라고 한다. 모델은 이를 바탕으로 입력 문장의 의미를 이해하게 된다. 인코딩된 입력 문장을 모델에 입력하면, 모델은 다음에 올 단어나 문장을 예측한다. 이때 이전 단어들과 문맥을 고려하여 예측(Prediction)을 수행한다. 그리고 모델이 예측한 숫자를 다시 자연어로 변환하여 출력한다. 이를 디코딩(Decoding)이라고 한다. 이러한 단계를 거쳐 입력 문장에 대한 응답을 생성한다. 이때 모델은 이전 대화 기록, 문맥, 주제, 사용자 프로파일 등 다양한 정보를 고려하여 응답을 생성한다.

5. 프롬프트 엔지니어링 기술(질문의 기술)

ChatGPT를 효과적으로 활용하기 위해서는 **프롬프트 엔지니어링**(Prompt Engineering) 기술을 이해하고 활용하는 것이 중요하다. 프롬프트 엔지니어링은 사용자가 원하는 결과를 얻기 위해 AI에게 입력하는 명령어(프롬프트)를 설계하고 최적화하는 과정을 의미한다. AI는 우리가 시키는대로 일을 한다. 일을 제대로 시키지 않으면, 즉, 좋은 질문을 주지 않으면 좋은 답변을 얻을 수 없다. 질문자의 질문의 퀄리티에 따라서 답변의 퀄리티도 엄청나게 바뀔 수가 있다.

가) 프롬프트 엔지니어링 기술(질문의 기술)

프롬프트 엔지니어링 기술은 질문을 잘 하는 기술이다. 질문을 잘하기 위해서는 [그림1]과 같은 프롬프트 엔지니어링 전략이 필요하다.

[그림1] 프롬프트 엔지니어링 전략

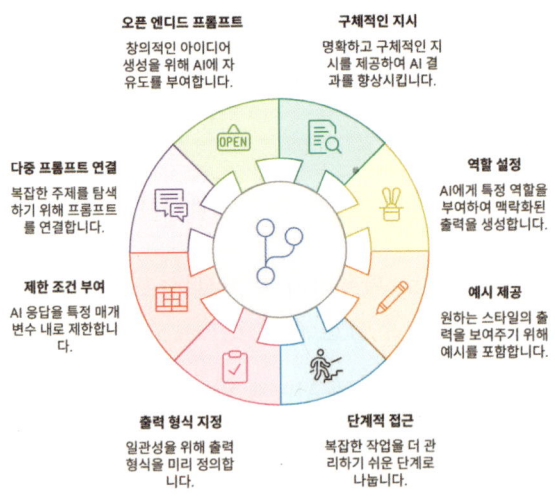

(1) 구체적이고 명확한 지시 제공

AI는 입력된 명령어를 기반으로 결과를 생성하기 때문에, 명확하고 구체적인 지시가 필요하다. 일반적이거나 모호한 명령은 원하는 결과를 얻기 어렵다.

활용 방법은 결과의 형식, 길이, 내용 등을 명확히 지시한다. 그리고 원하는 결과를 단계별로 안내한다. 예를 들어, **일반적인 프롬프트**는 "한국의 역사에 대해 설명해 주세요." 라고 질문하면 답변의 결과는 넓고 포괄적인 설명이 제공될 가능성이 높다. **구체적인 프롬프트는** "한국의 삼국시대(고구려, 백제, 신라)의 특징을 각각 3줄씩 요약해 주세요." 라고 질문하면 답변의 결과는 더 구체적이고 명확한 답변이 생성된다.

(2) 역할 설정(Role Playing)

AI에게 특정 역할을 부여하여 원하는 시각과 스타일의 답변을 얻을 수 있다. 역할을 설정하면 특정 맥락이나 전문성을 반영한 답변이 가능하다.

활용 방법은 AI가 특정 전문가나 사용자 역할을 수행하도록 설정한다. "당신은 ~ 역할을 맡고 있다."라는 방식으로 역할을 부여한다. 예를 들어, "당신은 프로그래밍 강사입니다. 초보자를 대상으로 Python의 기본적인 데이터 타입에 대해 설명해 주세요." 또는 "당신은 마케팅 전문가입니다. 신제품 출시를 위한 SNS 광고 전략을 3가지 제안해 주세요." 등으로 역할을 부여한다.

(3) 예시 제공

AI가 원하는 답변 스타일을 이해하도록 예시를 제공하면 더 나은 결과를 얻을 수 있다. 이는 특히 창의적인 작업(글쓰기, 디자인 아이디어 등)에서 유용하다.

활용 방법은 질문이나 설명과 함께 답변의 예시를 포함하는 것이다. 예를 들어, **일반적인 프롬프트**는 "광고 문구를 작성해 주세요." 라고 질문하면 답변의 결과는 일반적인 광고 문구를 생성해준다. 그러나 **예시를 포함한 프롬프트는** "다음과 같은 스타일로 광고 문구를 작성해 주세요. 예: '이제 새로운 시작을 경험하세요. 우리 제품과 함께하세요!' 이번에는 환경 친화적인 소재로 제작된 의류를 홍보하는 문구를 작성해 주세요." 등으로 질문과 함께 예시를 제시한다.

(4) 단계적 접근(Step-by-Step Prompting)

복잡한 작업일수록 단계를 나누어 지시하면 AI가 더 구조적이고 체계적인 답변을 생성할 수 있다. 활용 방법은 원하는 결과를 단계적으로 안내하거나 세부적인 질문을 나누어 묻는다. 예를 들어, **복잡한 질문을 단순화시킨다.** "1.건강한 식단의 기본 요소 3가지를 설명해 주세요. 2.각각의 요소를 3줄로 요약해 주세요." 라고 질문하면 답변의 결과는 체계적으로 분리된 답변을 생성한다.

(5) 출력 형식 지정

AI에게 출력 형식을 미리 정의하면 보다 일관성 있는 결과를 얻을 수 있다. 활용 방법은 답변을 표 형식, 글머리 기호, 목록 등으로 요청한다. 또한 특정 형식으로 답변하도록 지시한다. 예를 들어, "글머리 기호로 3가지 아이디어를 정리해 주세요.", "다음 정보를 표로 만들어 주세요. 열에는 '제품명', '가격', '특징'이 포함되어야 합니다." 등으로 출력 형식을 지정해서 답변을 받는다.

(6) 제한 조건 부여

AI의 답변 범위를 제한하거나 특정 조건을 제시하여 정확도를 높입니다. 활용 방법은 답변 길이, 사용 단어, 특정 톤을 제한한다. 예를 들어, "100자 이내로 간단히 요약해 주세요.", "쉽고 이해하기 쉬운 언어로 초등학생도 이해할 수 있도록 설명해 주세요." 등으로 제한 조건을 부여한다.

(7) 다중 프롬프트 연결

복잡한 주제는 여러 프롬프트를 연결하여 AI와 대화를 진행하면서 최적의 결과를 얻을 수 있다. 활용 방법은 한 번에 많은 정보를 요구하기보다, 질문을 나누어 단계별로 진행하는 것이 좋다. 예를 들어, "1.한국의 전통음식 3가지를 설명해 주세요.", "2.각 음식의 대표적인 재료와 조리 과정을 알려주세요.", "3.이 중 한 가지 음식을 현대적으로 재해석할 방법을 제안해 주세요." 등으로 프롬프트를 연결해서 질문을 한다.

(8) 창의적인 작업을 위한 오픈 엔디드 프롬프트

창의적인 결과를 원할 때는 AI에게 자유도를 주되, 작업 방향성을 간단히 제시한다. 활용 방법은 "새롭고 독창적인 아이디어를 제시해 주세요."와 같이 지시를 최소화하고, 창의성을 유도한다. 예를 들어, "미래 도시에서 사람들이 사용할 새로운 교통수단 아이디어를 제안해 주세요." 등으로 질문을 하면 된다.

(9) 피드백 및 반복 사용

첫 번째 답변이 만족스럽지 않다면, 추가적인 지시나 피드백을 통해 답변을 개선할 수 있다. 활용 방법은 "이 답변을 더 구체화해 주세요.", "다른 관점에서 답변해 주세요." 예를 들어, 초기 질문으로 "신제품 마케팅 전략을 제안해 주세요." 추가 요청 질문으로 "이 전략을 소셜미디어에 초점을 맞춰 다시 작성해 주세요." 등이다.

효과적인 프롬프트 엔지니어링의 핵심은 명확성, 구체성, 반복 및 피드백, 창의성 유도이다. 프롬프트 엔지니어링은 생성형 AI의 성능을 극대화하고, 사용자 요구에 맞는 결과를 얻는 핵심 기술이다. 위 기법들을 적절히 조합해 활용하면 다양한 작업에서 뛰어난 결과를 얻을 수 있다.

나) 프롬프트 엔지니어링의 3가지 조건

프롬프트 엔지니어링의 핵심 요소를 살펴보면 [그림2]와 같다.

[그림2] 프롬프트 엔지니어링의 핵심 기술

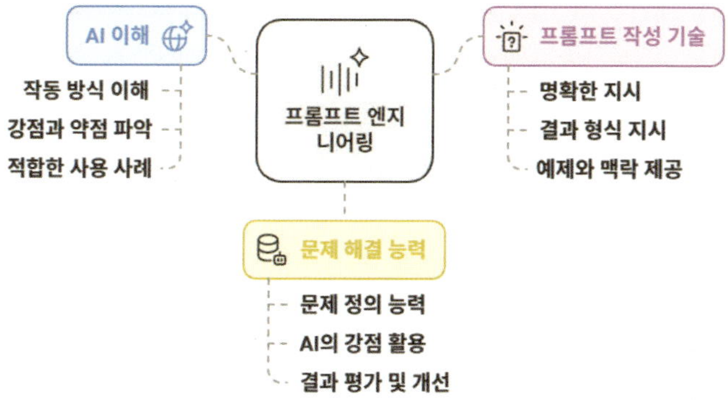

- AI 이해
  - 작동 방식 이해
  - 강점과 약점 파악
  - 적합한 사용 사례
- 프롬프트 엔지니어링
- 프롬프트 작성 기술
  - 명확한 지시
  - 결과 형식 지시
  - 예제와 맥락 제공
- 문제 해결 능력
  - 문제 정의 능력
  - AI의 강점 활용
  - 결과 평가 및 개선

(1) AI에 대한 이해 (Understanding AI to Use)

AI의 작동 원리와 한계를 이해하는 것은 효과적인 프롬프트를 작성하고 원하는 결과를 얻는 데 필수적이다. AI가 정보를 처리하는 방식, 강점과 약점, 그리고 적합한 사용 사례를 이해하면 더 나은 결과를 도출할 수 있다.

① AI의 작동 방식 이해

생성형 AI는 학습된 데이터셋을 기반으로 확률적인 답변을 생성한다. 따라서 과거의 데이터와 훈련 범위 내에서 동작하며, 사용자가 명확하게 지시하지 않으면 부정확하거나 모호한 답을 제공할 수 있다.

② 강점과 약점 파악

AI는 대량의 정보를 처리하고 요약하는 데 뛰어나지만, 사실 확인(팩트 체크)과 맥락을 읽는 데 한계가 있을 수 있다.

③ 적합한 사용 사례

AI는 콘텐츠 생성, 데이터 분석, 아이디어 브레인스토밍, 학습 지원 등 다양한 작업에서 효과적이다. 하지만 고도의 전문 지식이 필요한 경우, AI가 보조 역할을 하는 것이 적절하다.

(2) **프롬프트 작성 기술** (Prompt Writing Skills)

프롬프트는 AI와의 소통 수단이다. 명확하고 구체적인 프롬프트를 작성하는 능력은 AI가 사용자의 의도를 정확히 이해하고 기대하는 결과를 생성하는 데 직접적인 영향을 미친다.

① 명확한 지시

프롬프트는 명확하고 구체적이어야 한다. 모호한 질문은 모호한 답변을 초래한다.

예를 들어, "AI 기술에 대해 알려 주세요." → 모호함

"AI 기술의 응용 분야 3가지와 그 사례를 설명해 주세요." → 구체적

② 결과 형식 지시

원하는 결과의 형식(목록, 표, 문장 등)을 구체적으로 지정하면 일관된 답변을 얻을 수 있다. 예를 들어, "의료 분야에서 AI의 역할을 3가지로 나누어 글머리 기호로 작성해 주세요."

③ 예제와 맥락 제공:

AI가 답변의 스타일과 방향을 이해하도록 질문과 함께 예제와 맥락을 포함한다. 예를 들어 "한국의 전통 문화를 홍보하는 소셜미디어 광고 문구를 작성해 주세요. 예: '한복, 우리의 아름다움을 입다.'와 같은 간결하고 매력적인 문구를 생성해 주세요."라고 입력한다. **프롬프트 작성 단계**는 목적 정의(원하는 결과를 명확히 설정), 구체화(세부 사항과 제한 조건을 포함), 결과 확인 및 수정(생성된 결과가 적합하지

않으면 추가적인 지시로 프롬프트를 수정) 등이 있다.

예를 들어, **일반적인 프롬프트**는 "AI 기술에 대해 설명해 주세요." 이 질문은 답변이 광범위하거나 초점이 맞지 않을 가능성이 높다. **개선된 프롬프트**는 "의료 산업에서 사용되는 AI 기술 3가지와 각각의 장점을 2줄로 요약해 주세요." 이렇게 질문하면 구체적이고 명확한 답변을 얻을 가능성이 높다.

(3) 문제 해결 능력 (Problem Solving Skills)

AI는 단순한 도구가 아니라, 문제 해결 과정에서 사용자가 목표를 달성하도록 돕는 협력 파트너이다. 따라서 사용자가 문제를 명확히 정의하고, AI를 적절히 활용하며, 생성된 결과를 평가하고 개선하는 능력이 필요하다.

① 문제 정의 능력

문제를 명확히 정의하고, 이를 해결하기 위한 구체적인 질문으로 나눈다. 예를 들어, "우리 제품의 매출이 감소하고 있습니다." → "매출 감소의 원인을 찾기 위해 데이터 분석 방법을 제안해 주세요." 등이다.

② AI의 강점 활용

문제의 일부를 자동화하거나 데이터 분석 및 아이디어 생성에 AI를 활용한다. 예를 들어 "고객 피드백 데이터에서 주요 키워드를 추출하고, 이를 기반으로 개선 아이디어를 제안해 주세요." 등이다.

③ 결과 평가 및 개선

AI가 생성한 결과물을 검토하고, 부정확하거나 누락된 부분을 보완한다. 내가 원하는 목표를 달성하기 위해서는 문제 해결을 위한 프롬프트 설계가 필요하다. **먼저 문제를 세분화한다**. 예를 들어, 복잡한 문제는 여러 개의 작은 질문으로 나누어 묻는다. **다음은 다양한 관점으로 요청한다**. 예를 들어, AI에게 다양한 해결 방안을 제시하도록 요청한다. 마지막으로 **반복 피드백을 한다**. 예를 들어, 결과가 만족스럽지 않다면 추가 지시를 통해 답변을 개선한다.

정리하면, 프롬프트 엔지니어링은 AI와 사용자가 효과적으로 협력하여 문제를 해결하고 목표를 달성할 수 있도록 돕는 기술이라 할 수 있다. AI의 작동 원리와 강점을 이해하고, 구체적이고 명확한 프롬프트를 작성하며, 문제를 정의하고 AI를 활용해 해결 방안을 도출하는 능력을 개발하면, AI를 활용한 생산성과 창의성을 극대화할 수 있다.

6. ChatGPT 답변 도출 원리 세부 3단계

ChatGPT의 답변 도출 원리는 [그림1]과 같이 텍스트 데이터로부터 학습하여 언어의 패턴을 이해하고, 이를 바탕으로 사용자의 질문이나 명령에 대한 적절한 답변을 생성하는 과정이다. 이 과정을 조금 더 구체적으로 살펴보면 다음과 같다.

[그림1] ChatGPT 다변 도출 원리

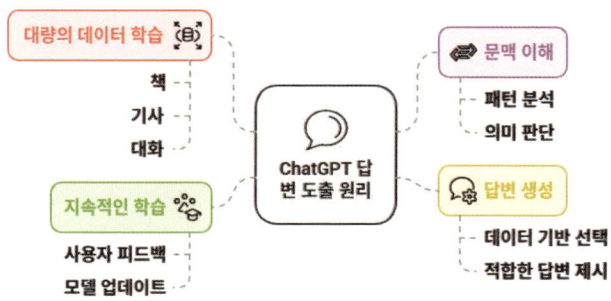

① 대량의 데이터 학습: ChatGPT는 인터넷상의 다양한 텍스트(책, 기사, 대화 등)를 학습한다. 이때, 텍스트 내의 문장 구조, 단어의 사용 방법, 문맥 등을 분석하여 언어의 패턴을 학습한다.

② 문맥 이해: 사용자가 질문하거나 명령을 입력하면, ChatGPT는 그 문맥을 이해하기 위해 학습된 패턴을 활용한다. 즉, 입력된 텍스트가 무엇을 의미하는지, 어떤 정보를 요구하는지 판단한다.

③ 답변 생성: 문맥을 이해한 후에는, ChatGPT는 학습된 데이터를 바탕으로

적절한 답변을 생성한다. 이 과정에서 인공지능은 여러 가능한 답변 중에서 가장 적합하다고 판단되는 답변을 선택하여 제시한다.

④ 지속적인 학습: ChatGPT는 사용자와의 상호작용을 통해 계속해서 학습을 진행한다. 사용자의 피드백이나 새로운 정보를 통해 더 정확하고 자연스러운 답변을 생성할 수 있도록 모델을 지속적으로 업데이트한다.

이러한 과정을 통해 ChatGPT는 다양한 주제에 대해 자연스럽고 유익한 대화를 제공할 수 있다. 인공지능 언어 모델의 이러한 능력은 빅데이터와 기계학습 알고리즘의 발전에 기반하고 있으며, 앞으로도 더욱 발전될 전망이다.

ChatGPT 답변 도출 원리를 아래 [그림2]와 같이 핵심적인 3단계로 구분할 수 있다.

[그림2] ChatGPT답변 도출 원리 및 세부 3단계

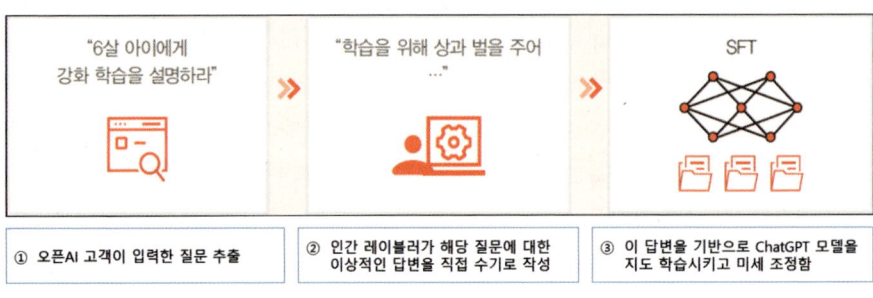

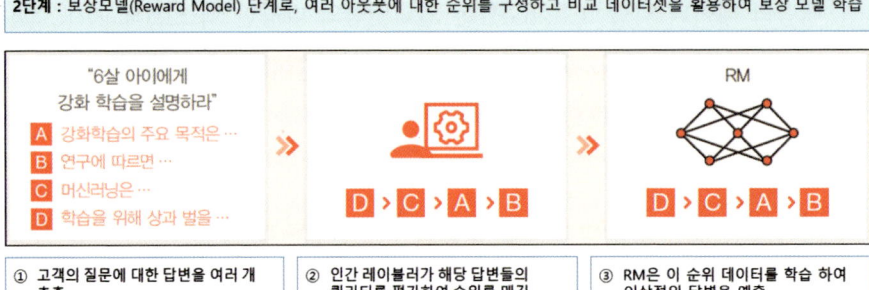

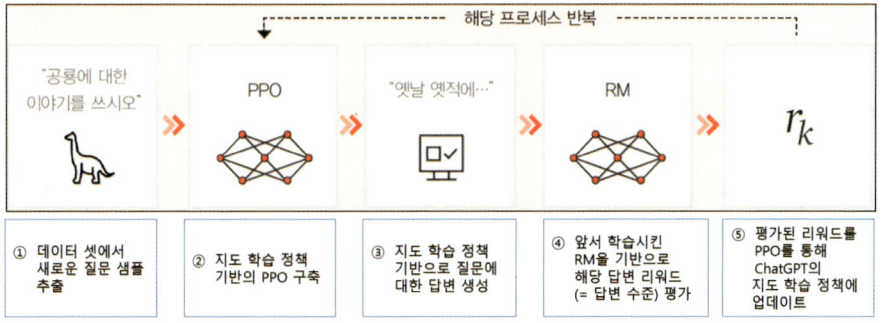

*출처: PwC Korea Insight Flash(재편집)

먼저, 1단계는 모델의 사전 훈련(Pre Training) 단계이며, 인간에 의해 생성된 데이터를 수집하고 데이터셋을 정의하고 미리 훈련된 지도학습 기반으로 미세조정(Supervised Fine Tuning: SFT)을 한다.

2단계는 보상모델(Reward Model) 단계로, 프롬프트 결과로 나온 응답에 대해 선호도 순위를 구성하고 비교 데이터셋을 활용하여 보상 모델(Reward Model)을 학습시킨다. 또한 언어모델이 생성한 텍스트를 사람(라벨러)이 얼만큼 좋다고 생각할지에 대한 점수를 부여하고, 다음 학습에 반영하기 위해 숫자 보상을 지정(일반적으로 0~5) 한다.

3단계는 앞서 설정한 보상모델이 제공하는 보상을 사용하여 언어모델을 훈련시키는 단계로, 프롬프트를 바탕으로 결과를 추론하고 보상 모델이 결과를 평가하고 보상값을 계산하여, 이를 기반으로 모델을 지속적으로 업데이트 시킨다.

3단계의 핵심은 정책 강화학습 알고리즘인 PPO(Proximal Policy Optimization)를 활용하여 모델을 조정(Fine Tuning)하는 것이다. PPO알고리즘은 최적으로 모델을 업데이트할 수 있는 강화학습정책으로 상대적으로 복잡도가 낮고 우수한 성능을 보인다.

7. ChatGPT는 무엇이고 무엇이 가능한가?

ChatGPT는 OpenAI가 개발한 인공지능 기반 언어 모델로, 사람처럼 자연스럽게 대화할 수 있는 AI이다. 대규모 데이터 학습을 통해 사람의 언어를 이해하고, 텍스트 기반의 작업을 지원하는 데 탁월한 능력을 가지고 있다. ChatGPT는 자연어 처리의 혁신적인 성장이라 할 수 있다.

ChatGPT가 수행 가능한 작업으로는 [표1]과 같이 정보제공, 글쓰기부터 각종 언어 관련 문제풀이, 논문작성, 랜덤 글짓기, 소설 창작, 사칙연산, 번역, 주어진 문장에 따른 간단한 웹 코딩, 프로그래밍 코딩, 언어번역, 언어회화, 문장교정, 문장요약, 전문지식정리, 표작성 및 표 해석, 콘텐츠 제작, 이미지인식 내용분석, 음성인식 질의 및 답변, 엑셀업무 활용, 창의적 아이디어 구현, 유튜브 추천, 법령, 규정 등 검색, 대화 등 다방면에서 활용할 수 있다. 전세계 많은 사람들이 ChatGPT와 많은 대화를 나누고 있고, 인간 피드백을 통한 강화학습(Reinforcement Learning from Human Feedback: RLHF)을 하고 있기 때문에 인간과 구별할 수 없을 정도로 자연스러운 문장 구사가 가능하고, 훨씬 더 정확하게 결과를 도출하며 지속적으로 발전하고 있다.

[표1] ChatGPT로 활용 가능한 것

No	활용 가능한 것	내용
1	글쓰기, 시, 기사, 소설 창작, 연설문, 정책기획서, 보고서 작성	• 한글, 영어 모두 가능, 분량 지정 가능 • 전문적인 카피라이팅, 소설, 다양한 책쓰기, 영화 시나리오 작성, 블로그 포스팅, 시, 가사, 레포트, 연설문 등
2	논문 작성	• 초록 글자 수 요약, 창의적인 연구 제목, 실험 결과의 논의, 연구 목차 작성, 향후 연구 아이디어 추천, 특정 주제에 대한 글 작성 작성 내용에 대한 문법 교정, 번역 등 가능
3	프로그래밍(코딩)	• 프로그래밍 언어를 명시하면 그 언어에 맞게 코딩함. 예 파이썬 등
4	언어 번역 및 교정 / 언어 회화	• 기본 번역기와 비교하여 뛰어난 성능을 보이며, 단순 번역을 넘어 교정 및 문법적 오류까지 설명 가능
5	콘텐츠 제작	• 사용자의 질문에 대한 단순 답변 수준을 넘어 영화 시나리오, 소설, 노래가사, 제품 전단지, 광고 대본, 금융보고서, 계약서, 제안서, 교재, 강의 커리큘럼 등 다양한 콘텐츠 제작 가능
6	전문 지식 정리	• 변호사, 법무사, 회계사, 행정사, 노무사 등 해당 분야의 판결문, 법령, 각종 예시들의 출처가 뚜렷하며, 그에 따라 결과물도 정형화되어 있어 패턴화 된 반복적 작업을 최소화할 수 있음
7	문장 요약, 수정	• 단락을 원하는 형태로 요약하거나 번역하기 가능, 영어 -〉 한국어, 한국어 -〉 영어, 중국어, 일본어 등 50개국 이상
8	검색엔진 최적화(SEO)	• 필요한 정보 확인 가능, 검색 포털 서비스 정보 동시 검색 가능, GPT-4, GPTs로 검색엔진 최적화 가능
9	새로운 아이디어 탐색	• 상상 이상의 새로운 아이디어 탐색 가능, 사실관계와 무관하게 생각의 범위 확장 가능
10	유튜브 추천 같은 개인화 서비스	• 유튜브 추천, 유튜브 내용 요약, 유튜브 영상 텍스트로 변환, 유튜브 링크내용 요약 및 분석, 유튜브용 영상 시나리오 작성 가능
11	같은 내용을 다른 어조로 변환	• 예, 전문적 -〉 대중적, "손님 마음대로 먹으면 됩니다" -〉 "고객님의 선택에 따라 자유롭게 메뉴를 골라 드시면 됩니다" • (초등학생, 중학생, 고등학생, 대학생, 교수 등 청자, 독자 지정 가능)
12	엑셀, 워드, 표 해석, 분석 및 시각화	• 예, 동향 요약 가능, 평균 출력 가능, 매출 분석 등 다양한 엑셀 표, 엑셀 내용 분석, 시각화 가능, 어려운 엑셀 함수 활용 가능
13	법령, 규정 등 검색	• 법령, 규정 등 전문 지식 검색 및 관련 근거 제시 가능

No	활용 가능한 것	내 용
14	창의적 아이디어 구현	• 브레인스토밍, 사람들에게 대화 유도하기 등, 생성 가능, 상황에 적합한 창의적 아이디어 내용, 여행 안내서, 지원서, 추천서, 일기 등
15	그림 그리기(다양한 스타일의 그림)	• GPT-4 DALL.E3, Bing Image Creator, Stable Diffusion, Midjourney 등
16	이미지 인식 및 이미지 내용 분석	• 이미지 인식, 이미지 속 장면 이해, 이미지 속 내용 요약, 이미지 속 내용 분석
17	개인 코칭, 상담, 멘토링 챗봇 만들기	• ChatGPT 프롬프트 활용 가능, GPTs 활용 Customize GPT로 나만의 상담, 개인 코칭 챗봇 만들기 가능
18	마인드맵, 다이어그램 그리기	• GPT-4, AI Diagram으로 마인드맵 그리기, Plugin "Whimsical" 등 이용 Flowchart and Mind Map 가능
19	수업계획 세우기, 단계별 교육 코치	• 교사/교수 수업 계획 세우기, 수업 주제와 학생들의 수준에 맞는 단계별 교육 코치, 학습 목표 달성 방법 가이드
20	PPT 자동 작성하기	• ChatGPT를 사용해 파워포인트 자동 작성하기, 감마(Gamma)를 활용해 PPT 빠르게 만들기
21~30	GPT-4o 특징 및 가능한 것	• 한국어 등 50개 언어 실시간 통역 가능 • 스마트폰 두개에 두 AI가 서로 대화 가능 • 인간 수준으로 실시간 '보고 듣고 말하기' 가능, 실시간으로 이미지 보여주면서 대화할 수 있음 • 사람의 감정, 사람의 느낌을 이해하며 대화가 가능 (표정·말투로 기분 즉각 알아채고 대화 가능) • 핸드폰 앱이나 데스크탑 앱 등을 통해 카메라에서 보이는 영상들에 대해서 바로 실시간으로 상황 파악을 하면서 그것에 대해서 대화를 할 수 있음 • GPT-4o가 말하는 동안 인터럽트(interrupt) 가능 • 수학문제를 같이 보면서 풀 수 있음. (풀이 방법 쉽게 설명) • 아이들 교육 튜터링(Tutoring)도 해줄 수 있음. (친절하고 똑똑한 가정교사 역할을 할 수 있음) • 컴퓨터 프로그램 코드를 보고 말로 설명할 수 있음 • 실시간 작곡도 하고 실시간 즉흥적인 테마에 대해 노래로 대화할 수 있음(뮤지컬에서 하는 방식 표현 가능)

지금은 ChatGPT가 앞당긴 인공지능 대중화 시대이다. 전세계는 ChatGPT를 위시한 생성형 AI의 혁신적인 진화에 관심이 집중되고 있고, 산업 및 사회적으로 큰 파급력을 보이며 급속하게 성장하고 있다.

OpenAI는 새로운 인공지능 모델 GPT-4, GPT-4o(mini), GPT-4o, o3, o4-

mini-high, GPT-4.5, GPT-4omini 등을 출시해 다시 오픈AI에 집중되고 있다. 이 모델들은 사람처럼 보고 듣고 말하며 사용자와 실시간 대화를 할 수 있다. 10여 년 전 개봉한 공상과학(SF) 영화 '허(Her)'에서 묘사한 '인격형 AI'가 현실이 되었다. 이제 정말 인공지능과 친구처럼 대화할 수 있는 시대가 시작된 것이다.

사용자와 실시간으로 대화하는 것은 기본이고, 사용자의 말투와 억양을 분석해 현재의 기분을 파악하고, 이미지를 실시간으로 분석해 수학 문제의 답을 맞힐 수 있다.

인간이 주로 사용하는 텍스트, 시각, 청각 데이터를 종합적으로 분석하고 사람과 같이 영상을 보면서 실시간성으로 대화를 할 수 있다.

최근 OpenAI 및 글로벌 주요 빅테크 컴퓨팅 인프라 기업들이 [그림1]과 같이 데이터 수집, 파운데이션 모델 구축 뿐만 아니라 자사의 AI모델을 기반으로 텍스트, 이미지, 음성 등 다양한 분야를 통합 처리하는 멀티모달 AI를 앞다퉈 선보이고 있다. 이처럼 글로벌 기업을 중심으로 생성형 AI 밸류체인 전체를 아우르는 비즈니스가 전면 부각되고 있다.

[그림1] 생성형 AI의 밸류체인 및 창작 영역에서의 생성형 AI 활용성

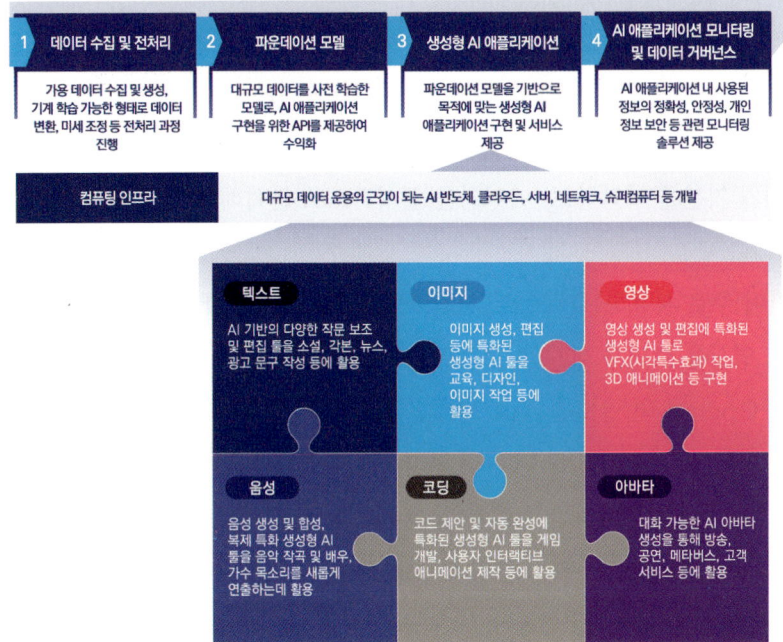

*출처: 삼정 KPMG 경제 연구원(2024.05)

ChatGPT는 [표2]와 같이 다양한 분야에서 활용이 가능하기 때문에 향후 ChatGPT가 비즈니스적 환경부터 사회적 환경까지 다방면으로 큰 영향을 미칠 것은 분명하며, 주요 변화에 따른 대응책을 마련하는 것이 필요하다.

[표2] ChatGPT를 활용해 기업의 업무 효율을 높일 수 있는 분야

비즈니스 분야	업무효율을 높일 수 있는 것
고객 서비스	• ChatGPT는 고객문의에 즉각적이고 정확한 답변을 제공하여 고객서비스를 개선할 수 있음 • 웹사이트나 메시징 플랫폼에 ChatGPT를 통합하여 고객의 질문이나 우려사항에 대한 답변을 할 수 있음 • 고객 피드백 요약 및 분석 • 실시간 고객 지원 서비스 제공

비즈니스 분야	업무효율을 높일 수 있는 것
영업·마케팅	• ChatGPT는 제품 추천을 개인화하고, 제품과 서비스에 대한 질문에 답변함으로서 영업을 개선하는데 활용할 수 있음. 이는 고객 정보에 기반하여 구매결정을 내릴 수 있도록 하고 전환율을 높일 수 있음 • ChatGPT를 사용하여 맞춤형 추천을 제공하고 메시징 플랫폼을 통해 고객과 상호작용 함으로서 마케팅 캠페인을 자동화 할 수 있음. 이것은 고객 참여도와 충성도를 높일 수 있음 • 고객과의 대화 내용을 녹음·텍스트로 바꾼 내용을 요약하고 CRM에 자동 입력 하기 • 고객 관련된 데이터를 넣으면서 각 고객에 맞는 홍보 문자 메시지를 만들기 • 고객 관련된 데이터 + 회사 콘텐츠를 넣으며 고객별 흥미로운 이야기를 찾아 내기 • 고객 연락처가 있는 웹사이트를 크롤링 하는 프로그램을 자연어로 만들어 내기 • 마케팅 및 영업 콘텐츠 (SNS, 기술서 등) 생성 • 상품 및 서비스 사용 가이드북 생성 • 최적화된 영업 방법 추출하여 서비스 향상
연구개발	• ChatGPT를 사용하여 고객데이터와 피드백을 분석하여 추세와 개선사항을 파악할 수 있음, 이는 고객요구를 더 잘 충족시키기 위해 제품과 서비스를 개선하는데 도움이 됨
운영	• 생산 상품 관련 고객 문의사항 해결 • 프로세스 에러, 생산 이상, 상품 결함 등 파악 • 프로세스 자동화를 통해 고객 서비스 향상 • 문서 분석을 통해 구체적인 계약 조건 파악
IT 개발자	• 다른 개발 언어로 쓰여진 라이브러리를 내가 쓰는 개발 언어로 변환하기 • 프로그램 코딩하기(Python, Java, C++, JavaScript, C#, Ruby, Swift등) • 코드를 입력하고 코딩할 내용을 자연어로 명령해서 코드를 수정하고 보완하게 만들기 • 내가 작성한 코드 리뷰를 명령하기 • 발생하는 에러애 대해서 분석을 시켜보기 • (PM을 위해서) 코드를 읽기 쉽게 변환 시키기. 예, SQL 쿼리, 정규식 • 코드를 넣어 주면서 주석을 달라고 하기 • ChatGPT는 프로그래밍에 훌륭한 결과를 도출해주고 있음 • 복잡한 코딩 문제 해결, 신규 코드 생성 • 데이터 테이블 자동 생성 • 머신러닝 모델의 훈련 정확도를 높이기 위해 합성 데이터 생성
법률	• 계약, 특허출원 등 법적 문서 검토 • 대량의 규제 관련 문서들을 검토, 규제변화 추적 • 공공 및 민간 기관 관련 법적 문서 내 질의사항 답변

비즈니스 분야	업무효율을 높일 수 있는 것
인사 및 직원교육	• ChatGPT를 사용하여 회사 정책과 절차에 대한 정보를 제공하고 질문에 답변함으로써 자동화된 교육을 제공할 수 있음 • 인력 채용 시 사용될 면접 질문 생성 • HR 업무 자동화 처리(Ex. 직원 온보딩, 복지, 규정 등 설명)
인력 최적화	• 사내 커뮤니케이션 기능 최적화 • 비즈니스 프레젠테이션 생성 (이메일 발송 자동화, 번역 등) • 온라인 회의 내용, 발표 자료 등 업무요약 • 사내 지식 포털 관련 Q&A 자동화 처리 • 고성능 스캐너, 머신러닝, 문서인식 등으로 회계업무 자동화
업무활용	• 보고서 자료조사: 각종 전문적 지식, 논문 등의 자료 조사 후 결과를 정리 • 사업기획 아이디어: 정책, 사업 등의 계획수립 시 아이디어 도출 등 • 글쓰기, 보도자료, 번역 및 교정: 영어번역이나 교정 등 표현을 자연스럽게 수정 • 엑셀업무 활용: 어려운 엑셀 함수를 간단한 명령어로 생성하여 활용 가능

ChatGPT는 [표3]에서 정리한 것과 같이 교육, 전문 분야, 일상생활 및 공공분야에서도 효율을 높일 수 있다.

[표3]ChatGPT를 활용해 효율을 높일 수 있는 주요 전문 분야

비즈니스 분야	업무효율을 높일 수 있는 것
교육 (학원, 학교, 교육 사업, 학생)	• 학생의 수준에 맞는 단계별 문제를 생성해 내기 • 학생들 평가 글을 키워드만으로 생성해 내기 • 커리큘럼을 짜는 것을 브레인스토밍하고 세부 내용을 작성 시키기 • 답을 지정해 주고 다른 풀이 방법을 생성해 내기 • 학생들의 주관식 답을 분석하고 평가 하기 • ChatGPT로 숙제하기 • 합하여 고객의 질문이나 우려사항에 대한 답변을 할 수 있음 • 고객 피드백 요약 및 분석 • 실시간 고객 지원 서비스 제공

비즈니스 분야	업무효율을 높일 수 있는 것
창작활동(크리에이터) (블로거, 작곡가)	• 트렌드한 주제를 자동으로 뽑아서 자동으로 블로그 글을 수백개 만들기 (예, 일잘러, 장피엠) • 정리 없이 수집한 흥미로운 주제, 사례, 인사이트를 넣어주며 콘텐츠 주제를 브레인스토밍하기 • 혼자 말하기, 사람들과 대화하는 내용을 녹음하여 텍스트로 변환한 뒤 브레인스토밍에 사용하기 • 불릿 포인트(Bullet point)에서 세부결과물 만들어 내기 −글, 음악 노트 • 청중이나 독자들의 피드백을 모아서 중요한 내용을 뽑아 내는데 사용하기 • 블로그 및 글쓰기: 블로그 포스트, 기사, 에세이 등의 글쓰기를 자동화할 수 있음 • 노래가사 및 시작성 : 노래 가사를 자동으로 생성 가능하며, 시적 표현도 가능하여 시 작성을 자동화 할 수 있음 • 소설작성 : 소설을 자동으로 작성할 수 있음, 예를 들어, 이전 작품을 분석하고 비슷한 스타일의 소설을 생성 • 유튜브 스크립트 : 유튜브 비디오에 대한 스크립트를 주제를 주고 작성
연구 (VC, 연구원, 대학원생)	• 나의 핵심 아이디어가 다른 분야에서도 쓰이는지 찾아 보라고 명령하기 • 연관이 없어 보이는 두 주제를 강제로 결합해서 자연스레 이어보게 시키기 • 논문, 기술문서, 보고서, 세미나 녹음 파일 등을 짤라서 입력한 뒤 요약한 내용 보기 • 문서 작성 시에 불릿 포인트(Bullet point)로 내용을 제공한 뒤 온전한 글을 만들기

일상생활 활용	• 법률자문: 각종 법률에 대한 질문을 통해 기본적인 답변을 도출
	  예)전세를 살고 있는데 전세계약 만료 후 계약금을 받지 못했습니다. 어떻게 하나요?
	• 투자자문: 부동산, 주식 전망 등에 대한 질문 등
	  예)테슬라에 투자하려고 하는데 전망은 어떤가요?
	• 건강상담: 건강문제에 대한 기본적인 질의 및 응답
	  예)혈압에 좋은 음식은 무엇인가요?
	• 심리상담: 개인의 심리적 상태에 대해서 조언하고 해결책을 제시
	  예)마음이 불안하고 잠이 오지 않는데 어떻게 해야 하나요?
	• 진로상담: 청소년 대학진학 등의 조언
	  예)경영학과는 어떤 것을 배우는 곳입니까?
	     경영학과에 진학하려면 어떤 역량이 필요한가요?
	• 자동차 정비상담: 자동차 고장시 진단에 관한 상담이 가능
	• 영어공부: ChatGPT를 영어교사처럼 행동하게 하는 명령어 입력 후 대화 및 즉시교정 가능(Talk to ChatGPT)

비즈니스 분야	업무효율을 높일 수 있는 것
공공분야 활용	• 고객서비스 ChatGPT는 시민들에세 고객 서비스를 제공하는 가상 비서로 사용될 수 있음. 시민들이 정부 서비스에 대한 정보를 얻고, 질문에 답하고, 양식과 신청서를 작성하는 데 도움을 줄 수 있음. (가상비서, 챗봇 등 전자정부 서비스 등) • 정책 분석 ChatGPT는 정책 문서를 분석하고 잠재적 영향에 대한 인사이트를 제공하는 데 사용할 수 있음. 이를 통해 정책 입안자가 더 많은 정보에 기반한 결정을 내리고 정책의 효과를 개선할 수 있음. (정책 장단점, 시뮬레이션 예측, 부정 예측 및 탐지, 의사결정 지원 등) • 대중 참여 ChatGPT는 시민들과 소통하고 정부 정책 및 프로그램에 대한 피드백을 수집하는 데 사용할 수 있음. 또한 시민들의 질문에 답변하고 예정된 이벤트와 이니셔티브에 대한 정보를 제공하는 데에도 사용할 수 있음 • 데이터 분석 ChatGPT는 대량의 데이터를 분석하고 트렌드와 패턴에 대한 인사이트를 제공하는 데 사용할 수 있음. 이를 통해 정부 기관은 데이터 기반 의사 결정을 내리고 운영 효율성을 개선 할 수 있음. • 언어 번역 ChatGPT는 문서와 커뮤니케이션을 다른 언어로 번역하는 데 사용할 수 있어 다른 언어를 사용하는 시민이 더 쉽게 접근할 수 있음

전반적으로 ChatGPT는 고객 서비스부터 정책 분석 및 데이터 분석에 이르기까지 다양한 방식으로 공공 부문에 유용한 도구가 될 수 있다. 자연어를 이해하고 적절한 응답을 제공하는 능력은 정부 운영의 효율성과 효과성을 향상시키는 데 도움이 될 수 있다. 다만, 공공 활용 시 프라이버시 및 보안, 편향성과 공정성, 규제 및 법제도 변경에 따른 적시성, 비용, 변화에 대한 저항 등이 문제가 될 수 있다.

또한 'ChatGPT를 잘 활용하는 사람이 활용하지 않는 사람을 대체(代替) 할 가능성도 점점 높아질 것으로 예상된다.

8. 이미지 생성 인공지능(Text to Image)

 이미지 생성 인공지능(Text to Image AI)은 텍스트로 입력된 설명을 기반으로 새로운 이미지를 생성할 수 있는 인공지능 기술이다. 이 기술은 기존에 존재하는 이미지 데이터를 학습하여, 학습 데이터와 유사하지만 완전히 새로운 이미지를 자동으로 생성할 수 있는 능력을 가지고 있다. 사용자가 제공한 텍스트 명령(프롬프트)을 이해하고, 그에 맞는 이미지를 생성하여 인간이 상상한 장면을 시각적으로 구현한다.

 이미지 생성형 AI는 다양한 방식으로 구현될 수 있으며, 대표적인 기술로는 GAN(Generative Adversarial Networks, 생성적 적대 신경망)과 VAE(Variational Autoencoders, 변이형 오토인코더)가 있다.

가) 작동 원리

 이미지 생성형 AI는 크게 두 가지 주요 기술로 작동한다.

① 딥러닝과 생성 모델
- 딥러닝 기술을 활용해 방대한 양의 데이터(이미지와 그에 대응되는 텍스트 설명)를 학습한다.
- 생성적 적대 신경망(GAN)이나 변환기(Transformer) 같은 모델을 활용해 텍스트와 이미지를 연결한다.
  * 생성적 적대 신경망(Generative Adversarial Network: GAN)은 새로운 데이터를 생성하기 위해 서로 경쟁하는 두 개의 신경망(Generator와

Discriminator)을 사용하는 딥러닝 모델이다. GAN은 주어진 데이터를 학습하고, 이를 바탕으로 유사한 데이터를 만들어내는 데 매우 효과적인 기술로 알려져 있다. 한 네트워크는 이미지를 생성하고, 다른 네트워크는 그것을 평가하며 점차 더 나은 이미지를 생성한다.

* 변환기(Transformer) 기반 모델은 인공지능에서 텍스트, 이미지, 음성 등 다양한 데이터를 처리하기 위해 설계된 딥러닝 모델 구조이다. (예: DALL·E는 입력(프롬프트)한 텍스트를 이해하고 이를 이미지 데이터로 변환한다.

② 텍스트와 이미지의 매핑
- 텍스트의 의미를 분석하고, 이를 이미지의 픽셀 데이터로 변환하는 과정을 거친다. 예를 들어, "해변에서 노을을 바라보는 소년"이라는 텍스트가 주어지면 AI는 "해변", "노을", "소년"이라는 키워드를 분석하고 이들 간의 관계를 학습한 패턴을 기반으로 이미지를 생성한다.

나) 이미지 생성형 AI의 주요 특징
① 텍스트 기반 입력

사용자가 명확하거나 창의적인 텍스트 명령을 입력하면, 이를 바탕으로 이미지를 생성한다. 예를 들어, "한국의 시청 광장에서 푸드트럭 행사가 열리고 있는 가운데, 한국인들이 행사를 즐기고 있다, 하늘에는 파란하늘과 뭉게구름이 있다, 와이드샷, 야외, 정오, 정오시간, 광각렌즈, 비율은 5:3"이라고 입력하면 아래와 같은 이미지가 생성된다.

② 다양한 스타일 지원

　현실적인 이미지, 만화 스타일, 유화, 픽셀 아트 등 다양한 스타일로 이미지를 생성할 수 있다. 특정 예술가의 화풍(예: 반 고흐, 피카소)을 모방하거나 특정 색감, 분위기를 반영하는 것이 가능하다.

③ 사용자 맞춤화

　텍스트에 추가적인 조건을 입력해 세부적인 요소를 조정할 수 있다. 예를 들어, "밝은 색감, 가을 분위기, 햇살이 비추는 모습" 같은 구체적인 요청.

다) 이미지 생성형 AI의 주요 활용 분야

① 예술 및 디자인

　예술 작품 생성, 패션 디자인, 인테리어 디자인 등 창의적인 분야에서 새로운 디자인 아이디어를 제공한다.

② 게임 및 엔터테인먼트

　게임 캐릭터, 배경, 아이템 등을 자동으로 생성하여 게임 개발 과정을 지원하고, 영화나 애니메이션의 시각적 요소를 생성하는 데 사용된다.

③ 데이터 증강

실제와 유사한 이미지를 대량으로 생성하여, 기계 학습 모델의 학습 데이터를 증강하는 데 활용된다. 이는 특히 학습 데이터가 부족한 분야에서 유용하다.

④ 사진 편집 및 복원

기존 사진의 스타일을 변환하거나, 손상된 사진을 복원하고, 사진에 누락된 부분을 채우는 데 사용된다.

라) 대표적인 이미지 생성형 AI 플랫폼

① 달리(DALL-E)

달리는 오픈AI에서 개발한 이미지 생성형 AI로 높은 해상도와 사실적이고 세밀한 이미지 생성이 특징이다.

사용법은 비교적 간단하다. 오픈AI(https://openai.com/) 사이트에서 GPT-4 유료 버전을 구독하면 사용이 가능하다. 로그인 한 후 프롬프트에 원하는 내용을 입력하면 된다. 내용을 입력할 때는 단어의 나열보다는 상상한 이미지를 구체적으로 설명하면 더 품질 좋은 이미지를 얻을 수 있다. 사용자가 "달에서 서핑하는 아바타"와 같이 상상력을 자극하는 설명을 입력하면, 달리는 해당 설명에 부합하는 이미지를 생성해낸다. 이 과정에서 달리는 텍스트의 의미를 해석하고, 관련된 시각적 요소를 조합하여 새로운 이미지를 창조한다.

달리의 주요 특징은 다음과 같다.

- 고품질 이미지 생성: 달리은 높은 해상도의 이미지를 생성할 수 있으며, 디테일과 색상 표현이 뛰어나 사용자가 요구하는 시각적 내용을 정확하게 반영할 수 있다.
- 창의적인 이미지 생성: 사용자가 입력하는 다양한 텍스트 설명에 대해 창의적이고 혁신적인 방식으로 이미지를 생성한다. 이는 기존에 존재하

지 않는 장면이나 개념도 포함된다.

- 텍스트 이해 능력: 자연어 처리 기술을 기반으로 텍스트에서 복잡한 개념과 관계를 이해하고, 이를 시각적 이미지로 변환할 수 있는 능력을 가지고 있다.

달리과 같은 생성형 AI 기술은 예술, 디자인, 광고 등 다양한 분야에서 창의적인 아이디어 구현과 시각적 콘텐츠 생성에 활용될 잠재력을 가지고 있다. 또한 문장을 입력하는 것만으로 이미지를 편집할 수 있다는 점은 이미지 생성형 AI 활용의 무한한 확장성을 시사한다.

아래 이미지는 저자가 직접 프롬프트를 입력하여 생성한 이미지이다.

*출처 ChatGPT, JK Jung 생성, Seed No: 520774844

* 프롬프트: 빈 공간에 "한국에 오신 것을 환영합니다"라는 문자, 한국 전통 건물

*출처 ChatGPT, JK Jung 생성, Seed No: 993506863

② 미드저니(Midjourney)

미드저니는 미국 항공우주국(NASA) 엔지니어 출신인 데이비드 홀츠가 개발한 'AI 화가' 프로그램이다.

미드저니는 상용 SNS 서비스인 디스코드(Discord)를 이용해 로그인 만으로 비교적 쉽게 사용하여 이미지를 생성하는 매우 특이한 방식을 사용한다.

프로그램 접속 후 프롬프트에 '/imagine'이라는 명령어를 넣고 원하는 문장이나 단어 등을 입력하면 이미지를 생성해준다. 특히 참조 이미지 주소(URL)를 넣어 좀더 자신의 스타일에 맞게 이미지를 만들 수 있으며, 이미지 비율이나 해상도도 조절할 수 있다.

월간 유료 회원권 가격은 10달러(Basic Plan: 200분), 30달러(Standard Plan: 900분), 80달러(Pro Plan:1800분), 120달러(Mega Plan: 3600분)이다.

*미드저니(Midjourney), JK Jung 생성

대부분 위에서 소개된 이미지 생성 프로그램들은 프롬프트에 영어로 입력하는 것이 기본이기 때문에 ChatGPT 영어 번역, 구글 번역, 파파고 등을 활용해도 충분히 원하는 이미지를 얻을 수 있다.

③ 딥 드림 제너레이터(Deep Dream Generator)

딥 드림 제너레이터는 2015년 구글이 개발한 딥러닝 기반의 이미지 생성 프로그램이다. 영화 인셉션에서 영감을 받아 개발했다는 프로그램으로 결과 이미지가 미술 작품의 느낌을 주는 것이 특징이다.

사용법은 크게 다르지 않다. 회원가입(페이스북, 구글 로그인 가능) 후 프롬프트에 원하는 문장을 입력하면 된다. 무료는 아니지만 첫 가입 시 100포인트를 주며, 한 번 이미지를 생성할 때마다 포인트가 감소한다. 설정에 따라 감소하는 포인트는 다르다.

AI 모델에서는 퓨전, 예술적, 판타지, 포토리얼, 안정적인 이미지 가운데 원하는 스타일을 선택할 수 있고, 비율에서는 사각형, 풍경, 초상화 비율 중 하나를, 품질은 일반 품질과 고품질 중 하나를 선택할 수 있다. 네거티브 프롬프트는 결과 이미지에서 보고 싶지 않은 부분을 미리 빼는 설정으로 자동, 미설정, 직접 입력 중 하나를 선택하면 된다. 이 외 얼굴 보정 여부와 이미지 파일 크기를 선택할 수 있다.

*출처: Deep Dream Generator

④ 스테이블 디퓨전(Stable Diffusion)

스테이블 디퓨전은 대표적인 딥러닝 기반 이미지 생성형 AI 프로그램으로 독일 뮌헨 대학교 Machine Vision & Learning Group연구실의 "잠재 확산 모델을 이용한 고해상도 이미지 합성 연구"를 기반으로 하여, 스테빌리티 AI(Stability AI)와 런웨이 ML(Runway ML)의 지원을 받아 개발됐다. 스테이블 디퓨전은 다른 웹 프로그램과 달리 자연어 처리 스타트업이 개발한 허깅페이스(Hugging Face)에서 설치 파일을 다운로드 받아 개인 컴퓨터에 설치해야 하는 번거로움이 있다. 하지만 무료이고 오픈소스이기 때문에 누구나 스테이블 디퓨전을 통해 이미지 생성형 AI 프로그램을 만들 수 있다. 다만 허깅페이스의 '스테빌리티 AI' 공간에서는 웹 환경에서 사용해 볼 수 있는 데모 버전(Stable Diffusion Demo)을 제공한다. 사용법은 간단하며 별도의 로그인도 필요 없다. 프롬프트에 원하는 문장을 입력하고 선택 사항으로 네거티브 프롬프트를 입력하면 된다.

스테이블 디퓨전을 사용해서 짧은 애니메이션을 제작할 수 있다. 예를 들어 10초짜리 실물 동영상을 각 프레임별로 쪼개서 사진 파일로 바꾸어야 한다. 이 작업은 비디오 편집 소프트웨어를 사용하여 수행할 수 있다.

대표적인 비디오 편집 소프트웨어로는 Adobe Premiere Pro, Final Cut Pro, DaVinci Resolve 등이 있다. 그리고 나서, 각각의 이미지를 스테이블 디퓨전 소프트웨어로 열어서 애니메이션화 작업을 수행해야 한다. 이 작업은 수동으로 한 프레임씩 변경해야 하기 때문에 시간이 많이 소요될 수 있다. 하지만, 일부 프레임을 복제하여 더욱 자연스러운 모션을 만들 수도 있다. 또한, 프레임 수를 줄이거나, 작은 영역에만 애니메이션을 적용하는 등의 방법을 사용하여 작업 시간을 줄일 수도 있다.

이런 방법들을 통해, 수백 장에서 수천 장의 이미지를 애니메이션화 시키는 작업을 더욱 효율적으로 수행할 수 있다. 하지만, 여전히 시간과 노력이 많이 필요하므로, 빠르게 제작하는 사람들은 이미지의 개수를 줄이거나, 더 간단한 애니메이션을 만드는 경우가 많다.

*출처: Stable Diffusion, JK Jung 생성: 190818831

⑤ 구글 이매진(Google Imagen)

구글에서 개발한 텍스트 입력을 기반으로 이미지를 생성할 수 있는 인공지능 프로그램이다. 구글은 '전례 없는 수준의 사실적 묘사와 깊은 수준의 언어 이해' 통해 사실적인 이미지를 생성할 수 있다고 소개 했다. Imagen은 텍스트를 이해하는 대형 변환기 언어모델의 성능을 기반으로 정확도 높은 이미지를 생성하는 확산을 결합한다.

Imagen은 대규모 사전 훈련된 언어 모델과 계단식 확산 모델이 결합하여 깊은 텍스트 이해와 사실적인 이미지 생성이 가능한 것이 Imagen의 장점이다.

*출처: Imagen

⑥ 어도비 파이어플라이(Adobe Firefly)

Adobe Firefly는텍스트를 기반으로 고해상도 이미지 및 비디오를 빠르게 생성할 수 있다. 예를 들어 사용자는 텍스트 기반의 프롬프트를 입력할 수 있으며 Firefly는 해당 프롬프트를 기반으로 이미지를 생성한다. 그런 다음 사용자는 작업하려는 이미지의 일부를 자르고 Photoshop 내에서 계속 편집할 수 있다.

사용자는 자신의 프롬프트를 입력하여 그림을 생성하거나, Adobe에서 제공하는 프롬프트 갤러리에서 선택할 수 있다. 프롬프트가 입력되면 Firefly는 해당 프롬프트를 기반으로 이미지 또는 디자인을 생성한다. 그런 다음 사용자는 작업하려는 생성된 이미지 부분을 클립하고 선택한 Adobe 애플리케이션 내에서 계속 편집할 수 있다.

Adobe Firefly는 이미지나 동영상 같은 창작물을 빠르고 효율적으로 생성하는 방법을 제공하여 크리에이티브 업무 방식을 혁신할 수 있는 잠재력을 가지고 있다. 손이 많이 가고 시간이 많이 걸리는 콘텐츠 생성 작업을 처리함으로써 크리에이터 들은 창의성과 혁신과 같은 작업의 더 중요한 측면에 집중할 수 있다. Firefly는 또한 마케팅에서 교육에 이르기까지 다양한 산업 분야에서 사용하고 있다.

*출처: Adobe Firefly, JK Jung 생성

아래 이미지는 저자가 "프롬프트: 이탈리아 베네치아를 수채화 스타일로 그려 줘"라고 입력하여 생성한 이미지이다.

*출처: Adobe, JK Jung 생성

9. 음악생성 인공지능(Text to Music)

오픈AI가 개발한 ChatGPT는 생성형 AI(Generative AI)를 대중에게 각인 시켰다. 생성형 AI는 거대한 양의 데이터를 학습해 문장, 이미지, 음악 등 독창적인 창작물을 만들어낸다.

사람처럼 어색함 없는 문장으로 대화하고 이용자의 요구대로 소설, 시, 노래 가사를 창작하거나 곡의 코드를 구성하기도 한다.

생성형 AI인 음악생성 인공지능의 발전으로 음원 시장은 특히 새로운 경쟁의 중심지로 떠오르고 있다. 음악생성 인공지능 기술은 이제 작곡, 작사, 믹싱 등 음악 제작의 모든 과정에서 활용될 정도로 발전했으며, 그 결과물은 인간이 만든 음악과 비교해도 손색이 없을 정도이다.

실제로 음악생성 인공지능으로 작곡한 노래가 독일 대중음악 차트 48위에 오르고, 중국에서는 AI 작곡 콘서트가 개최되는 등 생성형 AI의 창작 활동이 화두가 되고 있다.

생성형 AI인 ChatGPT를 활용하여 가사를 쓰고 SUNO.ai를 활용하여 음악을 생성하는 사례를 들어보겠다.

① 먼저 ChatGPT를 활용해 내가 원하는 음악의 가사를 쓴다.

You
미술관에서 명화를 감상하다 우연히 만난 여인, 같은 그림에 한참 동안 집중해서 감상하고 있는데 그 여인과 눈이 마주쳐서 가슴이 뭉클해지며 사랑의 감정이 싹트는 느낌이 있는 발라드 스타일의 노래, 기쁨과 사랑과 희망이 느껴지게 가사를 작성해줘.

🟣 **ChatGPT**
이런 아름다운 시나리오를 바탕으로 발라드 스타일의 가사를 작성해보겠습니다. 기쁨, 사랑, 희망이 느껴지는 감성을 담아서 말이죠.

[제목: 미술관에서의 우연한 사랑]

1절:
미술관 조용한 전시실,
한 폭의 그림 앞에 멈춰 선 나.
색채 속에 숨겨진 이야기,
마음 깊이 스며들어 오는데.

사랑스러운 눈빛, 우연히 마주친 그녀,
같은 그림 속에 빠져든 우리.
묵직한 시선이 만들어낸 작은 기적,
가슴 한켠이 따뜻해져 가네.

후렴:
미술관의 작은 사랑,
조용히 피어나는 감정의 색깔.
그녀의 눈빛 속에서,
기쁨과 사랑, 희망을 발견해.

2절:
그림 속의 이야기처럼,
우리 둘 사이에도 이야기가 피어나.
각자의 세계에서 걸어온 길,
같은 캔버스에서 만나다니.

한참을 서로의 눈을 바라보며,
가슴에 새겨진 순간의 온기.
말하지 않아도 알 수 있는,
서로의 마음 속 깊은 떨림.

후렴:
미술관의 작은 사랑,
서로를 향한 미소 속에 녹아드는 마음.
그녀와 나눈 시선 속에서,
기쁨과 사랑, 희망을 그려내.

브릿지:
각자의 길을 걷던 우리,
미술관의 한 순간에 운명처럼 마주쳐.
이제는 그림 속 이야기가 아닌,
우리 둘만의 이야기를 시작해.

마지막 후렴:
미술관의 작은 사랑,
조심스레 속삭이는 우리 둘의 이야기.
이 순간 속에서,
기쁨과 사랑, 희망을 영원히 간직해.

② 다음은 음악을 생성하는 AI Tool인 SUNO.ai에 접속하여 로그인을 한다. 저자는 로그인이 되어 있는 화면이다.

아래의 화면에 표시되어 있는 "Create"를 클릭한다.

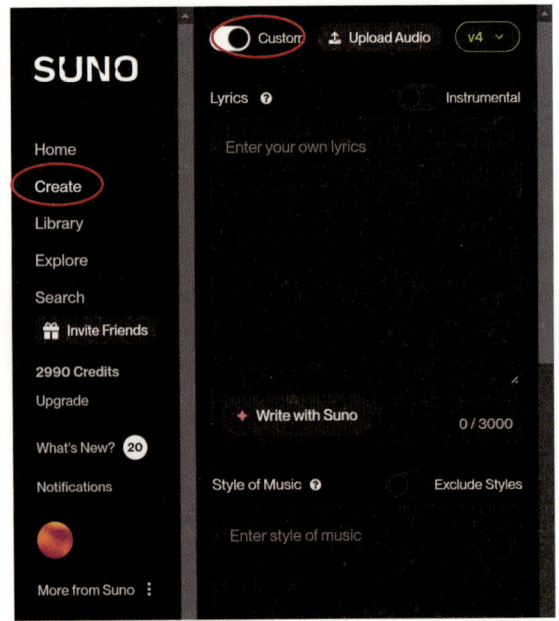

다음은 아래와 같은 화면이 나타나면 'Custom"버튼을 클릭하고 ChatGPT에서 가사를 쓴 내용을 복사하여 붙여넣기 한다.

아래의 화면에 표시되어 있는 "Create"를 클릭한다.

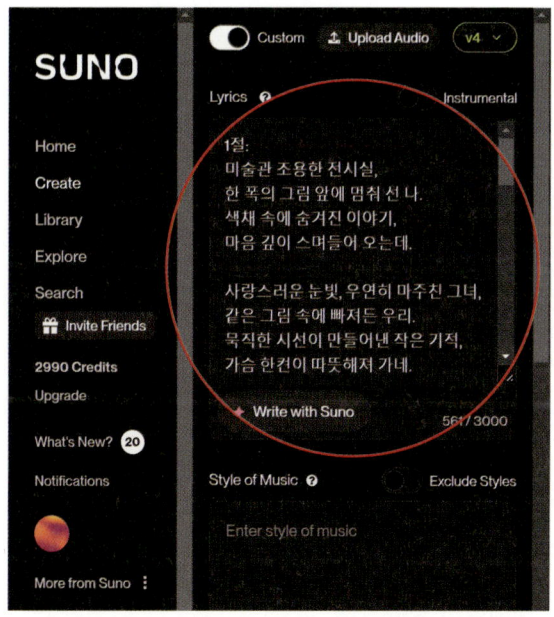

다음은 아래와 같은 화면이 나타나면 'Custom'버튼을 클릭하고 ChatGPT에서 가사를 쓴 내용을 복사하여 붙여넣기 한다.

위 화면의 오른쪽은 음악 2곡이 생성된 화면이다. 클릭하면 음악이 재생된다.

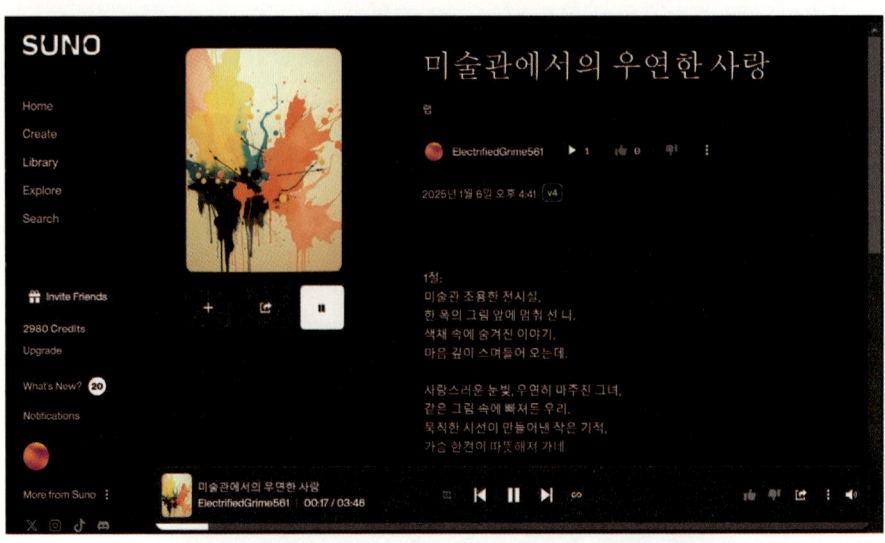

위 화면은 저자가 ChatGPT를 활용해서 가사를 쓰고 SUNO.ai를 이용해서 "미술관에서의 우연한 사랑"이라는 음악을 생성한 것이다. 생성된 음악은 Video로 Download해서 공유할 수 있다.

그림을 그리는 프로그램이 있는 것처럼 작곡 역시도 프로그램을 이용한 작곡이 가능하다. 작곡 프로그램의 UI는 크게 오선보, 시퀀서, 트랙커로 나눌 수 있다.

음악 분야에서 인공지능은 구글의 마젠타(Magenta) 프로젝트, IBM의 왓슨(Watson), 소니의 플로우 머신(Flow machine) 등 IT 분야의 세계적 기업들이 앞장서서 인공지능 음악 작곡가를 만들어내기 위해 활발히 연구하고 있고 지속적인 발전을 하고 있다. 인공지능 작곡 기술을 활용한 다양한 서비스가 출시 되었는데, 몇 가지 파라미터만 결정해주면 완성된 음악을 자동으로 만든다. 하지만 인공지능의 능력이 돋보이는 타 분야와는 달리 음악 분야에서는 아직 인간 작곡가의 복합적인 창작 능력에 미치지 못하고 있어, 영상을 위한 배경음악 같이 특정 목적을 위한 제한된 수준의 음악이 필요한 분야에서만 부분적으로 서비스되고 있는 상황이다. 시간적 예술이라는 특징과 함께, 조금만 어긋나도 음악적이지 못하거나 불쾌하게 들리는 음악의 민감한 특성 때문에 음악 작곡은 인공지능이 완성하기 어려운 분야 중 하나이다.

작곡에는 중요한 세 가지 요소가 있다. 그것은 조성과 화음, 멜로디 이다. 지금까지 사람이 작곡을 하면 먼저 음악이론을 머리에 넣어서 곡의 콘셉을 정하고 곡조를 결정한 후 코드 진행을 만든다. 이때 곡에 위화감을 주지 않도록 자연스러운 코드를 찾는 것이 중요하다. 그 후 마지막으로 그 코드에 멜로디 사운드를 붙이는 흐름으로 작곡을 하는 것이 일반적이다.

AI가 자동으로 작곡하는 경우 만들고 싶은 곡의 조성을 정하고, 대량 곡의 악보를 AI로 로드하여 코드 패턴을 학습 시킨다. 그리고 곡조와 같은 일정한 지침을 소프트웨어로 지시하면 학습한 정보를 바탕으로 작곡을 할 수 있다.

생성형 AI의 하나인 ChatGPT의 확산과 함께 텍스트를 입력하면 그림을 그려주는 인공지능과 텍스트를 입력하면 작곡을 해주는 인공지능에 대한 관심이 커지고 있다.

*출처: 구글의 뮤직LM

구글 딥마인드(Google DeepMind)는 최근 인공지능 기반 음악 생성 분야의 최신 기술인 Lyria 2를 발표하며 MusicLM을 포함한 이전 모델들에서 한 단계 발전된 역량을 선보였다. Lyria 2는 최신 AI 음악 생성 모델로, 텍스트 프롬프트를 기반으로 고품질의 음악을 제작할 수 있는 도구이다. 이 모델은 뮤지션과 프로듀서의 피드백을 반영하여 개발되었으며, 다양한 음악 장르와 복잡한 구성의 음악을 생성할 수 있다.

주요 특징을 살펴보면 다음과 같다.

① 고품질 오디오 출력

    Lyria 2는 48kHz 스테레오 오디오를 생성하여, 다양한 악기와 연주 스타일의 미묘한 뉘앙스를 포착한다. 이를 통해 전문적인 수준의 음악을 제작할 수 있다.

② 세밀한 창작 제어

    사용자는 텍스트 프롬프트를 통해 음악의 키, BPM(템포), 장르, 분위기 등을 지정할 수 있으며, 이를 통해 원하는 스타일의 음악을 정밀하게 조정할 수 있다.

③ 다양한 장르 지원

    클래식, 재즈, 팝, 일렉트로닉 등 다양한 장르의 음악을 생성할 수 있으며, 사용자의 창의적인 아이디어를 실현하는 데 도움을 준다.

④ 보컬 및 가사 생성

    Lyria 2는 가사 입력을 통해 보컬이 포함된 음악을 생성할 수 있다. 가사는 오디오 파형 아래의 타임라인에 배치되어, 음악과 정확하게 동기화된다.

⑤ 실시간 음악 생성

    Lyria RealTime 기능을 통해 사용자는 실시간으로 음악을 생성하고 조작할 수 있다. 이를 통해 라이브 퍼포먼스나 즉흥적인 음악 제작이 가능하다.

⑥ 안전성과 투명성

    모든 Lyria 2의 출력물에는 SynthID라는 워터마크 기술이 적용되어, AI가 생성한 콘텐츠임을 식별할 수 있다. 이는 저작권 보호와 투명성을 강화하는 데 기여한다.

⑦ Music AI Sandbox와의 통합

    Lyria 2는 구글의 Music AI Sandbox와 통합되어, 뮤지션들이 새로운 음악 아이디어를 실험하고 발전시킬 수 있는 플랫폼을 제공한다. 이 도구는 작곡, 편곡, 리믹스 등 다양한 음악 제작 과정을 지원하며, 사용자들은 텍스트 프롬프트를 통해 음악을 생성하거나 기존 트랙을 확장하고 편집할 수 있다.

이처럼 음악을 생성해주는 AI가 나온 것은 이번이 처음은 아니다. '리퓨전(Riffusion)'을 비롯해 구글의 '오디오LM(AudioLM)', 오픈AI의 '쥬크박스(Jukebox)', 메타의 '오디오젠(AudioGen)' 아마존웹서비스(AWS)가 간단한 멜로디를 입력하면 노래를 만들어주는 '딥컴포저'를 등 이미 다양한 모델이 나와있다. 그러나 이들 모델은 모두 기술적 한계와 제한된 학습 데이터로 인해 설득력을 지니지 못했다. 구성이 복잡하거나 충실도가 높은 곡을 제작하는 데는 어려움이 있다.

국내에서는 콘텐츠·플랫폼 기업이 AI를 활용한 작곡에 주목한다. 주 수요는 대중음악보다는 배경음악에 집중되어 있다. 시청자들이 소비하는 콘텐츠가 늘어나면서 저작권료에서 자유로운 배경음악의 수요가 늘었고, AI를 활용하면 사람이 작곡할 때보다 저렴하고 빠르게 음원을 제작할 수 있기 때문이다.

인공지능 기술을 통해 음악 데이터만을 학습시켜 만든 인공지능 작곡 프로그램은 음악 작곡에 대한 교육을 전혀 받지 않은 일반인도 일정 수준 이상의 작곡을 가능하게 한다. 전문 작곡가와 일반인의 작곡 수준은 인공지능 작곡 기술이 발전함에 따라 그 격차가 좁혀질 것이고, 음악 분야에서 창작자와 소비자의 경계가 점차 허물어지며 누구나 지식과 시간의 제약 없이 음악을 작곡할 수 있게 될 것이다. 따라서 인공지능 시대의 전문 작곡가의 역할은 전통적인 작곡가와는 많이 달라질 것으로 보인다. 인공지능 시대의 전문 작곡가의 역할은 인공지능이 기존의 음악 데이터에서 학습할 수 없는, 창의적이고 새로운 음악 데이터를 구축하는 영역에서 전문적 창작 활동을 하는 방식으로 변화할 가능성이 높다. 데이터가 없는 영역에서는 인공지능이 동작할 수 없기 때문에 기존에 없는 창의적인 스타일은 개척하는 분야는 미래에도 여전히 인간 전문 작곡가의 영역일 것이다.

인공지능이 음악을 작곡한다는 현상에 대해 다양한 시선이 존재한다. 한쪽 측면에서는 기계가 생성한 음악은 인간의 작품처럼 창작자의 의도가 담기지 않았기 때문에 진정한 음악이 아니라고 생각해 거부감을 느끼기도 하고, 다른 측면에서는 최근에 갑자기 나타난 신비로운 기술이라는 환상을 갖기도 한다. 하지만 음악의 역사를 살펴보면 오늘날 인공지능 기술을 통해 작곡하는 연구는 오래전부터 음악 분야와 밀접하게 존재해왔다는 것을 알 수 있다.

*출처: JK Jung 생성, Seed No: 1090036551

10. 활용 가능한 다양한 생성형 AI Tools 모음

가) 업무 효율을 높일 수 있는 AI 도구 모음(대화·이미지 생성)

업무 효율을 높여주는 것은 ChatGPT 외에도 좋은 AI 도구들이 많이 있다. 이 AI 도구 중 업무 및 비즈니스에 사용하면 효과가 있는 것들을 모아서 소개하면 [표1]과 같다.

[표1] 업무 효율을 높일 수 있는 AI 도구 모음(대화·이미지 생성)

도구 명	관련 사이트
ChatGPT, GPT-4, 대화형 인공지능	http://chat.openai.com
Google Gemini, 대화형 인공지능	https://gemini.google.com/app
Claude2, 대화형 인공지능	https://www.anthropic.com
Microsoft Copilot, 대화형 인공지능	https://www.bing.com
플루닛 스튜디오, 버추얼 휴먼 동영상 제작	http://studio.ploonet.com
디펠(Deepl), 번역	www.deepl.com
Bing Image Creator, 이미지 생성 무료 서비스	https://www.bing.com/images/create
어도비(Adobe), 텍스트로 이미지 생성	https://firefly.adobe.com/
어도비 익스프레스(Adobe Express), 간단한 이미지에 글자 편집/이미지생성	https://new.express.adobe.com/
이미지 업스케일	https://icons8.com/upscaler
백터 이미지 변환	https://vectorizer.ai/
Segment-anything, Cut out, 리서치	https://segment-anything.com/
웍스, AI 문서번역, 파일분석, 일반 대화	www.wrks.ai/
문서작성, 문서요약, 코딩, 멀린	https://www.getmerlin.in/ko
뤼튼, 이미지 생성, GPT-4 대화/답변	https://wrtn.ai/
아숙업, 이미지 생성, 인식, GPT-4 대화/답변	https://askup.upstage.ai
포, GPT-4기반 빠른 대화	https://poe.com/GPT-4
고수톡, GPT-4기반 대화/답변	https://korai.kr

도구 명	관련 사이트
유튜브 대본 요약	https://glasp.co/youtube-summary
보이저엑스(vFlat), AI 스캐너, 책, 문서, 메모 등 핸드폰으로 촬영한 이미지를 고화질 PDF 또는 JPG 이미지로 만들어주는 스캐닝 앱	https://vFlat.com
Open Interpreter, 자연어로 로컬 작업 실행 (코딩/파일 처리 등)	https://openinterpreter.com
Perplexity AI, 실시간 정보 검색 기반 대화	https://www.perplexity.ai
Ideogram, 로고/타이포 중심 이미지 생성	https://ideogram.ai
Leonardo AI, 고해상도 이미지/게임 아트 제작	https://leonardo.ai
HeyGen, AI 아바타 영상 제작	https://www.heygen.com
Gamma, 프레젠테이션 자동 생성	https://gamma.app
Notion AI, 문서 작성 및 요약	https://www.notion.so/product/ai
ElevenLabs, AI 음성 합성 및 더빙	https://www.elevenlabs.io

나) 업무 효율을 높일 수 있는 AI 도구 모음(이력서·작문·PPT)

업무 효율을 높여주는 AI 도구 중 이력서·작문·PPT 작성에 사용하면 효과가 있는 것들을 모아서 소개하면 [표2]와 같다.

[표2] 업무 효율을 높일 수 있는 AI 도구 모음(이력서·작문·PPT)

도구 명	관련 사이트
📄 이력서 작성	
Kickresume – 눈길 끄는 이력서	https://www.kickresume.com
ReziAI – 이력서 최적화 전문	https://www.rezi.ai
ResumeI – 인상적인 이력서 작성	https://www.resumai.com
EnhanceCV – 남다른 디자인 이력서	https://enhancv.com
Teal HQ – 자동 추적, 맞춤형 이력서 관리	https://www.tealhq.com
Jobscan – ATS 최적화 이력서 분석	https://www.jobscan.co
✍ 작문	
ChatSonic – 문자 기반 인공지능 조수	https://lnkd.in/dbktMMaE
ChatABC – 작문 처리 단순화	https://chatabc.ai
JasperAI – 손쉬운 매력적 콘텐츠 작성	https://www.jasper.ai
Quillbot – 문자 재구성/격상	https://quillbot.com
Sudowrite – 창작 작가를 위한 AI 도우미	https://www.sudowrite.com

도구 명	관련 사이트
✍ 작문	
Writefull – 논문 문장 교정 및 학술 스타일 개선	https://writefull.com
🎬 프레젠테이션	
감마(Gamma) – 주제만으로 PPT 만들기	https://gamma.app/
BeautifulAI – 놀라운 자료 간단 처리	https://www.beautiful.ai
Simplified – 프로같은 자료 제작	https://simplified.com
Slidesgo – 다양한 템플릿 제공	https://slidesgo.com
Sendsteps – 손가락으로 대화식 자료	https://lnkd.in/d2bji-h3
Tome – 대화형 프레젠테이션 제작	https://tome.app
Pitch – 협업 중심 비즈니스 발표 도구	https://pitch.com
🔍 조사	
SCI Space, 논문 요약	https://typeset.io/
Paperpal –최적화 학술 조사	https://paperpal.com
Perplexity –강화된 조사 프로젝트	https://www.perplexity.ai
YouChat – 조사 지원 챗봇	https://you.com
Elicit – 양방향 조사에 적합	https://elicit.org

다) 업무 효율을 높일 수 있는 AI 도구 모음(콘텐츠·트위터·이미지)

업무 효율을 높여주는 AI 도구 중 콘텐츠·트위터·이미지 생성에 사용하면 효과가 있는 것들을 모아서 소개하면 [표3]과 같다.

[표3] 업무 효율을 높일 수 있는 AI 도구 모음(콘텐츠·트위터·이미지)

도구 명	관련 사이트
🎨 콘텐츠 제작	
WriteSonic –창의력 발휘	https://writesonic.com
Tome –간단한 대화식 콘텐츠 제작	https://beta.tome.app
CopySmith –빼어난 콘텐츠 가능	https://app.copysmith.ai
TextBlaze –작문 속도 가속	https://blaze.today
Notion AI – 지식 관리형 콘텐츠 작성	https://www.notion.so/product/ai
KoalaWriter – SEO 최적화 글 자동 생성	https://koala.sh
ZimmWriter – 블로그/뉴스레터 자동화	https://zimmwriter.com

도구 명	관련 사이트
🐦 트위터	
Tweetmonk -존재감 증대	https://tweetmonk.com
Tribescaler -트위터 상대 확대	https://tribescaler.com
Postwise -트윗 일정 관리	https://postwise.ai
TweetLify -트위터 게임 자동화	https://www.tweetlify.co
Typefully - 스레드 작성 & 성과 분석	https://typefully.com
Hypefury - 인게이지먼트 기반 트윗 생성	https://hypefury.com
📷 이미지	
DALL-E -이미지 생성, 이미지 분석	https://www.openai.com
Bing Image Creator -무료 이미지 생성	https://www.bing.com/create
Midjourney -생각의 새로운 매체	https://midjourney.com
어도비(Adobe) -텍스트로 이미지 생성	https://firefly.adobe.com/
StockImg -팀을 위한 이미지 제작	https://stocking.ai
NightCafe -이미지 제작과 커뮤니티	https://nightcafe.studio
Leonardo AI - 고퀄리티 캐릭터 및 UI 이미지	https://leonardo.ai
Playground AI - 다양한 스타일 실험	https://playgroundai.com
BlueWillow - Midjourney 대안 이미지 생성기	http://bluewillow.ai
Photosonic -독특한 이미지 생성	https://photosonic.writesonic.com
Stable diffusion -이미지 생성	https://stablediffusionweb.com/ko
Artbreeder -이미지 생성	https://www.artiphoria.ai/
Dream by WOMBO -스마트폰 이미지	https://www.w.ai/
NovelAI Image Generator -이미지 생성	https://docs.novelai.net/image.html

라) 업무 효율을 높일 수 있는 AI 도구 모음(생산성·오디오·음악·코딩)

업무 효율을 높여주는 AI 도구 중 생산성·오디오·음악·코딩 작성에 사용하면 효과가 있는 것들을 모아서 소개하면 [표4]와 같다.

[표4] 업무 효율을 높일 수 있는 AI 도구 모음(생산성·오디오·음악·코딩)

도구 명	관련 사이트
⏱ 생산성	
Synthesia −비디오 생성	https://www.synthesia.io
Otter −대화 내용 문자화	https://otter.ai
Bardeen −업무 흐름 자동화	https://www.bardeen.ai
CopyAI −생상성 증폭	https://www.copy.ai/
Taskade − 협업+AI 문서 생성	https://www.taskade.com
Mem − 자동 정리되는 AI 메모 도구	https://mem.ai
Supernormal − 회의 자동 요약	https://supernormal.com
다글로(Daglo)−유튜브 동영상, 음성 파일을 텍스트로 변환하기	http://daglo.ai
NotebookLM − 팟캐스트 제작	https://notebooklm.google
브루(Vrew) − 동영상, 쇼츠 제작	https://vrew.ai/ko
🎧 오디오	
MurfAI −문자를 음성으로	https://murf.ai
Speechify −어떤 문자도 음성으로 청취	https://speechify.com
LovoAI −실감나는 음성 생성	https://lovo.ai
MediaAI −혁신적 음향 경험	https://www.ai-media.tv
Resemble AI − 감정+음색 맞춤 음성 합성	https://www.resemble.ai
ElevenLabs − 실시간 고퀄 음성	https://elevenlabs.io
🎼 음악	
SUNO.ai −음악 생성	http://suno.ai
Boomy.AI −음악 생성	http://boomy.ai
Soundraw −음악 게임 체인저	https://soundraw.io
Beatoven −저작권 무료	https://www.beatoven.ai
Soundful − 크리에티터 작곡	https://soundful.com
Mubert − AI 라이브 스트리밍 음악	https://mubert.com
LALAL.AI − 보컬/악기 분리 및 리믹스	https://www.lalal.ai
💻 코딩	
Copilot −스마트한 코딩 도우미	https://copilot.microsoft.com
Tabnine −손쉬운 코드 완성	https://www.tabnine.com
MutableAI −소프트웨어 개발	https://mutable.ai
Safurai −믿을만한 쾌속 코드 검토	https://www.safurai.com
10Web −자동 웹 사이트 구축	https://lnkd.in/d22pd829
Codeium − 무료 AI 코드 추천 도구	https://codeium.com
Replit Ghostwriter − 통합 코딩 + AI 채팅	https://replit.com

Part 2

생성형 AI와 함께하는 지속 가능한 평생 커리어 관리

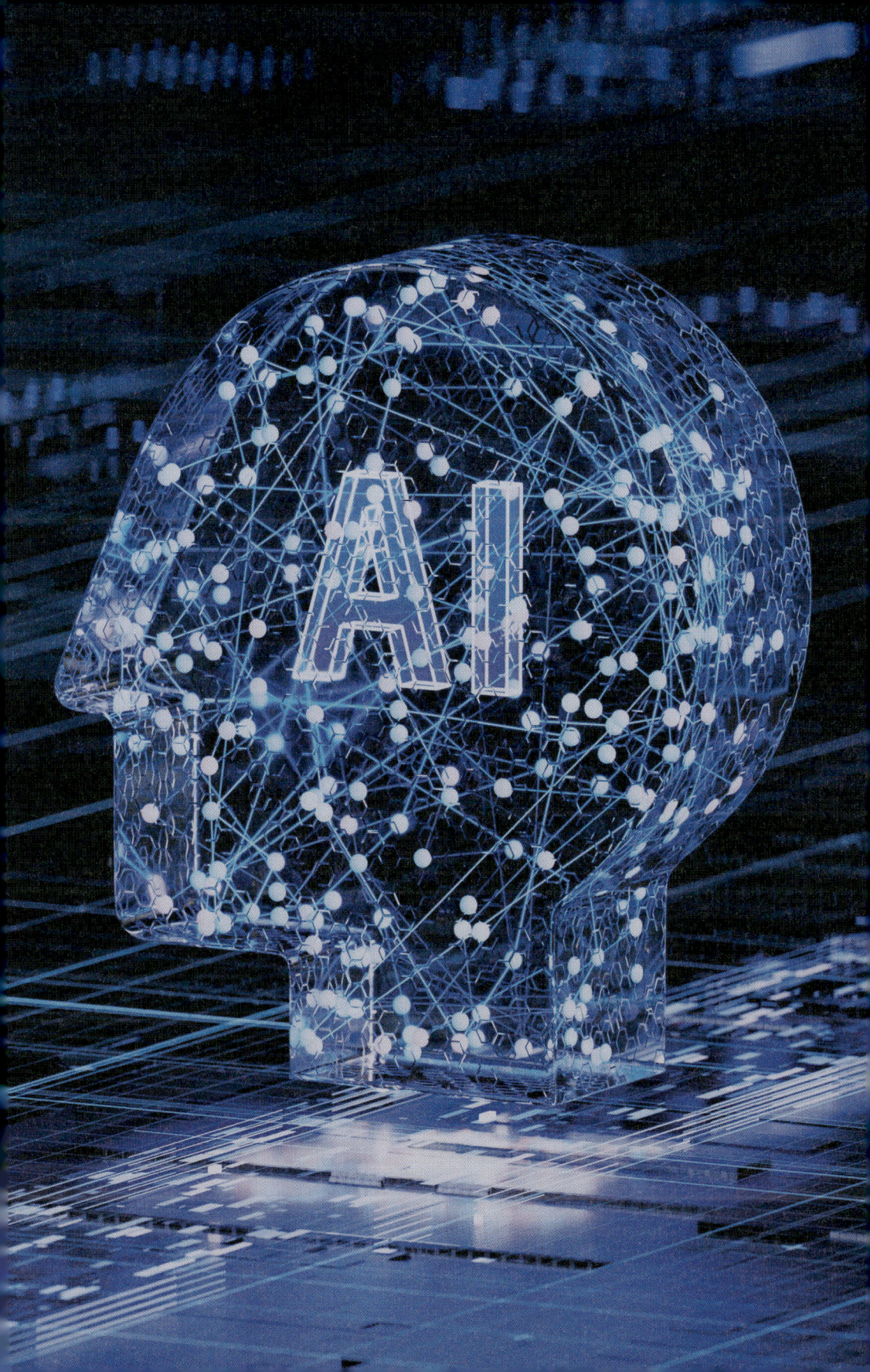

 **1. AI로 변화하는 직업 트렌드**

가) 생성형 AI의 비즈니스 환경 변화와 일자리 전망

Forrester(forrester.com) 연구 결과에 따르면 전 세계 근로자의 36%가 향후 10년 내 AI 자동화로 인해 일자리 감소를 우려하고 있다. 비즈니스 리더의 47%가 신입사원 채용 대신 AI 사용을 고려하고 있다. 이는 기업들이 AI 도입을 적극 검토하고 있으며, 특히 단순 반복 업무의 자동화가 빠르게 진행될 가능성이 높음을 시사하는 것이다.

기업에서 AI 도입의 확산으로 인해 기존 직업 시장에서 "혼란"이 발생할 것이라고 전망하고 있는데, 이 과정이 장기적으로는 새로운 성장 동력이 될 가능성이 크다고 분석하고 있다. 따라서, 기술 변화에 적응하는 것이 개인과 기업 모두에게 필수적인 요소가 될 것이다. AI로 인해 일부 직업이 사라질 수 있지만, 새로운 형태의 직업과 기회도 동시에 창출될 것이기 때문이다. AI기술을 활용하고, 변화에 적응하는 능력이 미래 경쟁력을 결정할 요소가 될 것이다.

미래의 변화와 적극적으로 소통하며, 개인과 기업이 성장할 수 있는 방향을 모색해야 한다. 변화를 두려워하기보다, 혁신적인 기회로 받아들이는 자세가 필요하다. 지속적인 학습과 기술 활용 능력이 향후 AI 시대에서 중요한 자산이 될 것이다. **AI 시대는 위기이자 기회가 될 수 있으며**, 기술 변화를 받아들이고 능동적으로 적응하는 사람이 AI 시대에서 더 높은 경쟁력을 갖출 수 있다.

결론적으로, AI 시대를 대비하려면 기존 직업의 변화에 적응하는 동시에, 새로운 AI 중심 직업에 대한 준비가 필요하다.

Forbes의 Bernard Marr는 [그림1]과 같이 AI 시대를 대비한 새로운 직업 12

가지를 선정하였는데, 다음과 같은 AI 관련 직업들이 새롭게 떠오를 것으로 전망된다.

[그림1] AI 시대의 새로운 직업

① AI 프롬프트 엔지니어: AI 모델에 효과적인 질문을 입력하여 최적의 결과를 도출하는 전문가.
② 제너러티브 디자인 전문가: AI를 활용하여 창의적인 디자인을 생성하고 최적화하는 역할 수행.
③ AI 입력 및 출력 관리자: AI가 생성하는 데이터 및 결과를 검토하고 조정하는 업무 담당.
④ AI 콘텐츠 검토자 및 감시자: AI가 생성한 콘텐츠의 신뢰성과 품질을 점검하는 역할.
⑤ AI 트레이너: AI 모델을 훈련하고 개선하는 전문가로, AI의 성능 향상 지원.
⑥ AI 유지보수 엔지니어: AI 시스템의 원활한 작동을 위해 유지보수 및 관리 수행.

⑦ AI 보안 전문가: AI 시스템의 보안 문제를 예방하고 해결하는 전문가.
⑧ AI 강사 및 리터러시 교육자: AI 교육 및 활용법을 가르치는 전문가.
⑨ AI 윤리 전문가 및 책임자: AI의 윤리적 사용을 감독하고 가이드라인을 개발하는 역할.
⑩ AI 규정 준수 관리자 및 책임자: AI가 법률 및 규정을 준수할 수 있도록 관리하는 전문가.
⑪ AI 개성(차별화 및 매력 강화를 위한) 디자이너: AI 생성 콘텐츠의 감성 및 개성을 조정하는 역할.
⑫ 맞춤형 AI 솔루션 개발자(독자 모델 개발자): 특정 기업이나 개인을 위한 AI 모델을 개발하는 전문가.

기존의 직업이 AI로 인해 변화하는 동시에, 새로운 AI 중심 직업이 창출되고 있음을 보여주고 있다.

나) AI로 변화하는 직업 트렌드

인공지능(AI)의 발전과 함께, 직업 시장은 급속히 변화하고 있다. 이러한 변화는 기술의 발전이 업무를 지원하거나 대체하는 데 그치지 않고, 새로운 직업군을 창출하는 데까지 영향을 미치고 있다. 특히, 생성형 AI(Generative AI)는 콘텐츠 제작, 데이터 분석, 고객 맞춤화 서비스 등 여러 분야에서 혁신적인 변화를 주도하고 있다. 아래는 최근 AI로 변화하고 있는 주요 직업 트렌드에 대해 몇 가지를 예를 들어 설명한 것이다.

(1) AI 기반 데이터 분석 전문가

AI는 방대한 데이터를 처리하고 분석하는 능력을 제공하여, 데이터 기반 의사결정의 중요성을 더욱 강조하고 있다. 이로 인해 데이터 분석 전문가의 수요가 꾸준히 증가하고 있으며, 생성형 AI를 활용하여 더 깊이 있는 인사이트를 도출하는 것이 가능해졌다.

예를 들어, AI 도구를 활용해 마케팅 캠페인의 효과를 실시간으로 분석하거나, 고객 데이터를 통해 개인 맞춤형 서비스를 제공하는 역할이 확대되고 있다.

(2) 프롬프트 엔지니어링 (Prompt Engineering)

생성형 AI의 효과적인 활용을 위해 사용자 의도를 AI에 전달하는 기술이 중요해지고 있다. '프롬프트 엔지니어링'은 AI 모델에 적합한 명령어와 데이터를 설계하여 원하는 결과를 얻는 기술로, 새로운 직업군으로 자리 잡고 있다.

예를 들어, ChatGPT와 같은 생성형 AI에서 원하는 결과를 얻기 위해 프롬프트를 최적화하는 방법을 전문적으로 개발하는 역할이다.

(3) AI 콘텐츠 제작자

AI를 활용해 글쓰기, 영상 편집, 이미지 제작 등의 콘텐츠 생산이 자동화되고 있다. 이는 개인 크리에이터부터 대규모 기업까지, 콘텐츠 제작 방식에 혁신을 가져왔으며 빠르게 확산되고 있다.

예를 들어, AI를 사용하여 소셜 미디어 콘텐츠, 광고 이미지, 온라인 강의 자료 등을 제작하는 전문 크리에이터들이 등장하고 있다.

(4) AI 기반 개인 트레이너 및 코치

생성형 AI는 개인의 건강 관리, 학습, 경력 개발 등을 지원하는 맞춤형 코칭 서비스 제공이 가능하다. AI를 활용하여 개인화된 계획을 세우고, 실시간 피드백을 제공하는 역할이 확대되고 있다.

예를 들어, 피트니스 코치가 AI 기반 분석을 통해 운동 계획을 세우거나, 커리어 코치가 경력 개발 전략을 제공하는 것이다.

(5) 리모트 작업 관리 전문가

원격 근무가 표준화되면서, AI 도구를 사용해 팀의 생산성과 효율성을 극대화하는 전문가가 필요하다. 이러한 역할은 팀 간 커뮤니케이션을 관리하고, 원격 작업 환경을 최적화하는 데 중점을 둔다.

예를 들어, AI 기반 프로젝트 관리 도구를 사용하여 팀의 업무 진행 상황을 모니터링하고, 생산성을 높이는 역할을 한다.

(6) 디지털 트윈 전문가

디지털 트윈은 현실 세계의 객체나 시스템을 디지털로 복제하여 시뮬레이션하는 기술이다. 제조업, 건설업, 의료 산업 등에서 활용되며, 디지털 트윈 기술을 설계하고 운영하는 전문가의 중요성이 커지고 있다. 이런 전문분야는 근무 경력이 많은 장기근속자에게 더 유리하며 필요성이 증대되고 있다.

예를 들어, 공장 설비의 디지털 트윈을 통해 효율성을 분석하고, 문제를 사전에 예측해 유지보수를 관리하는 역할이 이에 해당된다.

(7) AI 윤리 컨설턴트

AI 기술이 사회에 미치는 영향을 관리하고, 기술 사용에 있어 윤리적인 문제를 다루는 역할이 필수적이다. AI 윤리 컨설턴트는 조직이 AI를 책임감 있게 사용할 수 있도록 가이드를 제공한다.

예를 들어, 기업이 AI를 사용할 때 데이터 편향이나 프라이버시 문제를 최소화하기 위한 정책을 수립하는 전문가이다.

(8) AI로 강화된 전통 직업

기존 직업들도 AI 기술을 통해 새로운 가치를 창출하고 있다. 교사, 디자이너, 엔지니어와 같은 직업군은 AI를 도입하여 업무 효율을 향상시키고, 새로운 방식으로 업무를 수행하고 있다.

예를 들어, 교사가 AI 기반 학습 도구를 사용해 학생들의 학습 수준에 맞춘 교육을 제공하거나, 디자이너가 AI로 빠르게 시안을 제작해서 생산성을 높이는 것이다.

정리하면, AI의 발전은 단순히 일자리를 대체하는 데 그치지 않고, 새로운 기회를 창출하며 직업의 본질을 변화시키고 있다. 특히 생성형 AI는 기존의 업무 방식을 혁신하고, 개인화된 서비스를 제공하며, 더욱 정교하고 창의적인 방식으로 직업의 경계를 확장하고 있다.

5060 세대도 이러한 변화 속에서 AI 기술을 이해하고 활용하여, 기존 경력을 유지하거나 새로운 직업 기회를 탐색하며, 지속 가능한 커리어를 설계할 수 있다.

2. AI가 만든 100세 시대의 10가지 커리어 모델

100세 시대는 평균 수명이 길어지며, 개인이 더 오랜 기간 동안 경제적 활동을 유지해야 하는 시대를 의미한다. 이와 함께 AI 기술의 발전은 새로운 직업과 기회를 창출하며, 기존의 직업 구조에도 변화를 가져오고 있다.

100세 시대의 커리어 모델은 기존의 체력 중심 직업에서 벗어나, 지능적이고 창의적인 역량을 활용한다. 이는 나이에 구애받지 않고 오랫동안 경제 활동을 유지할 수 있게 하는 것이 특징이다. 또한 AI를 활용한 커리어는 새로운 분야를 탐색할 수 있는 기회를 제공해준다. 특히, 은퇴 후에도 자신의 경험과 AI 기술을 결합해 새로운 커리어를 창출할 수 있는 자아 실현과 새로운 기회를 만들 수 있다.

아래에서는 [그림1]과 같이 AI가 창출하는 100세 시대의 **10가지 커리어 모델**과 이를 실현할 수 있는 구체적인 예시를 소개하겠다.

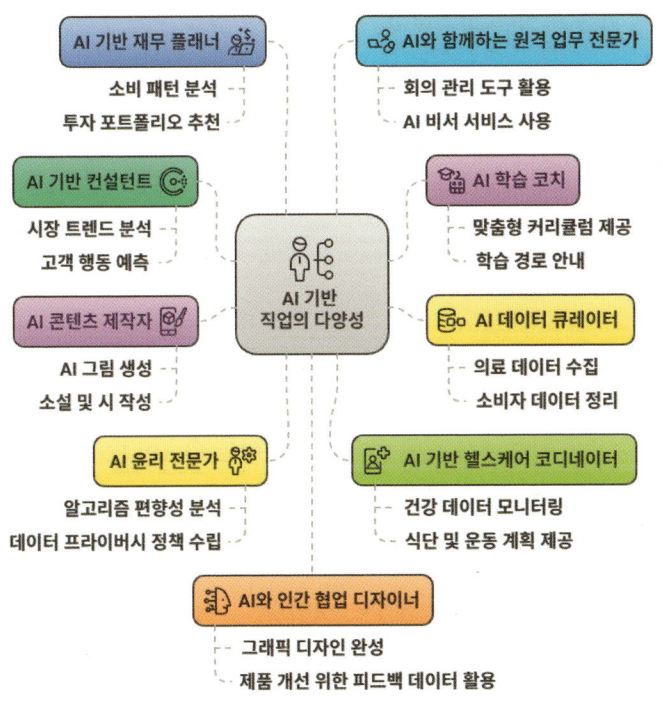

[그림1] AI기반 직업의 다양성

가) AI 기반 컨설턴트

AI 기술을 활용해 데이터를 분석하고, 이를 바탕으로 고객에게 최적화된 솔루션을 제안하는 직업이다.

예를 들어, 기업은 AI 컨설턴트를 고용해 시장 트렌드를 분석하고, 고객 행동을 예측해 마케팅 전략을 세운다. 또한, AI를 활용해 비용 절감 방안을 제안하거나, 생산성을 높이는 방법을 모색한다.

나) AI 학습 코치

AI와 함께 학습 방법을 설계하고, 개인 맞춤형 교육 프로그램을 제공하는 역할을 한다.

예를 들어, 언어를 배우고자 하는 학생에게 AI 기반 학습 앱을 활용한 맞춤형 커리큘럼을 제공하거나, 은퇴 후 새로운 기술을 배우고자 하는 사람들에게 적합한 학습 경로를 안내한다.

다) AI 데이터 큐레이터

AI를 효과적으로 활용하기 위해 고품질 데이터를 수집하고 정리하는 직업이다.

예를 들어, AI를 학습시키기 위해 의료 데이터, 소비자 데이터, 물류 데이터를 수집·정리하는 전문가로 활동할 수 있다. 헬스케어 스타트업에서 AI 모델을 훈련시키기 위한 건강 데이터를 준비해주는 것이다.

라) AI 콘텐츠 제작자

AI를 활용해 창의적인 콘텐츠를 제작하는 직업이다.

예를 들어, AI 그림 생성 도구를 활용해 일러스트를 제작하거나, AI로 소설과 시를 작성하는 창작자 역할을 수행할 수 있다. 또한, AI를 활용해 고객 맞춤형 마케팅 자료를 제작하는 것도 가능하다.

마) AI 윤리 전문가

AI 기술이 확산됨에 따라 AI의 윤리적 문제를 해결하고 정책을 설계하는 전문가이다.

예를 들어, 기업에서 AI 알고리즘의 편향성을 분석하고, 이를 개선하기 위한 가이드라인을 제시하거나, 데이터 프라이버시를 보장하기 위한 정책을 수립해주는 것이다.

바) AI 기반 헬스케어 코디네이터

AI 기술을 활용해 개인의 건강 상태를 관리하고, 맞춤형 건강 솔루션을 제공하는 역할이다.

예를 들어, 스마트 헬스케어 기기와 AI 분석 도구를 활용해 환자의 건강 데이터를 모니터링하고, 적합한 식단, 운동 계획을 제공하는 전문가로 활동할 수 있다.

사) AI 기반 재무 플래너

AI를 활용해 개인의 재정 상태를 분석하고, 맞춤형 투자 및 재정 관리 전략을 제안하는 역할이다.

예를 들어, 고객의 소비 패턴과 투자 목표를 AI로 분석하고, 이에 따라 최적의 투자 포트폴리오를 추천하거나, 은퇴 후 재정 계획을 설계하는 역할을 수행한다.

아) AI와 함께하는 원격 업무 전문가

AI 도구를 활용해 효율적으로 원격 업무를 수행하고, 이를 지원하는 전문가이다.

예를 들어, AI 기반 회의 관리 도구를 활용해 회의를 효율적으로 조직하거나, AI 비서 서비스를 통해 문서 작성과 일정 관리를 수행하는 역할이다.

자) AI와 인간 협업 디자이너

AI와 인간의 협력을 통해 더 나은 제품과 서비스를 설계하는 직업이다.

예를 들어, AI가 생성한 초안을 기반으로 그래픽 디자인을 완성하거나, AI로 제작된 사용자 피드백 데이터를 활용해 제품을 개선하는 디자이너로 활동하는 것이다.

차) AI 활용 창업가

AI 기술을 기반으로 새로운 비즈니스를 창출하는 창업가 모델이다.

예를 들어, AI 기반 교육 콘텐츠를 제공하는 스타트업을 설립할 수 있다. 또한, AI 기반 재택근무 솔루션을 개발해 원격 근무를 지원하는 비즈니스를 운영할 수도 있다.

정리하면, 100세 시대와 AI 시대가 결합한 새로운 커리어 모델은 단순히 생계를 위한 직업의 개념을 넘어, 평생 학습과 자아 실현을 지원하는 기회로 다가온다. 위에서 제시한 10가지 모델은 실현 가능한 사례일 뿐만 아니라, 미래의 무궁무진한 가능성을 열어주는 길잡이가 될 것이다. AI와 함께라면, 나이와 상관없이 새로운 시작이 가능하다.

3. 생성형 AI를 활용한 경력 전환 모델

생성형 AI는 100세 시대를 살아가는 개인들에게 도전뿐만 아니라 엄청난 기회를 제공한다. 나이는 더 이상 새로운 기술을 배우고 새로운 직업을 시작하는 데 장벽이 되지 않는다. 생성형 AI는 인간의 경험과 창의성을 보완하며, 생산성과 삶의 질을 높이는 데 필수적인 도구로 자리 잡았다.

100세 시대의 성공적인 커리어 모델은 단순히 기술을 배우는 것이 아니라, 자신의 경험과 AI를 결합해 새로운 가치를 창출하는 것이다. 이는 개인의 경제적 안정뿐만 아니라, 더 큰 사회적 기여와 자아 실현의 기회를 제공합니다. 생성형 AI와 함께, 나이와 관계없이 누구나 새로운 시작을 할 수 있다. 생성형 AI는 우리의 가능성을 확장하는 열쇠라 할 수 있다.

이제는 생성형 AI를 두려워하기보다는 적극적으로 활용하여, 100세 시대의 주역으로 자리 잡을 때이다. 생성형 AI와 함께하는 미래는 도전이 아닌, 가능성의 시대이다.

생성형 AI는 텍스트, 이미지, 코드 등 다양한 콘텐츠를 생성하는 인공지능 기술로, 사람의 생산성과 창의력을 극대화할 수 있는 강력한 도구이다. 생성형 AI를 활용한 커리어 전환 모델은 기존 경력과 AI 기술을 결합하여 새로운 직업을 창출하거나 기존 직업을 혁신하는 방식으로 설계된다. 아래에서는 [그림1]과 같이 생성형 AI를 활용한 커리어 전환 모델의 주요 전략과 구체적인 예시를 제시해 보겠다.

[그림1] AI 기반 경력 전환 모델

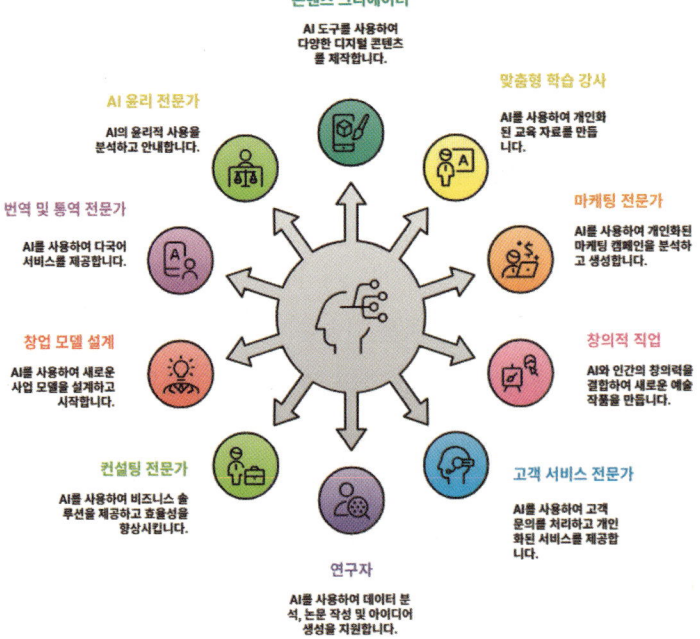

가) 생성형 AI 기반 콘텐츠 크리에이터

생성형 AI를 활용해 텍스트, 이미지, 영상 등 다양한 디지털 콘텐츠를 제작하는 직업이다.

ChatGPT를 활용해 블로그 글, 뉴스레터, 제품 설명서를 작성하거나, DALL-E와 같은 이미지 생성형 AI를 통해 일러스트레이션, 그래픽 디자인 제작, AI 비디오 생성 도구를 사용해 짧은 마케팅 영상을 제작하는 것이다.

예를 들어, 은퇴 후 작가로 전환하려는 사람은 ChatGPT로 초안을 작성하고 자신의 경험을 살려 책을 출판할 수 있다. 그래픽 디자이너가 DALL-E를 활용해 고객 맞춤형 포스터나 로고를 효율적으로 제작할 수 있다.

나) AI 도구를 활용한 맞춤형 학습 강사

생성형 AI를 활용해 개인 맞춤형 학습 콘텐츠를 제작하고, 학습 지원 서비스를 제공하는 역할이다.

학생의 학습 성향에 맞춘 개인화된 강의 자료를 제작하는 것이다. 또한 AI 기반 퀴즈나 시험 문제 생성 및 평가에 활용하는 것이다. AI로 제작된 요약 자료를 통해 학습자의 이해도를 높일 수 있다.

예를 들어, 언어 학습 강사는 ChatGPT로 문법 설명 자료와 대화 연습 예제를 생성해 학습 효율성을 높일 수 있다. 기업 교육 강사가 특정 산업 사례에 맞는 교육 자료를 생성해 맞춤형 강의를 제공할 수 있다.

다) 생성형 AI 기반 마케팅 전문가

생성형 AI를 활용해 고객 데이터를 분석하고, 개인화된 마케팅 콘텐츠를 생성하는 전문가이다.

활용 방안은 고객의 선호도를 분석해 개인화된 이메일 캠페인을 작성하는 것, 소셜 미디어 광고 이미지와 문구를 AI로 제작하는 것과 제품 소개 및 광고 스크립트를 자동 생성 등에 활용할 수 있다.

예를 들어, 중소기업 마케터는 ChatGPT로 이메일 캠페인 초안을 작성하고, 고객 데이터를 기반으로 개인화된 메시지를 보낸다. 마케팅 전략가가 AI로 키워드를 분석해 효과적인 블로그 글과 광고 카피를 작성해서 활용한다.

라) 생성형 AI와 결합된 창의적 직업

AI와 인간의 창의력을 결합해 새로운 유형의 창작물을 제작하는 직업이다.

AI로 생성한 초안을 바탕으로 소설, 영화 시나리오, 음악 가사 작성 등을 한다. DALL-E로 생성된 아트워크를 활용해 NFT(대체 불가능 토큰)를 제작해서 판매할 수 있다. 또한 AI로 디자인 초안을 생성하고, 이를 수작업으로 완성해 작품 제작해서 판매할 수 있다.

예를 들어, 은퇴 후 작가로 활동하는 개인이 ChatGPT로 글의 초안을 작성한 뒤, 자신의 경험을 반영해 책을 출판하는 것이다. 예술가는 DALL-E로 생성된 이미지를 수정하여 독창적인 예술 작품을 만들어 NFT로 판매하는 것이다.

마) AI 기반 고객 서비스 전문가

생성형 AI를 활용해 고객 문의를 처리하고, 개인화된 서비스를 제공하는 직업이다.

ChatGPT를 활용한 실시간 고객 문의에 대해 응대할 수 있게하는 것과 자주 묻는 질문(FAQ) 콘텐츠를 자동 생성하여 고객응대 시간을 단축시키는 일이다. 또한 고객 데이터를 분석해 고객에게 맞춤형 서비스 제안하는 것에 활용할 수 있다.

예를 들어, 쇼핑몰 운영자는 ChatGPT로 고객의 제품 질문에 신속히 응답하며, 구매 경험을 개선시킨다. 여행사 직원은 고객의 여행 계획을 AI로 분석해 맞춤형 패키지를 제안한다.

바) 생성형 AI로 변화된 연구자

AI를 활용해 데이터 분석, 논문 작성, 아이디어 생성을 지원하는 연구자 역할이다.

ChatGPT로 문헌 요약과 참고 문헌 작성, 데이터 분석 결과를 시각화하고, 연구 논문의 초안을 생성하는 것이다. AI를 활용해 새로운 연구 아이디어를 도출하는대 활용할 수 있다..

예를 들어, 기업에서 새로운 연구를 할 때 ChatGPT를 사용해 연구 주제에 대한 트렌드와 참고문헌을 검색하여 연구 개요를 작성하고, 데이터 분석 결과를 요약해 연구 논문 작성 시간을 단축한는데 활용될 수 있다.

사) AI 활용 컨설팅 전문가

생성형 AI를 활용해 비즈니스 솔루션을 제공하고, 기업의 효율성을 높이는 컨설턴트이다.

컨설턴트의 활용 방안은 시장 조사 보고서 자동 생성, 고객 데이터를 분석해 비즈니스 전략 제안하는 것, 직원 생산성 향상을 위한 AI 도구 도입 컨설팅 등이다.

예를 들어, 컨설턴트가 기업의 고객 데이터를 AI로 분석해 고객 세그먼트를 정의하고, 맞춤형 마케팅 전략을 수립해준다. 또한 기업을 대상으로 AI를 활용해 경쟁사 분석 보고서를 작성하고 투자자 프레젠테이션을 준비하는 일을 의뢰 받아 할 수 있다.

아) AI 기반 창업 모델 설계

생성형 AI를 활용한 새로운 사업 모델을 설계하고 창업하는 직업이다.

AI로 고객 맞춤형 제품을 추천하는 서비스를 설계해주는 것과 콘텐츠 생성 및 관리 플랫폼을 개발하는데 도움을 주는 것이다.

예를 들어, 창업가가 ChatGPT를 통해 사업 계획서 초안을 작성하고, 시장 조사 데이터를 분석해서 활용하는 것이다. 또한 지역 소상공인을 위한 AI 기반 로컬 마케팅 플랫폼 개발하는데 도움을 주는 것이다.

자) AI 기반 번역 및 통역 전문가

생성형 AI를 활용해 다국어 번역 및 통역 서비스를 제공하는 직업이다.

ChatGPT로 텍스트를 번역하고, 맥락에 맞게 편집해주는 것이다. 또한 실시간 통역을 지원하는 AI 도구를 활용하여 도움을 주는 것이다. 또한 외국어 학습 자료를 제작하는데 활용될 수 있다.

예를 들어, 번역가가 ChatGPT로 번역 작업을 시작한 후, 세부적인 수정과 현지화를 통해 고품질 번역물을 완성하는 것이다. 외국어 강사가 AI로 제작된 학습자료를 활용해 강의를 제공하는 것이다.

차) AI 윤리 및 규제 전문가

생성형 AI가 사회와 산업에 미치는 영향을 분석하고, 윤리적 사용 가이드를 제공하는 전문가이다.

이 전문가는 생성형 AI의 편향성을 평가하고 수정할 수 있도록 도움을 주며, 데이터 프라이버시를 보호하는 정책을 개발하는데 중요한 역할을할 수 있다. 또한 AI 사용 가이드라인을 설계하고 교육하는일도 맡아서 할 수 있다.

예를 들어, 기업의 AI 사용 정책을 수립하고, 직원들에게 윤리적 사용법 교육하는일을 할 수 있고, 정부 기관이 AI 기술 규제를 위한 자문을 제공하는일이 이에 해당된다.

정리하면, 생성형 AI는 커리어 전환의 도구일 뿐만 아니라, 새로운 기회를 창출하고 직업의 경계를 넓히는 강력한 파트너이다. 기존의 경험과 AI 기술을 결합해 새로운 가치를 창출하면, 100세 시대에서도 지속 가능하고 성공적인 커리어를 이어갈 수 있다. 생성형 AI는 단순한 기술이 아니라, 창의적이고 생산적인 미래로 가는 열쇠이다.

4. AI기술을 활용한 기존 직업 차별화된 경쟁력 창출 방안

AI 기술은 기존 직업에서 업무 효율성과 생산성을 높이고, 새로운 가치를 창출할 수 있는 도구로 자리 잡았다. 하지만 이를 단순히 사용하는 것만으로는 충분하지 않으며, AI를 효과적으로 활용해 **차별화된 경쟁력을 갖추는 전략**이 필요하다. 아래에서는 [그림1]과 같이 **AI를 통해 기존 직업에서 경쟁력을 차별화하는 구체적인 방안과 사례**를 소개한다.

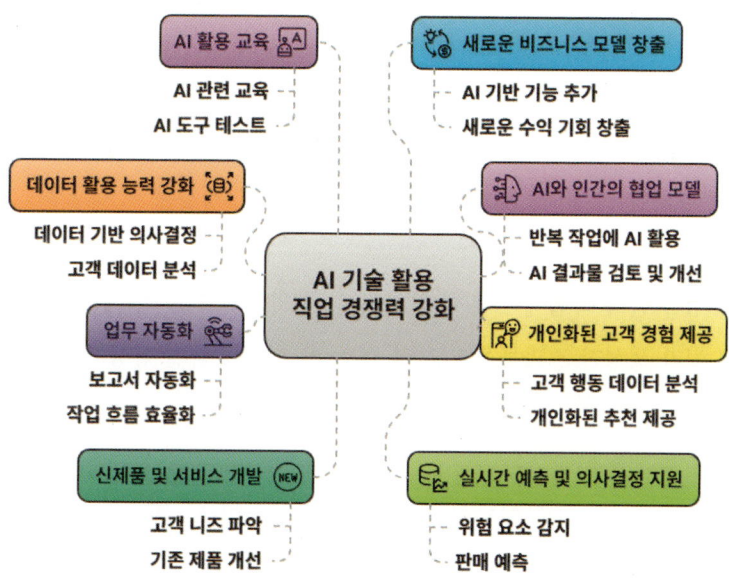

[그림1] AI기술을 활용한 기존 직업에서 차별화된 경쟁력 창출 방안

가) AI 기반 데이터 활용 능력 강화

데이터는 AI 시대의 핵심 자산이다. 기존 직업에서 AI를 활용해 데이터 분석 및 활용 능력을 강화하면 차별화된 경쟁력을 확보할 수 있다.

- 경쟁력 창출 방안
    - 데이터 기반 의사결정을 도입해 더 나은 결과를 도출.
    - 업무 성과 데이터를 AI로 분석해 개선 방향 제시.
    - 고객 데이터를 활용해 개인화된 서비스 제공.
- 사례
    - **영업 관리자**: 고객 구매 데이터를 AI로 분석해 가장 구매 가능성이 높은 고객을 선별하고, 맞춤형 판매 전략을 수립.
    - **의료 전문가**: 환자 데이터를 분석해 개인화된 치료 계획을 설계하고, 질병 조기 진단의 정확도를 높임.

나) AI와 인간의 협업 모델 구축

AI는 반복적이고 단순한 작업을 처리하는 데 강점이 있지만, 창의성, 감성적 이해, 문제 해결 능력은 인간의 고유 영역이다. AI와 인간의 역할을 효과적으로 분담하면 강력한 시너지를 창출할 수 있다.

- 경쟁력 창출 방안
    - AI를 반복 작업에 활용해 인간이 더 창의적이고 전략적인 업무에 집중.
    - AI가 생성한 결과물을 인간이 검토 및 개선해 품질 향상.
    - AI의 결과물과 인간의 경험 및 직관을 결합해 최적의 의사결정 도출.
- 사례
    - **디자이너**: AI로 기본 디자인 초안을 생성하고, 이를 기반으로 독창적인 디자인을 완성.
    - **마케팅 전문가**: ChatGPT를 통해 초안 카피를 작성한 뒤, 감성적 요소를 추가해 더 강력한 메시지를 만듦.

다) 개인화된 고객 경험 제공

AI는 고객 데이터를 분석해 개인화된 경험을 제공하는 데 강력한 도구이다. 고객 맞춤형 서비스를 통해 경쟁 우위를 확보할 수 있다.

- 경쟁력 창출 방안
  - 고객의 과거 행동 데이터를 분석해 개인화된 추천 제공.
  - 실시간으로 고객 문의를 처리하고, 적합한 솔루션 제안.
  - 고객 피드백 데이터를 AI로 분석해 개선 사항 파악.
- 사례
  - **온라인 쇼핑몰 운영자**: AI를 통해 고객의 구매 이력을 분석해 개인화된 제품 추천 및 할인 제공.
  - **호텔 매니저**: AI로 고객 선호 데이터를 수집해 개별화된 체크인 서비스 및 맞춤형 룸 어메니티(Amenity, 생활편의 시설) 제공.

라) AI를 활용한 업무 자동화

AI는 반복적이고 시간 소모적인 작업을 자동화함으로써 생산성을 높이고, 핵심 업무에 집중할 수 있도록 돕는다.

- 경쟁력 창출 방안
  - 데이터 입력, 보고서 작성, 일정 관리 등 단순 업무 자동화.
  - AI를 활용해 실시간 보고서 생성 및 업데이트.
  - 작업 흐름의 병목 현상을 분석하고, 효율성을 높이는 자동화 프로세스 설계.
- 사례
  - **인사 담당자**: AI를 활용해 채용 프로세스를 자동화하고, 후보자의 이력서를 스크리닝하여 적합한 인재를 신속히 선정.
  - **회계 전문가**: AI기반 도구를 활용해 비용 청구 및 세금 보고서를 자동 생성.

마) AI로 새로운 서비스 및 제품 개발

AI기술을 기존 직업에 접목해 기존에 없던 새로운 서비스나 제품을 개발함으로써 시장에서 차별화된 위치를 확보할 수 있다.

- 경쟁력 창출 방안
    - AI기술을 활용해 고객의 숨겨진 니즈를 파악.
    - 기존 제품을 개선하거나, AI를 기반으로 새로운 기능 추가.
    - AI기술로 고객의 문제를 해결할 수 있는 맞춤형 솔루션 제공.
- 사례
    - **교육 전문가**: AI기반의 개인화된 학습 경로를 제공하는 온라인 교육 프로그램 개발.
    - **농업 종사자**: 생성형 AI를 활용해 새로운 정보를 검색하고 검색된 정보를 축적해서 토양 및 날씨 데이터를 분석해 최적의 작물 재배 계획 수립.

바) 실시간 예측 및 의사결정 지원

AI는 데이터를 분석해 실시간으로 예측을 제공하고, 더 나은 의사결정을 도울 수 있다. 이는 기존 직업에서의 신속성과 정확성을 크게 향상시킨다.

- 경쟁력 창출 방안
    - 실시간 데이터를 활용해 위험 요소를 사전에 감지.
    - 판매, 재고, 생산성을 예측해 최적의 계획 수립.
    - 고객 행동 패턴을 분석해 예상 결과를 기반으로 맞춤형 대응.
- 사례
    - **물류 관리자**: AI로 교통 데이터를 분석해 최적의 배송 경로와 시간을 예측.
    - **금융 전문가**: 투자 데이터를 분석해 시장 변화를 예측하고, 고객에게 적합한 금융 상품 추천.

사) 전문성을 높이는 AI 활용 교육

AI도구의 효과적인 사용법을 익히고 이를 업무에 접목함으로써 경쟁력을 강화할 수 있다.

- 경쟁력 창출 방안
    - 정기적인 AI관련 교육과 워크숍 참석.
    - 새로운 AI도구와 기술을 테스트하고 실무에 활용.
    - AI를 활용한 프로젝트를 통해 경험을 축적.
- 사례
    - **부동산 중개인**: AI를 활용해 고객의 선호 조건에 맞는 매물을 추천하고, 실시간 시장 데이터를 기반으로 가격 협상.
    - **디지털 마케터**: AI 분석 도구를 사용해 소셜 미디어 트렌드를 파악하고, 새로운 캠페인 전략 설계.

아) 새로운 비즈니스 모델 창출

기존 직업에서 AI기술을 활용해 새로운 비즈니스 모델을 창출하면 경쟁 시장에서 독보적인 위치를 확보할 수 있다. AI는 비즈니스 혁신을 위한 통찰력을 제공하고, 새로운 수익 창출 기회를 만들어준다.

- 경쟁력 창출 방안
    - 기존 서비스에 AI기반 기능 추가로 부가가치 창출.
    - AI를 활용해 기존 제품의 새로운 활용 방안을 발견.
    - 데이터 분석을 통해 시장에서 간과된 틈새 시장 공략.
- 사례
    - **패션 디자이너**: 고객의 스타일 데이터를 분석해 AI로 개인화된 의류 디자인 추천 서비스를 개발.
    - **광고 전문가**: AI로 분석한 고객 데이터를 바탕으로 맞춤형 인터랙티브 광고 캠페인 제작.

자) AI기술 활용을 위한 협력 네트워크 구축

AI기술의 효과적인 활용을 위해 전문가와의 협력 및 네트워크를 구축하는 것이 중요하다. 협업을 통해 AI기술의 활용 폭을 넓히고, 최신 트렌드에 빠르게 적응할 수 있다.

- 경쟁력 창출 방안
    - AI기술 개발 업체와의 협력을 통해 맞춤형 솔루션 도입.
    - AI관련 학술 회의 및 산업 세미나에 참여해 최신 기술 동향 파악.
    - AI스타트업과의 협업을 통해 실험적인 프로젝트 진행.
- 사례
    - **제조업체**: AI스타트업과 협력해 공장 자동화를 위한 맞춤형 AI솔루션 개발.
    - **교육 기관**: AI연구소와 협업해 개인화된 학습 플랫폼 도입.

차) 업계 전문가로서의 입지 강화

AI를 적극적으로 활용하고, 이를 통해 얻은 결과와 통찰을 공유하면 업계 내에서 전문가로서의 입지를 강화할 수 있다. 이는 차별화된 경쟁력을 더욱 공고히 하는 데 기여한다.

- 경쟁력 창출 방안
    - AI활용 성공 사례를 블로그, 세미나, 컨퍼런스 등을 통해 공유.
    - AI기술을 활용한 새로운 업무 프로세스를 개발해 업계 표준으로 제안.
    - 동료 및 후배들에게 AI기술 활용법을 교육하고 코칭.
- 사례
    - **HR 전문가**: AI기반 채용 시스템 구축 사례를 컨퍼런스에서 발표하며 업계 내 영향력 강화.
    - **금융 컨설턴트**: AI를 활용한 투자 포트폴리오 최적화 사례를 공유하며 새로운 고객층 확보.

정리하면, AI기술은 기존 직업에서 단순히 효율성을 높이는 도구가 아니라, 새로운 가치를 창출하고 시장에서 차별화된 경쟁력을 확보하는 데 필수적인 역할을 한다. AI를 적극적으로 활용하면서도 인간 고유의 강점을 결합하면, 경쟁이 치열한 시장에서도 독보적인 입지를 확보할 수 있다. AI는 차별화된 경쟁력을 구축하고, 지속 가능한 성장을 가능하게 하는 미래의 열쇠이다. 지금이야말로 AI 기술을 통해 자신만의 차별화된 경쟁력을 확보할 때이다.

 ## 5. 지속 가능한 수익 창출 전략

　지속 가능한 수익 창출 전략이란, 단기적인 이익에만 집중하지 않고, 장기적으로 안정적인 수익을 창출할 수 있는 구조와 시스템을 설계하고 실행하는 것을 의미한다. 이는 개인이나 기업을 운영하는 대표가 변동성이 큰 시장 환경에서도 꾸준히 수익을 유지하거나 증가시킬 수 있도록 지원하며, 고객 만족, 운영 효율성, 그리고 혁신적인 아이디어를 중심으로 이루어져야 한다.
　아래에서는 [그림1]과[그림2]와 같이 지속 가능한 수익 창출 전략의 주요 원칙과 이를 실현하기 위한 구체적인 방법 및 사례를 소개하고자 한다.

[그림1] 지속 가능한 수익 창출 전략(1)

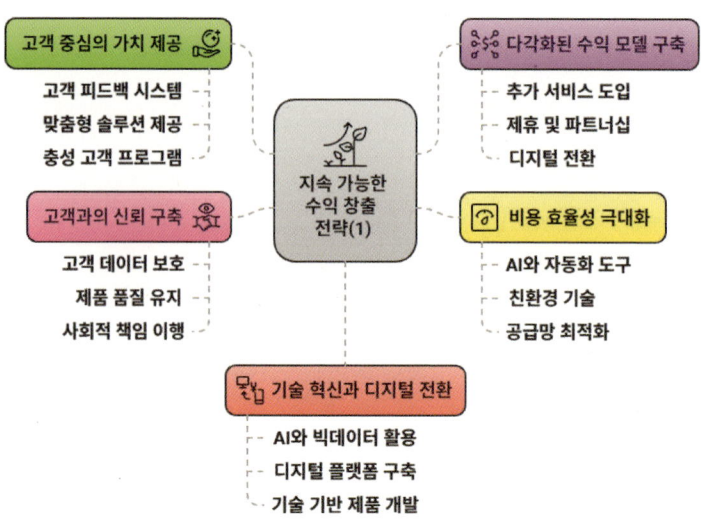

가) 고객 중심의 가치 제공

고객이 필요로 하는 제품과 서비스를 지속적으로 제공하고, 고객 만족도를 높이는 것이 장기적인 수익을 보장하는 핵심 전략이다.

- 지속 가능한 수익 창출 방안
    - 고객 피드백 시스템을 구축하여 지속적으로 제품과 서비스를 개선.
    - 고객의 니즈를 예측하고 이를 충족하는 맞춤형 솔루션 제공.
    - 충성 고객 프로그램을 통해 반복 구매를 유도.
- 예시
    - **전자상거래 플랫폼**: 구매 이력을 분석해 고객 맞춤형 추천 상품을 제안하고, 충성 고객에게 포인트 적립과 할인 혜택 제공.
    - **헬스케어 서비스**: 환자의 건강 데이터를 기반으로 개인 맞춤형 건강 관리 프로그램을 제공하여 장기적인 고객 관계 유지.

나) 다각화된 수익 모델 구축

다양한 수익 창출 채널을 개발하면 특정 시장이나 제품에 의존하지 않고 안정적인 수익원을 확보할 수 있다.

- 지속 가능한 수익 창출 방안
    - 핵심 제품 외에도 추가적인 서비스나 구독 모델 도입.
    - 제휴 또는 파트너십을 통해 새로운 시장 개척.
    - 디지털 전환을 통해 온라인과 오프라인 수익원을 병행.
- 예시
    - **소프트웨어 기업**: 일회성 판매 외에 월간 구독 모델(SaaS, Software as a Service)을 도입하여 지속적인 수익 창출.
    - **교육기관**: 대면 강의 외에 온라인 강의 플랫폼을 통해 글로벌 고객층을 확보.

다) 비용 효율성 극대화

운영 효율성을 높이고 비용을 절감함으로써 장기적인 수익성을 유지할 수 있다.

- 지속 가능한 수익 창출 방안
    - AI와 자동화 도구를 활용하여 운영 프로세스를 간소화.
    - 에너지 소비를 줄이고 친환경 기술을 도입하여 비용 절감과 지속 가능성을 동시 달성.
    - 공급망 최적화를 통해 비용 절약.
- 예시
    - **제조업체**: AI 기반 생산 시스템을 도입하여 자재 낭비를 줄이고, 생산 효율성을 극대화.
    - **물류 회사**: 배송 루트를 AI로 최적화하여 연료 소비를 줄이고 배송 비용 절감.

라) 고객과의 신뢰 구축

고객과의 신뢰는 장기적인 수익의 기반이 된다. 윤리적이고 투명한 경영 방침을 통해 고객과의 신뢰를 강화할 수 있다.

- 지속 가능한 수익 창출 방안
    - 고객 데이터 보호와 프라이버시를 철저히 관리.
    - 제품 및 서비스의 품질을 지속적으로 유지하고 개선.
    - 사회적 책임을 다하며, 지속 가능한 기업 이미지를 구축.
- 예시
    - **IT 기업**: 고객의 데이터 사용 방식을 투명하게 공개하고, 최고 수준의 보안 시스템을 도입.
    - **식음료 회사**: 친환경 포장재 사용과 공정 무역 원재료를 활용하여 브랜드 신뢰도 강화.

마) 기술 혁신과 디지털 전환

기술 혁신은 지속 가능한 수익 창출의 핵심 동력이다. 최신 기술을 활용하여 더 나은 고객 경험과 운영 효율성을 제공하면 경쟁 우위를 확보할 수 있다.

- 지속 가능한 수익 창출 방안
    - AI, 빅데이터, IoT 등 기술을 활용해 운영 효율성과 고객 만족도를 동시에 향상.
    - 디지털 플랫폼을 구축하여 새로운 고객층과 연결.
    - 기술 기반의 새로운 제품과 서비스를 개발.
- 예시
    - **소매업체**: 매장에 IoT 기술을 도입하여 재고 관리와 고객 경험을 최적화.
    - **금융 서비스**: AI 기반의 투자 포트폴리오 추천 서비스를 제공하여 고객 충성도를 강화.

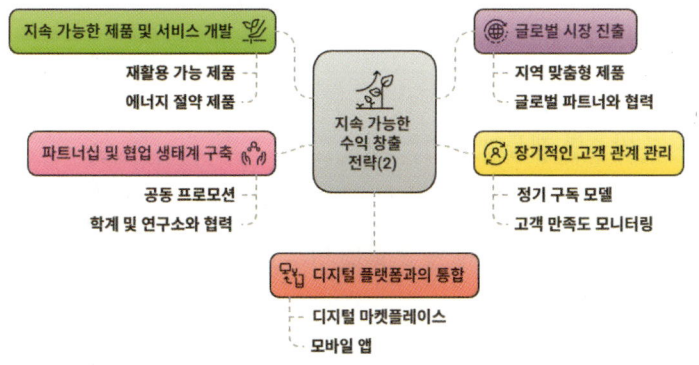

[그림2] 지속 가능한 수익 창출 전략(2)

바) 지속 가능한 제품 및 서비스 개발

　친환경적이고 지속 가능한 제품과 서비스를 제공함으로써 사회적 책임을 다하면서도 새로운 시장 기회를 창출할 수 있다.

- 지속 가능한 수익 창출 방안
    - 재활용 가능하거나 에너지 소비를 줄이는 제품 개발.
    - 지속 가능한 생산 프로세스를 도입.
    - ESG(Environmental, Social, Governance) 원칙을 경영 전략에 통합.
- 예시
    - **의류 브랜드**: 재활용 소재로 만든 친환경 의류 라인을 개발하여 환경을 고려하는 고객층 유치.
    - **에너지 기업**: 태양광, 풍력 등 재생 가능 에너지를 기반으로 한 전력 서비스 제공.

사) 글로벌 시장 진출

　새로운 시장으로 진출하여 기존 시장의 한계를 넘어서는 전략은 지속 가능한 수익 창출의 중요한 요소이다.

- 지속 가능한 수익 창출 방안
    - 지역 맞춤형 제품과 서비스 제공.
    - 글로벌 파트너와 협력하여 현지화 전략 실행.
    - 디지털 플랫폼을 통해 국경 없는 비즈니스 모델 구축.
- 예시
    - **온라인 교육 플랫폼**: 다국어 강의를 추가하여 글로벌 학생들에게 접근.
    - **뷰티 브랜드**: 특정 지역의 피부 타입과 기후에 맞는 제품 개발 및 판매.

아) 장기적인 고객 관계 관리

고객과의 장기적인 관계를 유지하는 것이 안정적인 수익을 보장한다.

- 지속 가능한 수익 창출 방안
    - 정기 구독 모델 도입으로 고객 유지율 증가.
    - 고객 만족도를 지속적으로 모니터링하고, 피드백을 제품 개선에 반영.
    - 충성 고객 대상 이벤트 및 보상 프로그램 운영.
- 예시
    - **스트리밍 서비스**: 개인화된 콘텐츠 추천과 구독자 대상 독점 콘텐츠 제공.
    - **호텔 체인**: 고객 선호 데이터를 활용해 맞춤형 숙박 패키지와 혜택 제공.

자) 파트너십 및 협업 생태계 구축

지속 가능한 수익 창출 전략의 또 다른 핵심 요소는 파트너십과 협업 생태계를 구축하는 것이다. 다양한 분야의 기업 및 기관과 협력하면 자원의 시너지 효과를 얻고, 새로운 시장 진출 및 사업 확장을 보다 효율적으로 실행할 수 있다.

- 지속 가능한 수익 창출 방안
    - 비즈니스 목표가 유사한 기업과의 협력을 통해 공동 프로모션 및 공동 제품 개발.
    - 학계, 연구소와 협력하여 혁신적인 기술 및 제품 개발.
    - NGO 및 정부 기관과 협업하여 ESG 목표 달성 및 사회적 책임 강화.
- 예시
    - **기술 스타트업**: 대형 기술 회사와의 협력을 통해 신기술을 상용화하고 새로운 고객 기반 확보.
    - **소매업체**: 로컬 농가 및 생산자와 협업하여 지역 특산품 라인을 개발하고 지역 경제 활성화 기여.
    - **에너지 회사**: 정부 및 지역 커뮤니티와 협력해 재생 가능 에너지 프로젝트 공동 실행.

차) 디지털 플랫폼과의 통합

디지털 플랫폼은 지속 가능한 수익을 창출할 수 있는 강력한 기반을 제공한다. 특히 온라인과 오프라인의 융합은 새로운 고객 경험을 창출하고 시장에서 차별화된 경쟁력을 제공한다.

- 지속 가능한 수익 창출 방안
    - 디지털 마켓플레이스를 통해 기존 제품 및 서비스를 확대 제공.
    - 모바일 앱을 통해 고객과의 상호작용을 강화하고 개인화된 경험 제공.
    - 클라우드 기술을 활용해 데이터를 중앙화하고, 글로벌 비즈니스 운영 효율성 향상.
- 예시
    - **패션 브랜드**: 고객이 온라인에서 주문한 제품을 오프라인 매장에서 픽업할 수 있는 옴니채널 전략 도입.
    - **교육 플랫폼**: 실시간 수업과 사전 녹화된 콘텐츠를 결합한 하이브리드 학습 모델 개발.
    - **헬스케어 서비스**: 원격 진료와 오프라인 병원 방문을 통합한 의료 서비스 제공.

정리하면, 지속 가능한 수익 창출은 개인이나 기업을 운영하는 대표가 단기적인 성과를 넘어 장기적인 안정성과 성장성을 목표로 해야 한다. 고객 중심, 다각화된 수익 모델, 비용 효율화, 신뢰 구축, 기술 혁신, 지속 가능성, 글로벌 확장, 그리고 고객 관계 관리를 통합적으로 실행하면, 변동성이 큰 시장에서도 꾸준히 경쟁력을 유지할 수 있다.

지속 가능한 수익 창출 전략은 단순히 수익을 증가시키는 것을 넘어, 기업의 지속 가능성과 고객 만족을 동시에 달성하는 데 초점을 맞추어야 한다. 이를 통해 조직은 장기적인 성공과 긍정적인 사회적 영향을 모두 이룰 수 있다.

 6. 자신의 경험과 기술을 바탕으로 경력 유지 및 확장 방안

경력을 유지하고 확장하는 것은 단순히 현재의 직무에 머무는 것이 아니라, 자신의 경험과 기술을 바탕으로 새로운 기회를 발굴하고, 장기적인 성장을 이루는 것을 목표로 해야 한다. 이는 개인의 전문성과 시장에서의 가치를 높이는 데 필수적이다. [그림1]과 같이 자신의 **직무 경험과 스킬을 기반으로 경력을 유지 및 확장하는 계획의 구체적인 예시와 방법**을 설명하면 다음과 같다.

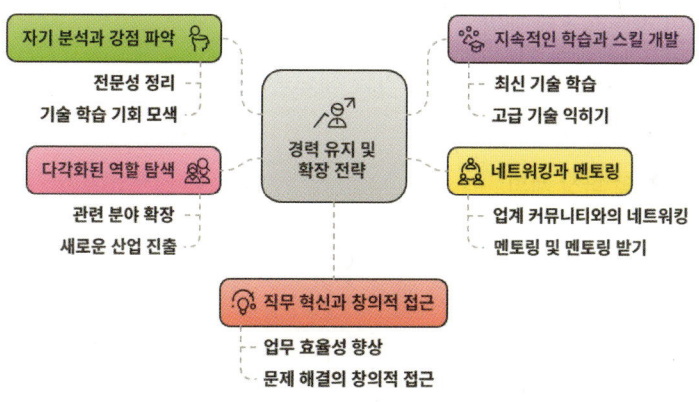

[그림1] 자신의 경력 유지 및 확장 전략

가) 자신의 경력 유지 및 확장을 위한 핵심 전략

(1) 자기 분석과 강점 파악

자신의 업무 경험과 기술을 면밀히 분석하고, 이를 바탕으로 경력 확장의 방향을 설정해야 한다.

- 경력 유지 및 확장 계획
    - 자신의 강점(전문성, 기술, 업적)을 명확히 정리.
    - 부족한 기술이나 역량을 학습할 수 있는 기회를 모색.
    - 현재 시장에서 요구되는 기술과 자신의 강점을 연결.
- 예시
    - **마케팅 전문가**: 과거의 성공적인 캠페인 경험과 고객 데이터 분석 기술을 바탕으로 디지털 마케팅 및 AI 기반 마케팅 전략으로 확장.
    - **엔지니어**: 기계 설계 경험을 바탕으로 데이터 분석과 프로그래밍 스킬을 추가로 학습해 AI와 IoT 기반의 스마트 제품 설계로 확장.

(2) 지속적인 학습과 스킬 개발

기존의 경험과 기술을 강화하고, 이를 새로운 트렌드와 접목할 수 있도록 학습을 지속해야 한다.

- 경력 유지 및 확장 계획
    - 업무와 관련된 최신 기술(예: 생성형AI, 데이터 분석, 클라우드 등)을 배우기 위한 온라인 강의나 인증 과정 수강.
    - 현재 직무에서 활용 가능한 고급 기술이나 툴을 익히고 적용.
    - 직무 관련 학회나 세미나에 참여해 최신 동향 파악.
- 예시
    - 프로젝트 매니저: 기존의 팀 관리 경험에 Agile 및 Scrum 자격증을 추가해 디지털 전환 프로젝트를 관리하는 전문가로 경력 확장.
    - 디자이너: 기존의 그래픽 디자인 경험에 UI/UX 디자인 과정을 추가로 이수해 디지털 플랫폼 디자인 프로젝트 참여.

(3) 네트워킹과 멘토링

직업적 성장을 위해 업계 전문가와 네트워크를 형성하고, 멘토를 통해 새로운 기회를 모색한다.

- 경력 유지 및 확장 계획
    - 동료와의 협업을 통해 새로운 프로젝트에 참여.
    - 업계 커뮤니티와의 네트워킹을 강화해 트렌드와 정보를 공유.
    - 자신의 경험을 활용해 후배를 멘토링하고, 동시에 멘토에게 새로운 방향성 조언을 받음.
- 예시
    - **HR 전문가**: 동료 HR 전문가와 협업하여 새로운 채용 프로세스를 설계하고, 이를 통해 인재 관리 역량을 확대.
    - **컨설턴트**: 업계 세미나에 참석해 최신 컨설팅 기법을 배우고, 이를 고객 프로젝트에 적용.

(4) 다각화된 역할 탐색

자신의 경험과 기술을 기반으로 관련성이 높은 새로운 분야를 탐구해 경력의 범위를 확장한다.

- 경력 유지 및 확장 계획
    - 기존 직무와 관련성이 높은 업무 분야로 확장.
    - 현재의 전문성을 활용할 수 있는 새로운 산업으로 진출.
    - 과거 경력에서 배운 교훈과 기술을 융합해 독창적인 역할 창출.
- 예시
    - **교육 전문가**: 오프라인 강의 경험을 온라인 플랫폼으로 확장하여 글로벌 교육 시장에 진출.
    - **소매업 전문가**: 고객 경험 관리 경험을 바탕으로 전자상거래 분야로 전환.

(5) 직무 혁신과 창의적 접근

기존 업무 방식을 혁신하거나, 창의적인 접근 방식을 도입해 자신만의 차별화된 전문성을 구축한다.

- 경력 유지 및 확장 계획
    - AI나 자동화 도구를 활용해 업무 효율성을 높임.
    - 창의적인 방법으로 기존 문제를 해결해 업계에서의 전문성을 강조.
    - 새로운 기술 도입을 제안하거나 주도적으로 실행.
- 예시
    - **물류 관리자**: 기존의 재고 관리 경험을 IoT 기술과 결합해 스마트 재고 관리 시스템 도입.
    - **컨텐츠 크리에이터**: AI 기반 콘텐츠 생성 도구를 활용해 빠르고 효과적인 콘텐츠 제작으로 확장.

나) 구체적인 실행 계획 예시

[그림2] 경력 유지 및 확장을 위한 전략

예시 1: 데이터 분석 전문가로 경력 확장
- 현재 역할: 재무 분석가로서 기업의 월간 매출 데이터를 분석하고 보고서를 작성.
- 확장 계획
    - 데이터 분석 소프트웨어(R, Python) 및 시각화 도구(Tableau, Power BI) 학습.

- 머신러닝, 딥러닝 기초를 배우고, 데이터를 기반으로 예측 모델 개발.
- 업계 세미나에 참여해 데이터 기반 의사결정 사례를 학습.
• 목표: 기존의 재무 분석 경력을 기반으로 데이터 과학자로 역할 확대.

예시 2: 디지털 마케팅 전문가로 전환
• 현재 역할: 전통 마케팅 담당자로 브랜드 관리 및 오프라인 캠페인 기획.
• 확장 계획:
- 디지털 광고 플랫폼(Google Ads, Facebook Ads) 활용법 학습.
- SEO(검색 엔진 최적화) 및 콘텐츠 마케팅 기법 이수.
- AI 기반 마케팅 자동화 도구 활용 능력 강화.
• 목표: 디지털 마케팅 전문가로 전환해 글로벌 온라인 캠페인 관리.

다) 경력 유지 및 확장을 위한 성공 사례

[그림3] 경력 전환 및 확장 사례

경력 배경 식별	기술 학습	프로젝트 참여	자격증 취득	경력 확장	온라인 플랫폼 활용
본인의 현재 직업과 직무 역할 평가	본인 직무 활용 새로운 기술 습득	개인은 관련 프로젝트 참여	관련 자격증 취득 기술 인증	새로운 역할이나 기회를 통한 경력 확장	개인은 온라인 교육 플랫폼 활용

사례 1: IT 전문가에서 AI 엔지니어로의 전환
• 배경: 기존에는 네트워크 엔지니어로 일하며 기업의 IT 인프라를 관리.
• 실행
- Python, TensorFlow와 같은 AI 관련 기술을 학습.
- AI 기반 네트워크 보안 솔루션 프로젝트에 참여.

- 클라우드 컴퓨팅 및 머신러닝 자격증 취득.
- 결과: 기존 IT 경력을 AI 엔지니어로 확장하며, 새로운 기술 프로젝트를 주도.

사례 2: 교육 전문가에서 온라인 강의 플랫폼 창업
- 배경: 15년간의 오프라인 교육 경험.
- 실행
      - 온라인 강의 제작 기술 학습 및 콘텐츠 제작.
      - 학생 데이터를 기반으로 맞춤형 학습 경로 제공.
      - 글로벌 교육 플랫폼과 협력해 강의 확장.
   : 자신의 교육 경험을 활용해 전 세계 학생을 대상으로 수익을 창출.

정리하면, 경력 유지와 확장은 정체된 상태에서 벗어나 지속적으로 성장하는 과정이다. 이를 위해 자신의 경험을 기반으로 새로운 가능성을 탐구하고, 변화하는 시장에 적응하며, 기술과 전문성을 강화해야 한다.

경력 확장은 단순히 새로운 직무로 이동하는 것이 아니라, 기존 역할에서 가치를 높이고 더 넓은 기회를 창출하는 데 있다. **성공적인 경력 확장을 위해 자기 혁신과 학습을 지속하며, 강력한 네트워크와 전략적 실행으로 미래를 준비해야 한다.**

7. 경력 유지와 확장의 지속 가능성은 본인 책임

    자신의 경험과 기술을 기반으로 경력을 유지하고 확장하는 것은 단순히 새로운 직무를 찾는 것이 아니라, 기존의 전문성과 시장의 요구를 연결하는 데 있다. [그림1]과 같이 이를 위해 자기 분석, 학습, 네트워킹, 창의적 접근 및 실질적인 실행이 중요하다.

    경력 확장은 지속적인 학습과 혁신, 그리고 새로운 기회를 포착하려는 열린 태도에서 시작된다. 자신의 전문성을 기반으로 새로운 분야로 도전하면서도 기존 경험을 활용한다면, 경력의 지속 가능성과 성장 가능성을 동시에 달성할 수 있다.

가) 경력 확장을 위한 구체적인 실행 단계

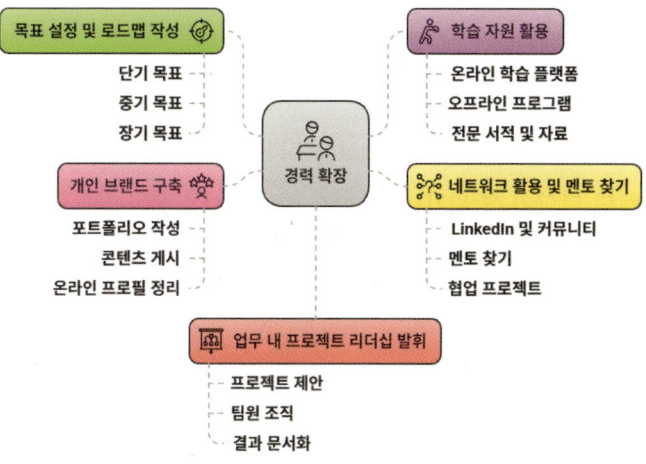

[그림1] 자신의 경력 확장을 위한 전략적 실행 단계

(1) 목표 설정 및 로드맵 작성

경력 확장을 위해 구체적이고 달성 가능한 목표를 설정하고, 이를 실현하기 위한 단계를 명확히 정의해야 한다.

- 계획 수립 단계:
    - 단기 목표: 현재 업무에서 강화할 기술 및 성과 도출.
    - 중기 목표: 관련 분야로의 확장 또는 새로운 역할 탐색.
    - 장기 목표: 궁극적으로 달성하고자 하는 직무 및 커리어 위치.
- 로드맵 예시:
    - 단기: 6개월 내로 데이터 분석 툴인 Python과 Tableau 학습.
    - 중기: 1년 내 데이터 분석 프로젝트에 참여하여 경험 축적.
    - 장기: 3년 내 데이터 분석 팀의 리더 역할로 전환.

(2) 학습 자원을 활용한 전문성 강화

새로운 스킬과 지식을 배우는 데 활용할 수 있는 다양한 온라인 및 오프라인 자원을 적극적으로 탐색한다.

- 추천 자원
    - 온라인 학습 플랫폼: Coursera, Udemy, LinkedIn Learning 등.
    - 오프라인 프로그램: 지역 대학이나 전문 기관에서 제공하는 인증 과정.
    - 전문 서적 및 자료: 최신 업계 동향 및 기술을 다룬 도서와 연구 논문.
- 구체적인 학습 예시:
    - 데이터 사이언스에 관심 있는 사람이 Python 및 머신러닝 강의를 Coursera에서 이수하고 Kaggle 같은 플랫폼에서 프로젝트 참여.
    - 마케팅 담당자가 AI기반 CRM도구인 허브스팟(HubSpot)이나 구글이 운영하는 디지털워크숍(Google Digital Garage)를 통해 디지털 마케팅 과정을 학습.

(3) 네트워크 활용 및 멘토 찾기

업계 전문가들과의 연결은 경력 확장을 위한 새로운 기회와 통찰을 제공한다. 멘토를 통해 현실적인 조언과 방향성을 얻을 수도 있다.

- 실행 방법
    - LinkedIn, 업계 커뮤니티, 세미나 등을 통해 네트워크 구축.
    - 자신의 경력 방향과 관련 있는 멘토를 찾아 지속적인 피드백 요청.
    - 동료 및 업계 전문가와 협업 프로젝트를 통해 경험 공유.
- 네트워킹 성공 사례
    - 한 IT 엔지니어가 LinkedIn에서 AI 전문가와 연결된 후, 새로운 AI 프로젝트에 참여하며 경력 확장.
    - 마케팅 전문가는 업계 컨퍼런스에서 네트워크를 확장해 국제 기업의 디지털 캠페인을 수주.

(4) 개인 브랜드 구축

경력 확장을 위해 자신의 전문성을 보여줄 수 있는 개인 브랜드를 구축하는 것이 중요하다. 이는 온라인과 오프라인 모두에서 가능하다.

- 구체적 실행 방안
    - 전문성을 보여줄 수 있는 포트폴리오 작성.
    - 블로그나 소셜 미디어에서 업계 관련 콘텐츠를 게시.
    - 온라인 프로필(LinkedIn 등)을 통해 자신의 경력과 성과를 체계적으로 정리.
- 브랜딩 사례
    - 디자이너는 비핸스(Behance)나 드리블(Dribbble)에 포트폴리오를 업로드해 글로벌 프로젝트를 수주.
        *비핸스: 어도비를 이용해 만든 작품을 전시하고 검색할 수 있는 무료 온라인 포트폴리오 사이트
        *드리블: 온라인 포트폴리오 사이트

- 데이터 분석가는 개발자 플랫폼인 깃허브(GitHub)에 자신의 분석 프로젝트를 공유하며 잠재적인 고용주와 연결.

(5) 업무 내 프로젝트 리더십 발휘

현재 직무에서 새로운 프로젝트를 주도하며 경력 확장에 필요한 리더십 경험을 쌓을 수 있다.
- 실행 방법
    - 현재 역할에서 필요하거나 개선이 필요한 업무를 식별하고, 이를 해결하는 프로젝트를 제안.
    - 팀원들을 조직하고 목표를 설정하며 프로젝트의 성공을 이끌어냄.
    - 프로젝트 결과를 문서화하고, 이를 통해 얻은 교훈을 경력 확장에 활용.
- 사례
    - 영업 담당자가 AI 도구를 활용한 고객 관리 자동화 프로젝트를 제안하고, 이를 성공적으로 실행하며 관리자로 승진.
    - 디지털 마케터가 소셜 미디어 광고 캠페인을 주도하며 수익을 30% 증가시키고 팀 리더 역할로 전환.

나) 경력 유지 및 확장 성공 사례

[그림2] 디지털 전환 및 글로벌 확장 성공 사례

사례 1: 전통 제조업에서 디지털 전환 전문가로 변신

• 배경: 기존에는 생산 라인 관리자로 일하며 공정 개선 및 품질 관리를 주도.

• 실행

    - IoT 기술 및 스마트 공장 운영 관련 온라인 강의 수강.

    - AI를 활용한 생산 데이터 분석 프로젝트를 제안하고 성공적으로 실행.

    - 학계 세미나 및 업계 포럼에 참여해 스마트 제조 트렌드 학습.

• 결과: 제조 공정 전문가에서 디지털 전환 전문가로 전환하며, 새로운 기술 프로젝트를 주도.

사례 2: 교육 전문가에서 글로벌 온라인 강사로 확장

• 배경: 15년간 오프라인 영어 교육 경험.

• 실행

    - 온라인 강의 플랫폼과 콘텐츠 제작 툴 학습.

    - 학생들의 피드백을 분석해 맞춤형 학습 자료 제작.

    - 글로벌 고객층을 대상으로 강의를 제공하며 디지털 마케팅 활용.

• 결과: 글로벌 학습 커뮤니티를 통해 학생 수를 5배로 증가시키며, 지속 가능한 수익 모델 구축.

다) 경력 유지 및 확장을 위한 미래 준비

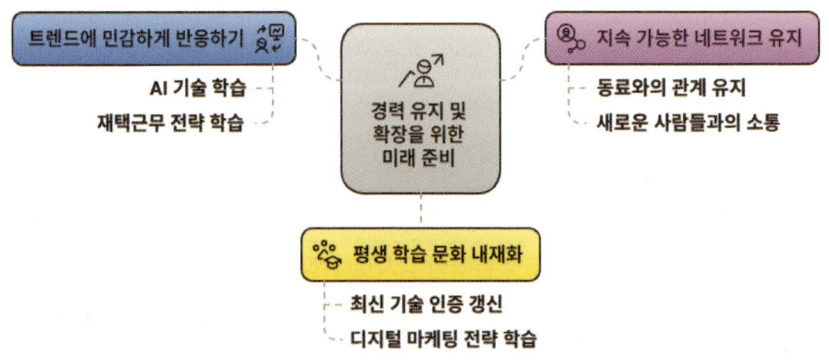

[그림3] 경력 유지 및 확장을 위한 미래 준비

(1) 트렌드에 민감하게 반응하기

현재 업계와 시장의 변화를 주기적으로 분석하고, 새로운 기회가 생기면 적극적으로 탐색한다.

- 예시
    - AI 기술이 각광받는 현재, IT 전문가가 머신러닝과 데이터 분석 기술을 학습해 경력을 확장.
    - 재택근무 트렌드 속에서 HR 담당자가 원격 근무 팀 관리를 위한 도구와 전략을 학습.

(2) 지속 가능한 네트워크 유지

일회성 네트워킹이 아닌, 장기적으로 서로 도움을 줄 수 있는 네트워크를 구축하고 유지한다.

- 예시
    - 업계에서 함께 일했던 동료나 상사와의 관계를 지속적으로 유지하며 정보 교류.

- 새롭게 알게 된 사람들과 주기적인 소통을 통해 새로운 프로젝트와 경력 기회를 모색.

(3) 평생 학습 문화 내재화

경력 확장을 위해 평생 학습을 일상적으로 실천하며, 변화하는 기술과 시장 요구를 지속적으로 학습한다.
- 예시
    - IT 업계 종사자는 매년 최신 기술 관련 인증을 갱신하며 전문성을 유지.
    - 마케팅 담당자는 매월 새로운 디지털 마케팅 전략을 배우고 이를 실무에 적용.

정리하면, 자신의 경험과 스킬을 바탕으로 경력을 유지하고 확장하려면, **자기 분석, 지속적 학습, 네트워킹, 개인 브랜드 구축, 리더십 발휘**라는 다섯 가지 전략이 필요하다. 변화하는 시장 환경에 적응하고, 현재의 강점을 새로운 기회와 연결할 수 있다면, 경력은 단순히 유지되는 것을 넘어 미래지향적으로 확장될 수 있다.

경력 확장은 자신이 쌓아온 경험과 기술을 활용해 새롭게 도전하는 과정이며, 지속 가능한 성공을 위한 필수적인 투자이다.

8. AI를 활용한 지속적인 자기 개발 및 개인 브랜드 구축 전략

AI 기술은 현대 사회에서 개인의 성장과 브랜딩을 위한 강력한 도구로 자리 잡았다. 저자가 저술한 책 중에 "ChatGPT를 잘 활용하는 사람이 활용하지 않는 사람을 대체한다"라는 책이 있다. 지금은 AI 대중화 시대이다. AI를 잘 활용하면 효율적으로 학습하고, 자신만의 독창적인 콘텐츠를 제작하며, 전문성을 강화할 수 있다. 이를 통해 시장에서 돋보이는 개인 브랜드를 구축할 수 있다. **AI를 활용한 지속적인 자기 개발과 개인 브랜드 구축의 구체적인 전략과 예시**를 설명하면 다음과 같다.

가) AI를 활용한 자기 개발 전략

AI를 활용한 지속적인 자기 개발 전략과 예시를 설명하면 [그림1]과 같다.

[그림1] AI를 활용한 지속적인 자기 개발 전략

(1) 맞춤형 학습 계획 설계

AI를 활용한 체계적인 자기 개발 전략이 필요하다. AI 기반 학습 플랫폼은 개인의 학습 수준, 관심사, 목표에 맞는 맞춤형 학습 경로를 제공한다.

- 활용 방안
    - AI 학습 플랫폼(Coursera, Khan Academy, Duolingo 등)을 사용해 자신의 수준에 맞는 강의를 추천받아 학습.
    - ChatGPT와 같은 생성형 AI를 통해 복잡한 주제를 쉽게 이해하거나 학습 내용을 요약.
    - AI로 작성한 퀴즈나 연습 문제를 활용해 학습 성과를 점검.
- 예시
    - **데이터 분석가 지망생**: AI 플랫폼에서 Python, R, 데이터 시각화 과정을 추천받아 학습하고, ChatGPT로 질문하며 실습 프로젝트를 해결.
    - **외국어 학습자**: Duolingo와 같은 AI 기반 앱을 활용해 매일 학습하며, ChatGPT를 통해 대화 연습 및 문법 교정을 받음.

(2) AI로 학습 효율성 극대화

AI는 방대한 정보를 빠르게 분석하고 요약하여 시간 효율적인 학습을 지원한다.

- 활용 방안
    - 새로운 기술 트렌드를 빠르게 이해하기 위해 AI로 관련 자료 요약 및 번역
    - AI 기반 타임 관리 도구(예: Notion AI)를 사용해 학습 일정을 체계적으로 관리.
    - 복잡한 데이터를 AI로 분석하여 학습 중인 주제에 대한 통찰력 강화.
- 예시
    - **IT 전문가**: ChatGPT를 사용해 최신 기술 블로그 요약본을 받고, 이를 통해 학습 시간을 절약.

- **대학생**: 논문 요약 AI 도구를 활용해 주요 내용을 정리하고, 학업에 활용.

(3) **AI를 활용한 자기 피드백 및 개선**

AI 도구를 활용해 자신의 성과를 점검하고, 개선 방안을 지속적으로 찾을 수 있다.

- 활용 방안
  - AI로 작성한 콘텐츠나 발표 자료에 대한 품질 점검 및 피드백.
  - 개인 목표 달성을 위한 AI 기반 실시간 추적 및 성과 분석.
  - AI를 활용해 약점을 보완할 수 있는 구체적인 계획 수립.
- 예시
  - **작가**: AI 문법 검사 도구(Grammarly, Hemingway 등)를 사용해 글의 문법과 스타일을 개선.
  - **연설가**: AI 스피치 분석 도구를 활용해 발표 연습 후 목소리 톤, 속도, 단어 사용 빈도를 분석.

나) AI를 활용한 개인 브랜드 구축 전략

AI를 활용한 개인 브랜드 구축 전략과 예시를 설명하면 [그림2]와 같다.

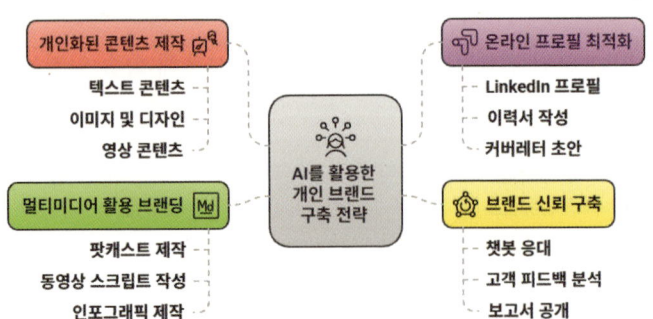

[그림2] AI를 활용한 개인 브랜드 구축 전략

(1) 개인화된 콘텐츠 제작

AI는 텍스트, 이미지, 동영상 등 다양한 유형의 콘텐츠 제작을 지원하여, 독창적인 개인 브랜드를 구축할 수 있는 기반을 제공한다.

- 활용 방안
    - ChatGPT로 블로그 글, SNS 포스트, 뉴스레터 등의 초안을 작성.
    - DALL-E, MidJourney와 같은 AI 도구를 사용해 독창적인 이미지 및 디자인 제작.
    - AI 기반 비디오 제작 도구를 활용해 짧고 매력적인 영상 콘텐츠 제작.
- 예시
    - **디지털 마케터**: AI로 작성한 블로그 콘텐츠를 통해 디지털 마케팅 전문성을 강조하며, 개인 웹사이트를 운영.
    - **예술가**: DALL-E를 활용해 독창적인 일러스트 작품을 제작하고, 이를 NFT로 판매하여 온라인에서 인지도 강화.

(2) 온라인 프로필 최적화

AI를 활용해 자신의 온라인 프로필을 개선하고, 전문성을 효과적으로 보여줄 수 있다.

- 활용 방안
    - LinkedIn 프로필 작성 시, AI로 작성한 직무 설명과 성과 요약 사용.
    - 이력서를 AI 기반 도구(Resumake, Zety 등)를 통해 맞춤형으로 작성.
    - ChatGPT로 개인 소개서 및 커버레터 초안을 작성하여 입사지원 시 활용.
- 예시
    - 취업 준비생: AI로 개선된 이력서를 채용 공고에 맞게 최적화하고, 온라인 포트폴리오 플랫폼에 업로드.
    - 프리랜서: 파이버(Fiverr), 업워크(Upwork) 등의 플랫폼에서 AI를 활용해 서비스 설명을 효과적으로 작성하고 클라이언트 유치.

* Fiverr.com: 기업을 위한 프리미엄 프리랜서 솔루션

* upwork.com: 인재 마켓플레이스

(3) AI로 브랜드 신뢰 구축

AI를 활용해 고객이나 대중과의 상호작용을 강화하고, 신뢰를 구축할 수 있다.

- 활용 방안
  - 챗봇을 통해 빠르고 일관성 있는 고객 응대 제공.
  - 고객 피드백 데이터를 AI로 분석해 개선 방향 제시.
  - AI로 작성된 보고서와 데이터를 투명하게 공개하여 신뢰도 강화.
- 예시
  - **컨설턴트**: 고객 피드백 데이터를 분석해 맞춤형 전략을 제안하고, 이를 블로그 포스팅으로 공유.
  - **스타트업 창업가**: ChatGPT를 활용해 고객 문의를 자동 응대하면서 더 많은 시간을 비즈니스 개발에 투자.

(4) 멀티미디어 활용 브랜딩

AI는 다양한 형식의 콘텐츠를 제작할 수 있는 도구를 제공하여, 다채로운 브랜딩을 지원한다.

- 활용 방안
  - 텍스트에서 음성 콘텐츠를 생성(TTS, Text-to-Speech)해 팟캐스트 제작.
  - 동영상 스크립트를 AI로 작성하고, AI 기반 편집 도구로 영상 제작.
  - AI로 인포그래픽과 데이터를 시각화하여 시각적인 콘텐츠 제작.
- 예시
  - **교육 강사**: AI로 강의 스크립트를 작성하고, 이를 기반으로 온라인 강의를 제작해 YouTube에 업로드.
  - **데이터 분석가**: 분석 결과를 AI로 인포그래픽화하여 고객 발표 자료로 활용.

다) AI 활용 계획 실행을 위한 단계

[그림3] AI 활용 자기 개발 계획

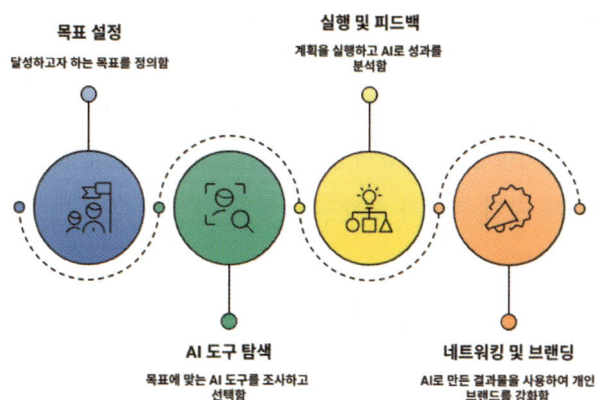

1단계: 목표 설정

자신이 달성하고자 하는 자기 개발 및 브랜딩 목표를 명확히 정의한다.

예를 들어, 데이터 과학자가 되기 위한 기술 학습, 소셜 미디어 팔로워 수 1만 명 달성.

2단계: AI 도구 탐색

자신의 목표에 맞는 AI 도구를 조사하고 선택한다.

- 학습용: ChatGPT, Coursera.
- 콘텐츠 제작: Canva, DALL-E, Jasper AI.
- 데이터 분석: Tableau, Power BI.

3단계: 지속적 실행과 피드백

설정한 계획을 실행하며, 성과를 AI로 분석해 개선점을 찾는다.

예를 들어, AI 도구로 만든 콘텐츠의 조회수, 클릭률을 분석한다.

4단계: 네트워킹 및 브랜딩 강화

AI 도구로 제작한 결과물을 활용해 온라인 및 오프라인에서 개인 브랜드를 적극적으로 알린다.

예를 들어, LinkedIn에 AI로 분석한 업계 트렌드 등을 공유한다.

정리하면, AI로 나만의 가치를 극대화할 필요가 있다.

AI는 단순한 도구를 넘어, 개인의 잠재력을 극대화하고 브랜딩의 핵심 자산이 될 수 있다. AI를 통해 학습의 한계를 넘고, 독창적인 콘텐츠를 생산하며, 전문성을 강화하면, **시장에서 차별화된 개인 브랜드를 구축할 수 있다.**

AI는 미래를 준비하는 가장 강력한 동반자이다. 지속적으로 변화하는 환경 속에서 AI를 활용해 자기 개발과 브랜딩을 강화하면, 성장 가능성과 성공 기회는 무한히 확장될 것이다.

9. AI 기반의 새로운 네트워크 형성 및 관리 전략

AI는 개인과 조직이 새로운 네트워크를 형성하고, 기존 네트워크를 효율적으로 관리하는 데 강력한 도구로 작용할 수 있다. AI는 데이터를 분석하고, 연결 가능성을 예측하며, 적절한 상호작용 방식을 추천하여 네트워킹의 질과 효과를 높일 수 있다. 아래에서는 AI를 활용한 네트워크 형성과 관리의 구체적인 계획과 실행 전략을 예시와 함께 설명하겠다.

가) AI 기반 네트워크 형성 전략

AI기반 네트워킹 형성 전략을 설명하면 [그림1]과 같이 설명할 수 있다. AI가 기회 식별, 전문가 추천, 잠재적 파트너 식별, 네트워크 확장을 위한 분석, 연결 제안, 네트워킹 자동화, 그리고 AI가 개인화된 맞춤형 상호작용을 제안하는 형태로 AI 기반 네트워킹 전략을 수립하여 실행할 수 있다.

[그림1] AI 기반 네트워킹 전략

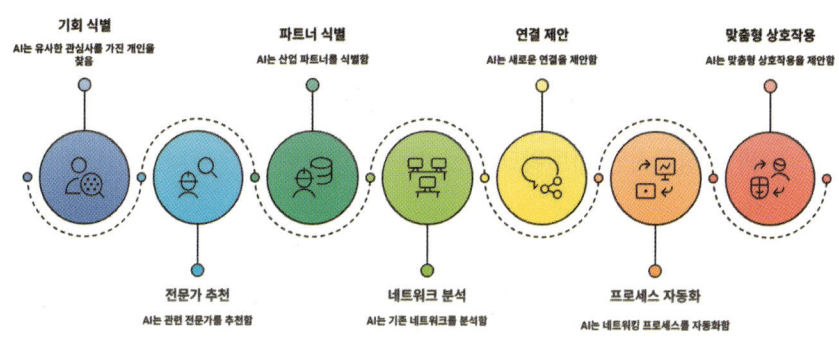

(1) 네트워크 기회의 자동 식별

AI는 데이터 분석을 통해 사용자와 비슷한 관심사, 목표, 전문성을 가진 사람들을 찾아 연결 기회를 제공한다.

- 활용 방안
    - LinkedIn과 같은 플랫폼에서 AI 기반 추천 시스템으로 관련 전문가를 발견.
    - AI가 분석한 데이터를 바탕으로 특정 산업 또는 관심 분야에서의 잠재적 파트너 식별.
    - 업계 이벤트, 세미나 또는 온라인 포럼에서 만날 수 있는 유망한 네트워크 대상 추천.
- 예시
    - **스타트업 창업가**: AI를 통해 투자자 또는 협력 가능성이 높은 파트너를 LinkedIn에서 추천받아 연결.
    - **디지털 마케터**: 소셜 미디어 분석 도구를 활용해 동일한 관심사를 가진 콘텐츠 크리에이터와 협업 기회 창출.

(2) 네트워크 확장을 위한 데이터 기반 분석

AI는 기존의 네트워크를 분석하여 연결되지 않은 잠재적 네트워크를 발견하고, 새로운 연결을 제안한다.

- 활용 방안
    - 기존 네트워크에서 연결된 사람들의 네트워크를 분석해 2차, 3차 연결을 추천.
    - AI가 산업 및 지역 데이터를 분석해 새로운 네트워크 확장 가능성을 제시.
    - 과거 성공적인 네트워크 형성 패턴을 학습해 가장 효과적인 연결 경로를 설계.
- 예시
    - **HR 관리자**: AI를 활용해 기존 인재 데이터베이스를 분석하고, 새로운

인재 풀 또는 협력 기관을 추천받아 네트워크 확대.
- **교육 전문가**: 글로벌 학습 플랫폼에서 AI로 유사한 교육 철학을 가진 강사를 찾아 협업 네트워크 형성.

(3) AI 기반 소셜 네트워킹 자동화

AI는 네트워킹 과정을 자동화하여 시간과 노력을 절약하면서도 효과적인 연결을 제공한다.
- 활용 방안
    - 챗봇을 통해 초기 연결 및 소개 메시지 자동 생성.
    - AI기반 추천 메시지를 활용해 맞춤형 네트워킹 대화 시작.
- 네트워크 대상의 관심사와 프로필을 분석해 개인화된 상호작용 제안.
- 예시
    - **프리랜서**: 숨고, 고수들의 한수, Upwork와 같은 플랫폼에서 AI가 작성한 맞춤형 제안 메시지를 통해 고객과 연결.
    - **컨설턴트**: AI가 작성한 이메일 초안으로 잠재 고객에게 서비스를 소개하고 협력 관계를 구축.

나) AI 기반 네트워크 관리 전략

AI기반 네트워크 관리 전략을 설명하면 [그림2]와 같다.

[그림2] AI 기반 네트워크 관리 전략

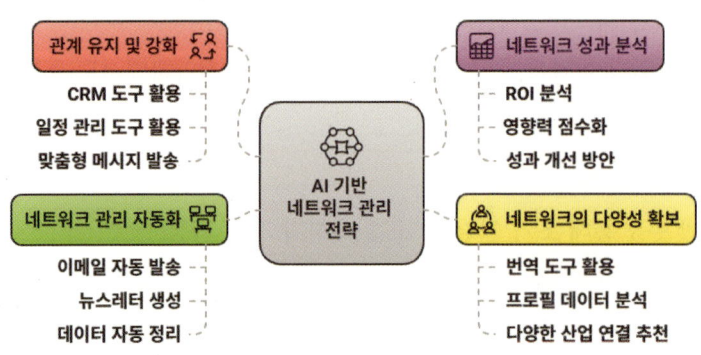

(1) 관계 유지 및 강화

AI는 기존 네트워크를 유지하고 강화하는 데 중요한 역할을 한다. AI는 관계 유지가 필요한 사람을 파악하고, 적절한 시기에 적합한 상호작용을 추천해줄 수 있다.

- 활용 방안
  - CRM(Customer Relationship Management) 도구에서 AI를 활용해 고객 및 파트너의 최근 활동과 관심사를 분석.
  - AI기반 일정 관리 도구로 네트워크와의 주기적인 미팅 및 소통 계획 설정.
  - 관심사나 이슈에 맞춘 맞춤형 메시지 발송.
- 예시
  - **판매 전문가**: AI CRM 도구로 고객의 구매 패턴을 분석하고, 적절한 시기에 개인화된 메시지 발송.
  - **이벤트 플래너**: AI가 과거 참가자 데이터를 분석해 맞춤형 초대 메시지를 발송하여 관계를 지속.

(2) 네트워크 성과 분석

AI는 네트워킹 활동의 성과를 데이터로 분석하여 어떤 연결이 유익한지, 개선해야 할 점이 무엇인지 파악할 수 있도록 도와준다.

- 활용 방안
    - 네트워크 활동(예: 미팅, 이벤트 참여)의 ROI(Return on Investment) 분석.
    - AI로 네트워크의 영향력 및 확장 가능성을 점수화하여 우선순위 설정.
    - 성과가 낮은 네트워킹 활동의 원인을 파악하고 개선 방안 제안.
- 예시
    - **투자자 관계 담당자**: AI 분석을 통해 가장 효과적인 네트워킹 이벤트와 성공적인 투자 성과 간의 상관관계를 파악.
    - **비즈니스 개발 담당자**: 고객 회의 데이터에서 가장 높은 매출 전환율을 기록한 네트워크 활동을 식별하고 집중 투자.

(3) AI로 네트워크의 다양성 확보

AI는 네트워크의 다양성을 증대시킬 수 있는 새로운 연결을 제안함으로써 글로벌 및 다문화적 네트워크를 구축할 수 있도록 지원할 수 있다.

- 활용 방안
    - 언어 및 문화적 차이를 극복하기 위해 AI 기반 번역 도구(DeepL, Google Translate 등) 활용.
    - 글로벌 네트워크 대상의 프로필 데이터를 AI로 분석하여 연결 가능성 평가.
    - 다양한 산업 및 배경의 사람들과의 연결을 추천받아 협업 가능성 확대.
- 예시
    - **글로벌 HR 전문가**: AI가 추천하는 다국적 인재 풀과 연결해 글로벌 인재 네트워크 형성.
    - **스타트업 창업자**: AI 분석을 통해 해외 시장에서의 협력 가능성이 높은 파트너 발굴.

(4) 네트워크 관리 자동화

AI는 네트워크와의 상호작용을 자동화하여 관리 부담을 줄이고, 효율성을 높일 수 있다.

- 활용 방안
    - AI 기반 자동화 도구를 사용해 일정에 따라 이메일, 메시지, 초대장을 자동 발송.
    - 정기적인 업데이트 제공을 위한 AI 뉴스레터 생성.
    - 네트워크 관리 툴에서 연결 기록 및 상호작용 데이터를 자동으로 정리.
- 예시
    - **이벤트 기획자**: AI로 초대 이메일 자동 발송 및 참석자 데이터를 실시간으로 관리.
    - **프리랜서 디자이너**: 정기적인 프로젝트 진행 상황 업데이트를 AI로 생성해 고객과 공유.

다) 실행 계획: AI 기반 네트워크 형성과 관리 단계

[그림3] AI 기반 네트워크 관리 전략

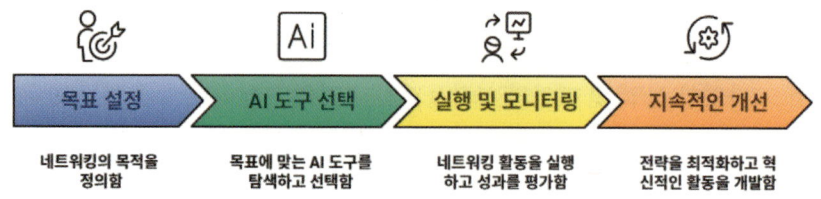

1단계: 목표 설정
- 네트워킹의 목적을 명확히 정의한다.

  예를 들어, 새로운 비즈니스 파트너 찾기, 글로벌 시장 진출, 전문 지식 공유 등 AI 기반 네트워크 형성을 위한 목표를 설정한다.

2단계: AI 도구 선택
- 네트워킹 목표에 맞는 AI 도구를 탐색해서 목표에 맞는 도구를 선택한다. 예를 들어, LinkedIn AI 추천, CRM 툴(HubSpot, Salesforce), 이메일 자동화 도구(Mailchimp) 등이 있다.

3단계: 실행 및 모니터링
- AI 도구를 활용해 네트워크 형성 및 관리 활동을 실행한다.
- AI 분석 데이터를 기반으로 네트워킹 활동 성과를 정기적으로 평가한다.

4단계: 지속적인 개선
- 성과 데이터를 바탕으로 효과적인 네트워킹 전략을 최적화한다.
- AI 추천과 학습 알고리즘으로 새롭고 혁신적인 네트워크 활동을 설계하고 지속적으로 개선하며 실행한다.

정리하면, AI는 단순히 네트워킹의 효율성을 높이는 도구가 아니라, 새로운 연결을 창출하고, 기존 관계를 강화하며, 글로벌 수준에서 영향력을 확장할 수 있는 혁신적인 수단이다. AI를 통해 사람 간의 연결은 더 깊고, 더 맞춤화된 방향으로 발전할 것이다.

AI 기반 네트워킹 전략은 미래지향적이고 경쟁력 있는 네트워크를 구축하는 데 핵심적인 역할을 한다. 효과적으로 AI를 활용하여 자신의 네트워킹 목표를 실현하고, 개인 및 조직의 성공을 더욱 강화할 수 있다.

10. AI를 활용한 개인 및 기업의 글로벌 시장 진출 전략

AI는 개인과 기업이 글로벌 시장에 효과적으로 진출하고 경쟁력을 확보할 수 있도록 지원하는 강력한 도구이다. AI는 데이터 분석, 언어 장벽 제거, 현지화, 고객 타겟팅, 시장 예측 등 글로벌 진출에 필요한 다양한 측면에서 중요한 역할을 한다. 아래에서는 **AI를 활용한 글로벌 시장 진출 전략**과 구체적인 실행 방법을 예시와 함께 설명한 것이다.

가) 글로벌 시장 분석과 타겟팅

글로벌 시장 조사 및 분석과 고객 타겟에 대해 설명하면 [그림1]과 같다.

[그림1] AI를 통한 글로벌 시장 분석과 고객 세분화

(1) AI 기반 데이터 분석을 통한 시장 조사

AI는 방대한 데이터를 분석하여 특정 국가나 지역의 시장 규모, 소비자 행동, 트렌드를 파악할 수 있습니다. 이를 통해 효율적인 진출 전략을 수립할 수 있다.

- 활용 방안
    - AI 기반 마켓 리서치 툴(예: SEMrush, SimilarWeb)을 활용해 목표 시장의 경쟁 분석.
    - 소비자 리뷰, 소셜 미디어 데이터를 AI로 분석해 소비자의 니즈와 선호도 파악.
    - AI로 글로벌 시장 동향을 예측하고 잠재 성장 가능성이 높은 시장 선택.
- 예시
    - **전자상거래 회사**: AI를 통해 특정 국가에서 인기 있는 제품 카테고리를 분석하고, 해당 제품을 중심으로 마케팅 캠페인 설계.
    - **스타트업**: 시장 데이터를 AI로 분석해 특정 지역에서의 서비스 확장 가능성을 평가하고, 초기 고객 타겟팅.

(2) 고객 세분화 및 타겟팅

AI는 글로벌 소비자를 세분화하고, 각 세그먼트에 적합한 맞춤형 전략을 수립할 수 있다.

- 활용 방안
    - AI 기반 CRM(Customer Relationship Management)으로 지역별 고객 행동 및 선호도 분석.
    - 고객 세그먼트를 나누고, 각 세그먼트에 최적화된 마케팅 콘텐츠 제작.
    - AI를 활용한 고객 프로파일링으로 잠재 고객 발굴.
- 예시
    - **패션 브랜드**: AI로 북미와 유럽의 고객 스타일 데이터를 분석해 각 지역에 맞는 제품 라인을 개발.
    - **SaaS 회사**: AI로 소프트웨어 사용자 데이터를 분석해 아시아 시장에 적합한 기능과 가격 정책 설계.

나) 언어와 문화적 장벽 극복

글로벌 진출을 위한 부분 중에서 중요한 것이 문화적 현지화와 언어 장벽을 극복하는 것이다. 글로벌 진출을 위한 AI활용 전략을 설명하면 [그림2]와 같다.

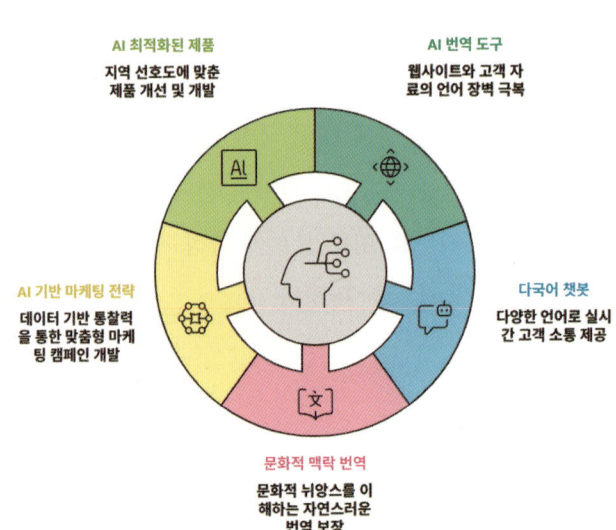

[그림2] 글로벌 진출을 위한 AI 활용 전략

(1) AI 기반 번역 및 언어 지원

언어 장벽은 글로벌 진출에서 큰 장애물이지만, AI 기반 번역 도구를 활용하면 이 문제를 해결할 수 있다.

- 활용 방안
    - DeepL, Google Translate와 같은 AI 번역 도구를 활용해 웹사이트, 마케팅 콘텐츠, 고객 응대 자료를 번역.
    - 다국어 챗봇을 도입해 글로벌 고객과의 실시간 소통 지원.
    - AI로 문화적 맥락을 이해한 자연스러운 번역 제공.
- 예시
    - **온라인 교육 플랫폼**: 강의 콘텐츠를 AI 번역 도구로 5개국 언어로 번역

해 글로벌 학생 모집.
- **전자제품 회사**: 제품 매뉴얼과 FAQ를 AI로 번역해 각 지역 고객의 이해도를 높임.

(2) 문화적 현지화(Localization)

AI는 특정 지역의 문화적 특성과 소비자 선호도를 분석해 현지화된 마케팅 전략을 지원할 수 있다.

- 활용 방안
  - AI로 소셜 미디어 트렌드를 분석해 각 지역에 적합한 캠페인 디자인.
  - AI로 로컬 광고의 톤, 이미지, 메시지를 분석 및 최적화.
  - 고객 피드백을 AI로 분석해 현지화된 제품 개선.
- 예시
  - **게임 개발사**: AI로 각 국가의 문화적 기호를 분석해 게임 캐릭터와 스토리를 현지화.
  - **식음료 회사**: AI를 통해 지역별 맛 선호도를 분석해 아시아 시장에 맞는 새로운 음료 개발.

다) 글로벌 마케팅과 디지털 광고 최적화

글로벌 진출에서 마케팅 전략은 매우 중요하다. AI로 마케팅을 강화하는 전략은 [그림3]과 같다.

[그림3] AI기반 마케팅 최적화

(1) AI 기반 광고 캠페인 관리

AI는 광고 데이터를 분석하고, 효율적인 마케팅 전략을 설계하며, 실시간으로 캠페인을 최적화하는데 활용할 수 있다.

- 활용 방안
    - AI 광고 플랫폼(Google Ads, Facebook Ads)에서 실시간 성과 데이터를 분석하고 예산 최적화.
    - AI로 각 지역별 키워드, 이미지, 문구를 분석해 캠페인 제작.
    - 소비자 행동을 예측하고, 개인화된 광고를 자동 생성.
- 예시
    - **헬스케어 스타트업**: AI를 사용해 유럽 시장에서 효과적인 키워드 광고를 집행하고, ROI를 30% 증가.
    - **뷰티 브랜드**: AI 기반 인플루언서 마케팅 도구를 활용해 지역별로 적합한 인플루언서를 선정하고 협업.

(2) AI 기반 소셜 미디어 마케팅

AI는 글로벌 소셜 미디어 플랫폼에서의 활동을 지원하며, 타겟 고객과의 상호 작용을 최적화하는데 활용할 수 있다.

- 활용 방안
    - AI로 각 플랫폼(Instagram, TikTok 등)에서 가장 인기 있는 콘텐츠 유형을 분석.
    - 소셜 미디어 댓글 및 메시지를 AI로 분석해 고객 감정 및 니즈 파악.
    - AI로 고객 맞춤형 콘텐츠 제작 및 게시 시간 최적화.
- 예시
    - **전자상거래 회사**: AI 분석을 통해 특정 시간대에 게시물을 게시하여 글로벌 참여율 20% 향상.
    - **음악 스트리밍 서비스**: AI로 사용자 데이터를 분석해 맞춤형 플레이리스트와 추천 콘텐츠 제공.

라) 글로벌 고객 지원과 경험 향상

AI는 개인과 기업이 글로벌 시장에 진입하는 데 중요한 역할을 한다. 특히, 글로벌 고객 지원 및 경험 개선에 AI를 활용하는 것은 매우 중요하다. AI는 글로벌 고객 상호작용 전략을 지원하며, 고객의 경험을 향상시키고 글로벌 시장에서의 경쟁력을 강화하는 데 필수적인 도구로 작용한다. 이를 통해 기업은 전 세계 고객과의 원활한 상호작용을 제공하고, 고객의 요구에 빠르게 대응할 수 있다.

[그림4] AI지원 글로벌 고객 상호작용

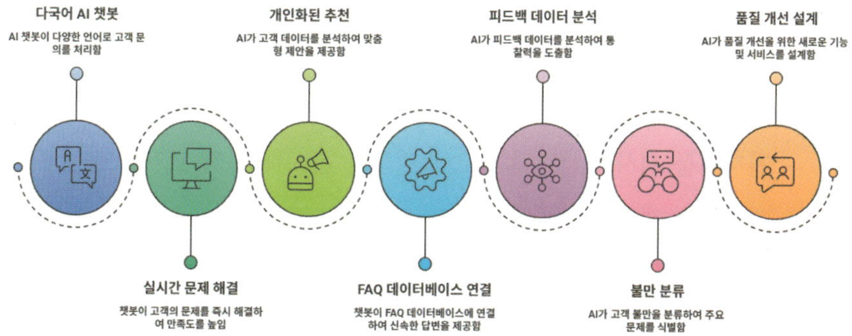

다국어 AI 챗봇	개인화된 추천	피드백 데이터 분석	품질 개선 설계
AI 챗봇이 다양한 언어로 고객 문의를 처리함	AI가 고객 데이터를 분석하여 맞춤형 제안을 제공함	AI가 피드백 데이터를 분석하여 통찰력을 도출함	AI가 품질 개선을 위한 새로운 기능 및 서비스를 설계함

실시간 문제 해결	FAQ 데이터베이스 연결	불만 분류
챗봇이 고객의 문제를 즉시 해결하여 만족도를 높임	챗봇이 FAQ 데이터베이스에 연결하여 신속한 답변을 제공함	AI가 고객 불만을 분류하여 주요 문제를 식별함

(1) 다국어 AI 챗봇 활용

AI 챗봇은 글로벌 고객의 질문과 문제를 24/7로 해결하며, 고객 만족도를 높일 수 있다.

- 활용 방안
  - 고객의 언어로 실시간 질문 응대 및 문제 해결.
  - AI로 고객의 구매 이력과 선호도를 분석해 맞춤형 추천 제공.
  - FAQ 데이터베이스와 연결해 즉각적인 답변 제공.
- 예시
  - **여행 플랫폼**: AI 챗봇을 통해 10개국 언어로 여행 예약, 변경 요청을 처리.

- **온라인 쇼핑몰**: AI 챗봇으로 환불 및 교환 요청을 자동 처리해 고객 응대 속도 개선.

(2) 고객 피드백 데이터 분석

AI는 고객 피드백 데이터를 분석해 글로벌 시장에서의 제품 및 서비스 개선 방향을 제시한다.

- 활용 방안
  - AI로 제품 리뷰 및 설문 데이터를 분석해 품질 개선.
  - 고객 불만 데이터를 AI로 분류하여 주요 문제점을 도출.
  - 개선 사항을 기반으로 새로운 기능 및 서비스를 설계.
- 예시
  - **전자제품 회사**: AI로 해외 고객 리뷰를 분석해 특정 모델의 불만 요소를 개선하여 재구매율 증가.
  - **에듀테크 기업**: AI가 분석한 학생 피드백을 기반으로 글로벌 교육 콘텐츠 품질 향상.

마) 실행 단계: AI를 활용한 글로벌 진출 로드맵

[그림5] AI를 활용한 글로벌 진출 로드맵

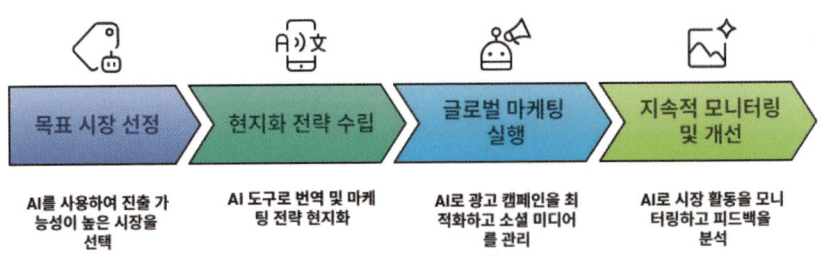

1단계: 목표 시장 선정
- AI를 활용해 데이터를 분석하고 진출 가능성이 높은 시장을 선택.

2단계: 현지화 전략 수립
- AI 기반 도구로 번역 및 현지화 작업 수행.
- 지역별 소비자 행동 및 선호도를 분석해 현지화된 마케팅 전략 설계.

3단계: 글로벌 마케팅 실행
- AI로 광고 캠페인을 최적화하고, 소셜 미디어 활동을 관리.
- 다국어 콘텐츠와 고객 지원 시스템 도입.

4단계: 지속적 모니터링 및 개선
- AI로 글로벌 시장 활동 데이터를 실시간 모니터링.
- 고객 피드백 데이터를 분석해 지속적으로 제품 및 서비스 개선.

정리하면, AI는 개인과 기업이 글로벌 시장에 진입하고 성공적으로 확장하는 데 필요한 효율성과 맞춤형 전략을 제공한다. AI를 활용하면 복잡한 글로벌 시장의 도전 과제를 극복하고, 현지 고객의 요구를 충족하며, 경쟁력을 강화할 수 있다.

AI는 글로벌 시장에서의 성장을 위한 필수적인 도구이다. 이를 통해 개인과 기업은 더욱 넓은 기회를 창출하고, 새로운 수준의 성공을 이룰 수 있다.

Part 3

생성형 AI를 활용한 지속적인 수익 창출 전략

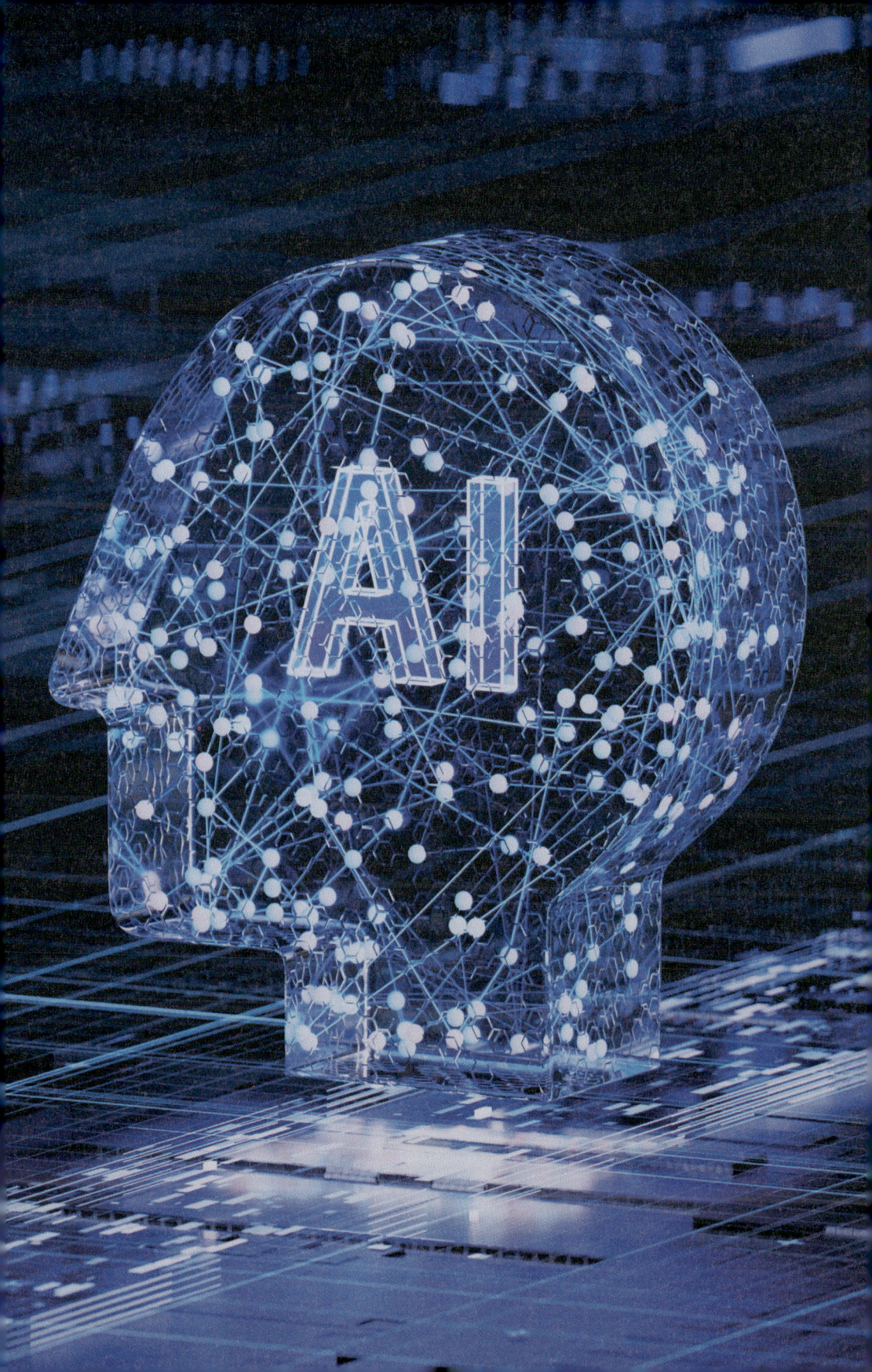

1. 생성형 AI를 활용한 재택 근무 수익 창출 전략

재택근무는 현대의 근무 방식에서 중요한 위치를 차지하고 있으며, 생성형 AI는 이를 더욱 발전시키는 핵심 도구로 활용되고 있다. 생성형 AI는 재택근무 환경에서 생산성을 높이고, 창의적인 문제 해결을 지원하며, 시간과 자원의 효율적인 사용을 가능하게 한다. 이 글에서는 생성형 AI를 활용한 재택근무의 지속 가능한 수익 창출 방법을 구체적인 예시와 함께 살펴보겠다.

가) 생성형 AI를 활용한 재택근무의 장점

(1) 업무 생산성 향상

생성형 AI는 단순 반복 작업을 자동화하거나 창의적인 콘텐츠 생성을 지원하여 업무의 효율성을 극대화할 수 있다. 예를 들어, 콘텐츠 작성자는 ChatGPT를 활용해 블로그 글, 마케팅 이메일, 보고서 초안을 신속하게 작성할 수 있다. 디자이너는 DALL-E, 미드저니(Midjourney), 스테이블디퓨전(Stable Diffusion), 어도비(Adobe) 등과 같은 도구를 이용해 빠르고 독창적인 그래픽 디자인을 생성할 수 있으며, 프리랜서 번역가는 AI 번역 도구(예: DeepL, ChatGPT)를 활용하여 초벌 번역을 빠르게 마친 후, 세부 수정 작업에 집중할 수 있다.

(2) 업무 관리 자동화

재택근무 시 업무 일정과 프로젝트 관리를 효율적으로 돕는 도구들이 AI를 통해 제공된다. 예를 들어, 일정 관리는 AI 기반 캘린더 도구(예: Notion AI, Google Calendar)를 사용하여 회의 일정 및 마감 기한을 자동으로 설정할 수 있고, 프로젝트 관리는 Trello나 Asana와 같은 AI 기반 툴을 사용해 작업 우선순위를 자동으로 조정하고 팀과의 협업을 원활하게 할 수 있다.

(3) 글로벌 시장 접근성 강화

생성형 AI는 재택근무 환경에서도 글로벌 시장과의 연결을 강화할 수 있는 기술적 지원을 제공한다. 예를 들어, AI 챗봇을 활용하면 다국어로 번역되어 고객 질문에 즉시 답변할 수 있으며, AI로 작성한 텍스트를 다국어로 번역하여 다양한 글로벌 시장에 쉽게 접근할 수 있다.

나) 생성형 AI를 활용한 재택근무 수익 창출 모델

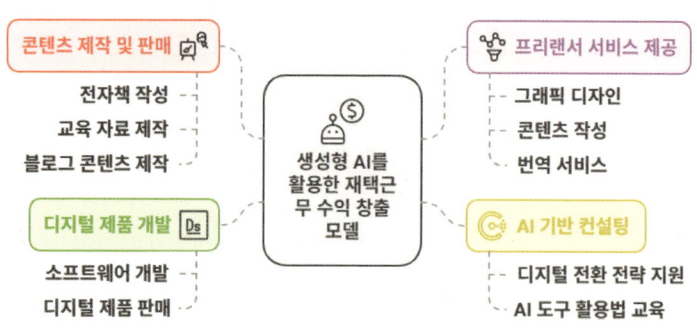

(1) 콘텐츠 제작 및 판매

생성형 AI는 콘텐츠 제작의 속도와 품질을 높여 이를 통해 수익을 창출할 수 있다. 예를 들어, ChatGPT를 활용해 전자책을 작성한 후 **Amazon Kindle Direct Publishing(KDP)** 또는 **교보문고, 알라딘**, Yes24 등과 같은 국내 서점 플랫폼을 통해 판매할 수 있다. 또한, AI로 작성한 교육 자료나 가이드를 제작해 한국인공지능인재개발원(korai.kr), 패스트캠퍼스, **Coursera**나 **Udemy**와 같은 온라인 강의 플랫폼에서 제공할 수 있다. 블로그 콘텐츠를 제작하고, 이를 통해 광고 수익과 제휴 마케팅 수익을 창출할 수 있는 기회도 제공한다.

- 활용 예시
  - **작가**: ChatGPT로 자기계발 전자책을 작성하고 전 세계 독자에게 판매.
  - **강사**: 생성형 AI로 제작한 강의 슬라이드와 콘텐츠를 온라인 학습 플랫폼에 등록.

(2) 프리랜서 서비스 제공

생성형 AI는 프리랜서가 더 높은 품질의 서비스를 제공하는 데 중요한 도구가 될 수 있다. 예를 들어, 프리랜서 서비스 마켓플레이스인 파이버닷컴(fiverr.com)이나 업워크(upwork.com)와 같은 플랫폼에서 그래픽 디자인, 콘텐츠 작성, 번역 서비스 등을 AI와 결합하여 제공함으로써 고객을 유치할 수 있다. DALL-E로 생성한 디자인을 고객 맞춤형으로 수정하거나, AI 번역 도구로 신속하게 초안을 작성하고 품질을 보증하기 위한 세부 작업을 수행하는 방식으로 수익을 창출할 수 있다.

(3) AI 기반 컨설팅

AI 기술에 대한 지식을 바탕으로 기업이나 개인에게 컨설팅 서비스를 제공해 수익을 창출할 수 있다. 예를 들어, 기업의 디지털 전환 전략을 지원하는 AI 솔루션 추천 및 설계, 개인 및 조직의 생산성을 높이기 위한 AI 도구 활용법을 교육하는 형태의 서비스를 제공할 수 있다.
- 활용 예시
  - **컨설턴트**: ChatGPT를 활용한 업무 자동화와 생산성 향상 전략을 중소기업에 제안.
  - **교육 전문가**: AI 기반 학습 도구 활용법을 강의 및 워크숍으로 제공.

(4) 디지털 제품 개발

AI를 활용하여 디지털 제품(예: 앱, 소프트웨어, 템플릿)을 제작하고 이를 판매하는 모델이다. 개발자는 생성형 AI로 작성한 프로그램 개발 코드를 바탕으로 소프트웨어나 웹 애플리케이션을 개발하여 **Google Play나 App Store**에서 판매할 수 있다. 또한, 프리미엄 템플릿, 디자인 팩, 전자책과 같은 디지털 제품 제작 판매할 수 있고, 디자이너는 Canva와 같은 플랫폼에서 AI 기반 디자인 템플릿을 제작하여 판매할 수 있다.

다) 생성형 AI와 함께 재택근무 효율성을 극대화하는 전략

(1) 작업 프로세스 최적화

AI를 통해 재택근무 환경에서 불필요한 작업을 줄이고 중요한 업무에 집중할 수 있다. 예를 들어, 이메일 응답 자동화를 통해 고객 문의나 일반적인 이메일을 AI로 자동 처리하고, AI 기반 데이터 시각화 도구를 사용해 대량의 데이터를 빠르게 분석하고 시각화할 수 있다. 이를 통해 시간을 절약하고 효율성을 높일 수 있다.

- 활용 예시
  - **데이터 분석가**: AI도구(ChatGPT, napkin AI 등)를 사용해 대량의 데이터를 신속히 정리하고 보고서를 생성.
  - **마케팅 전문가**: AI로 광고 성과 데이터를 분석하고, 최적화된 캠페인 실행.

(2) 협업 및 커뮤니케이션 강화

재택근무 환경에서 AI 기반 도구는 팀원 간의 효과적인 커뮤니케이션을 지원한다. 예를 들어, AI 기반 회의 요약 도구(예: NAVER CLOVA X, Otter.ai)를 활용하면 미팅 내용을 자동으로 정리하고, 협업 플랫폼(예: Slack, Microsoft Teams)에서 AI를 활용해 메시지 우선순위를 정리하고 중요한 정보를 빠르게 전달할 수 있다.

- 활용 예시
  - **팀 리더**: AI 회의 요약 도구를 활용해 재택근무 팀원들에게 중요한 내용만 전달.
  - **프로젝트 매니저**: AI로 생성된 실시간 작업 진행 상태를 팀에 공유.

라) 재택근무를 통한 지속 가능한 수익 모델의 기대 효과

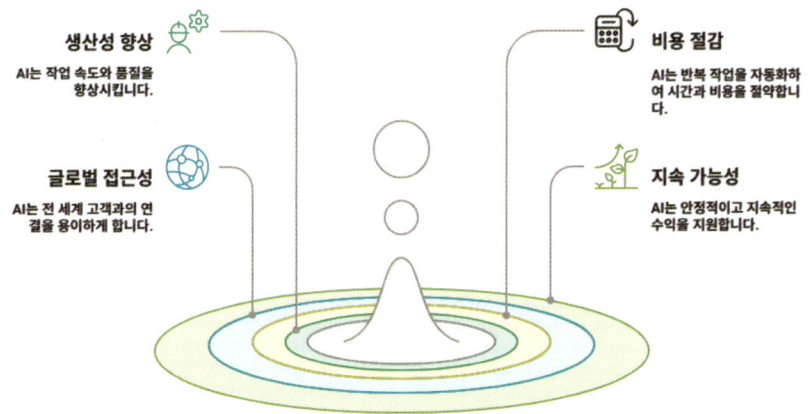

① 생산성 향상: AI를 통해 작업 속도를 높이고 품질을 개선함으로써 더 많은 작업을 수행할 수 있다

② 비용 절감: AI로 반복 작업을 자동화해 시간과 비용을 절약할 수 있다.

③ 글로벌 접근성: AI 기반 언어 번역, 소셜 미디어 활용을 통해 전 세계 고객과 연결할 수 있다.

④ 지속 가능성: 재택근무 환경에서도 AI를 활용하면 안정적이고 지속적인 수익을 창출할 수 있다.

정리하면, 생성형 AI는 재택근무의 생산성과 창의성을 극대화할 뿐만 아니라,

새로운 수익 창출 기회를 제공한다. 콘텐츠 제작, 서비스 제공, 글로벌 협업 등 다양한 방식으로 AI를 활용하면, 누구나 재택근무 환경에서 지속 가능한 수익을 창출할 수 있다.

생성형 AI는 단순한 보조 도구가 아니라, 재택근무와 비즈니스 성공을 위한 필수적인 파트너다.

생성형 AI의 가능성을 극대화해 재택근무의 장점을 살리고, 지속 가능한 수익 모델을 구축해 보세요!

2. 생성형 AI로 취미와 특기를 비즈니스로 전환하는 방법

취미와 특기는 개인의 열정이 반영된 활동이다. 이를 상업화함으로써 즐거움을 느끼며 수익을 창출할 수 있는 기회가 열린다. 생성형 AI는 이러한 과정에서 중요한 도구로 활용되며, 콘텐츠 제작, 마케팅, 고객 관리 등 여러 분야에서 개인의 능력을 극대화할 수 있다. 아래에서는 생성형 AI를 활용하여 취미와 특기를 비즈니스로 전환하는 구체적인 방법과 예시를 소개하겠다.

가) 생성형 AI를 활용한 콘텐츠 제작

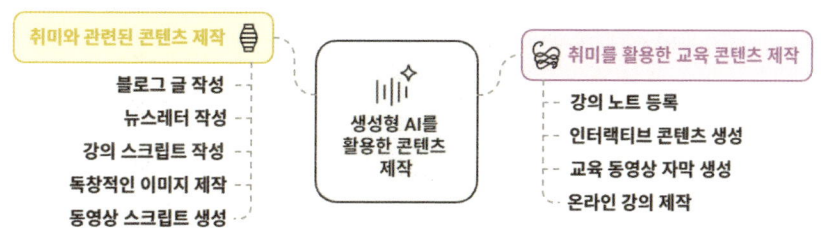

(1) 취미와 관련된 콘텐츠 제작

AI는 개인의 취미나 특기를 바탕으로 다양한 형태의 콘텐츠를 손쉽게 제작할 수 있도록 도와준다. 예를 들어, ChatGPT를 사용하여 블로그 글이나 뉴스레터, 강의 스크립트 등을 작성하거나, DALL-E와 같은 AI 도구를 활용해 독창적인 이미지나 디자인을 제작할 수 있다. 또한, 동영상 콘텐츠의 스크립트를 생성하고,

AI 기반 편집 도구로 이를 실제 콘텐츠로 만드는 과정도 가능하다.
- 활용 예시
    - **요리 애호가**: AI를 사용해 자신만의 레시피를 정리하고, 이를 기반으로 요리 블로그 또는 전자책 출판.
    - **사진 작가**: DALL-E로 생성된 독특한 배경을 사진과 결합해 온라인에서 판매하거나 전시.

(2) **취미를 활용한 교육 콘텐츠 제작**

자신의 특기와 관련된 전문 지식을 생성형 AI의 도움을 받아 정리하고, 이를 교육 콘텐츠로 개발하여 상업화할 수 있다. 예를 들어, AI로 작성한 강의 노트나 슬라이드를 온라인 교육 플랫폼(Udemy, Teachable 등)에 등록하거나, AI 기반 인터랙티브 콘텐츠(퀴즈나 실습 문제)를 생성하여 교육 효과를 높일 수 있다. 교육 동영상의 자막을 AI로 생성하고, 이를 여러 언어로 번역하여 다양한 국가의 사용자에게 제공할 수도 있다.
- 활용 예시
    - **악기 연주자**: AI로 기초 음악 이론을 정리한 후, 온라인 강의를 제작하여 구독 서비스를 제공.
    - **운동 전문가**: AI로 운동 계획과 식단을 자동 생성하여 고객 맞춤형 서비스 제공.

나) 생성형 AI를 활용한 마케팅

(1) 개인 브랜드 구축

AI는 개인의 취미와 특기를 중심으로 브랜드를 구축하고 이를 알리는 데 매우 효과적으로 활용될 수 있다. 예를 들어, ChatGPT를 사용해 매력적인 자기소개서나 브랜드 스토리를 작성하고, 소셜 미디어 게시물, 광고 문구, 블로그 콘텐츠 등을 AI로 생성하여 개인 웹사이트나 포트폴리오를 제작하고 AI로 최적화할 수 있다.

- 활용 예시
  - **핸드메이드 공예가**: 자신의 공예품을 소개하는 블로그 콘텐츠를 AI(ChatGPT)로 작성하고, 인스타그램(Instagram)에 게시하여 더 많은 팔로워을 유치.
  - **여행 작가**: ChatGPT로 작성한 여행 이야기를 기반으로 소셜 미디어에서 브랜드 영향력 확대.

(2) 소셜 미디어 캠페인

AI는 소셜 미디어에서의 마케팅 캠페인을 효율적으로 설계하고 실행할 수 있도록 도와준다. 예를 들어, AI로 소셜 미디어 게시 시간 및 해시태그를 분석하여 최적화하고, AI를 활용해 광고 문구나 이미지를 생성할 수 있다. 또한, 소비자 반응을 분석해 캠페인 성과를 측정하고 개선할 수 있다.

- 활용 예시
    - **DIY 전문가**: AI(Vrew, Piko art, Runway 등)로 제작한 짧은 동영상 콘텐츠를 TikTok과 Instagram에 업로드해 팔로워 증가.
    - **피트니스 강사**: AI가 추천한 키워드를 활용해 YouTube 광고를 집행하고, 온라인 수업으로 고객 유치.

다) 생성형 AI를 활용한 수익 모델 구축

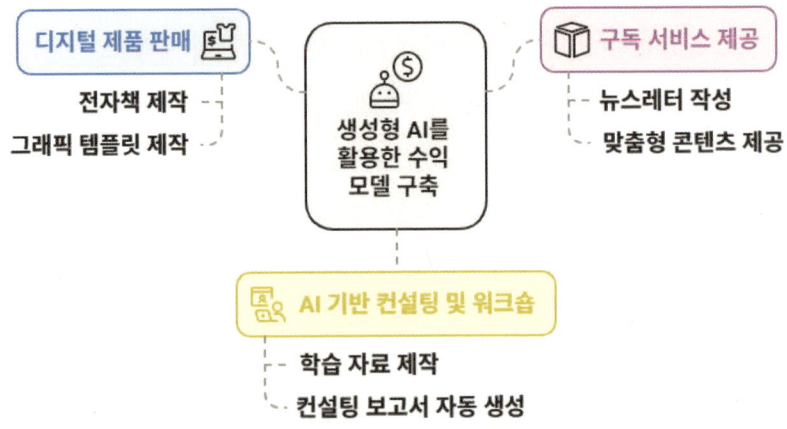

(1) 디지털 제품 판매

AI를 활용해 디지털 제품(전자책, 템플릿, 디자인 등)을 제작하고 판매하는 것은 취미와 특기를 상업화하는 강력한 방법 중 하나이다. 예를 들어, ChatGPT로 작성한 전자책을 Amazon Kindle Direct Publishing(KDP)에 등록하여 판매하거나, DALL-E로 생성한 그래픽을 활용해 프린트 가능한 아트나 템플릿을 제작하여 판매할 수 있다. 또한, Canva와 같은 플랫폼에서 디자인 템플릿을 제작해 판매할 수도 있다.

- 활용 예시
    - **작가**: AI로 단편 소설 또는 시집을 작성해 전자책으로 판매.
    - **디자이너**: 생성형 AI를 사용해 로고 및 포스터 템플릿을 만들어 온라인 상점에서 판매.

(2) 구독 서비스 제공

AI를 활용해 취미와 특기를 기반으로 한 정기 구독 서비스를 설계하고 제공할 수 있다. 예를 들어, 개인화된 뉴스레터를 AI로 작성해 구독자를 대상으로 정기적으로 발송할 수 있고, 맞춤형 콘텐츠(운동 계획, 식단, 학습 자료 등)를 제공하는 구독 모델을 설계할 수 있다. AI를 활용해 구독자가 원하는 내용을 지속적으로 업데이트하는 서비스도 가능하다.

- 활용 예시
    - **요리 전문가**: AI로 주간 레시피와 요리 팁을 제공하는 구독 서비스를 운영.
    - **IT 전문가**: 최신 기술 동향과 실습 자료를 포함한 뉴스레터를 구독 서비스로 제공.

(3) AI 기반 컨설팅 및 워크숍

자신의 특기를 바탕으로 생성형 AI 기술을 접목한 컨설팅 및 워크숍을 통해 수익을 창출할 수 있다. 예를 들어, 특정 기술이나 취미를 가르치기 위한 AI 기반 학습 자료를 제작하거나, 워크숍 참여자 데이터를 AI로 분석해 맞춤형 교육을 제공할 수 있다. 또한, 컨설팅 보고서 및 솔루션을 AI로 자동 생성해 효율적인 업무 처리가 가능하다.

- 활용 예시
    - **프리랜서 디자이너**: 클라이언트 맞춤형 디자인 솔루션을 AI로 제작하여 컨설팅 제공.
    - **비즈니스 전문가**: AI를 사용해 스타트업을 위한 맞춤형 전략 보고서 작성 및 워크숍 개최.

라) 생성형 AI와 함께 상업화 성공 사례

사례 1: 예술가의 NFT(Non-fungible token) 사업
- 배경: 한 예술가가 자신의 디지털 아트를 상업화하고자 함.
- 실행:
    - DALL-E로 독창적인 작품 생성.
    - OpenSea 플랫폼에서 NFT로 작품을 등록 및 판매.
    - AI를 활용해 구매자와 소통하며 작품의 가치 설명.
- 결과: 초기 투자 대비 3배 이상의 수익 창출.

사례 2: 요리 강사의 온라인 수업
- 배경: 요리에 열정을 가진 개인이 이를 수익화 하고자 함.
- 실행:
    - ChatGPT로 레시피와 강의 노트를 작성.
    - YouTube에 AI로 편집된 요리 동영상을 업로드해 시청자를 유치.
    - 구독 서비스를 통해 맞춤형 요리 콘텐츠 제공.
- 결과: 안정적인 구독 수익과 온라인 강의 수익 발생.

정리하면, 생성형 AI는 개인의 취미와 특기를 상업화하는 데 있어 강력한 도구로, 콘텐츠 제작, 마케팅, 수익 모델 구축 등 다양한 방식으로 활용할 수 있다. AI를 적절히 활용하면 자신의 열정을 수익 창출 기회로 전환하고, 글로벌 시장에서도 경쟁력을 확보할 수 있다.

AI는 단순히 도구가 아니라, 새로운 비즈니스 모델을 설계하고 실행하는 동반자이다.

AI를 통해 본인의 취미와 특기를 비즈니스로 전환하여 지속 가능한 수익 창출의 길을 열어보세요!

 # 3. 생성형 AI를 활용한 진로 코치하기(초.중.고)

생성형 AI는 교육 분야에서 학생들의 학습 경험을 향상시키고, 교사 및 코치가 더 효율적으로 업무를 수행할 수 있도록 돕는 혁신적인 도구이다. 초·중·고등학교 교사와 코치는 생성형 AI를 활용하여 학생들의 학습 수준에 맞춘 개인화된 지도와 효과적인 수업 운영을 할 수 있다. 아래에서는 생성형 AI를 활용하여 교사와 코치가 교육의 질을 향상시키는 방법과 구체적인 예시를 제시한다.

가) 생성형 AI를 활용한 개인화된 학습 지도

(1) 학생 수준에 맞춘 학습 자료 생성

생성형 AI는 학생 개개인의 학습 스타일과 수준에 맞는 맞춤형 학습 자료를 생성하여 학습 효과를 극대화할 수 있다. 예를 들어, ChatGPT를 활용하면 특정 학년 수준에 맞는 강의 노트, 연습 문제, 퀴즈 등을 쉽게 작성할 수 있다. 또한, 학습 목표에 맞는 요약본이나 학습 가이드를 제공할 수 있으며, AI는 학생 개개인의 학습 진도를 분석해 맞춤형 학습 계획을 설계하는 데 도움을 준다.
- 활용 예시
  - **초등학교 교사**: AI(ChatGPT, MathGPT)로 기초 수학 문제를 생성하고, 학생 수준에 맞춰 난이도를 조정.
  - **중학교 교사**: ChatGPT를 활용해 역사 요약 자료를 작성하고, 학생들에게 제공.
  - **고등학교 교사**: AI가 분석한 모의고사 데이터를 기반으로 학생별 약점 분석 및 개선을 위한 맞춤형 문제 제공(똑스 dokdok.co).

(2) 학습 진도 추적 및 성과 분석

AI는 학생의 학습 데이터를 분석하여 성과를 평가하고, 학습 진도 및 개선 방안을 제시할 수 있습니다. 예를 들어, 학습 관리 시스템(LMS)에서 AI를 사용해 학생들의 과제 제출 상태와 시험 성적을 분석하고, 이를 바탕으로 개인별 학습 패턴을 시각화할 수 있다. AI는 부족한 과목이나 주제를 자동으로 분석하여 학생들에게 필요한 보완 학습 자료를 제공할 수 있다.

- 활용 방법
  - **중학교 과학 교사**: AI가 분석한 실험 보고서 데이터를 활용해 학생별 부족한 과학 개념을 보완.
  - **고등학교 영어 교사**: 학생의 에세이를 AI(ChatGPT, grammarly)로 분석해 문법, 어휘, 문장 구조의 개선점을 제시.

나) 생성형 AI를 활용한 교사 및 코치의 업무 효율화

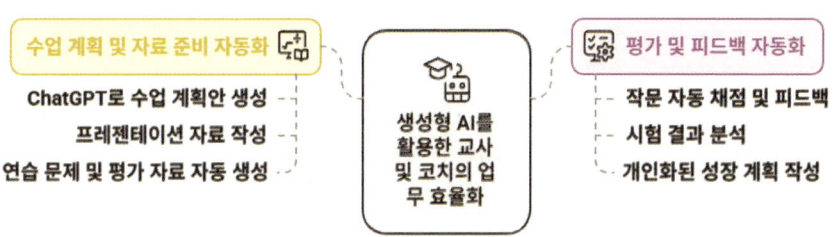

(1) 수업 계획 및 자료 준비 자동화

AI는 반복적인 수업 준비 작업을 자동화하여 교사들이 더 창의적이고 전략적인 역할에 집중할 수 있게 도와준다. 예를 들어, ChatGPT를 활용해 수업 계획안, 활동 시트, 과제 템플릿을 생성할 수 있다. 또한, 특정 주제와 학습 목표에 맞춘 프레젠테이션 자료나 연습 문제를 AI로 자동 생성하여 수업 준비 시간을 절약할 수 있다.

- 활용 예시
  - **초등학교 교사**: AI로 주간 수업 계획을 자동 생성하고, 동화책 관련 활동 자료를 제작.
  - **중.고등학교 수학 교사**: AI(ChatGPT, 똑스 등)가 생성한 시험 문제를 사용해 중간고사와 기말고사 준비 시간을 절약.

(2) 평가 및 피드백 자동화

AI는 학생들의 과제와 시험을 자동으로 평가하고, 구체적이고 개인화된 피드백을 제공할 수 있습니다. 예를 들어, 학생들이 작성한 작문, 보고서, 에세이를 AI로 자동 채점하고, 그에 대한 피드백을 제공한다. 또한, AI 기반의 평가 도구를 활용해 시험 결과를 신속하게 분석하고, 학생별 성과 데이터를 바탕으로 성장 계획 및 조언을 작성할 수 있다.

- 활용 예시
    - **중학교 영어 교사**: ChatGPT를 활용해 학생들의 영어 작문 과제에 문법과 어휘 사용에 대한 피드백 제공.
    - **고등학교 생물 교사**: AI로 분석된 퀴즈 결과를 기반으로 특정 개념(예: 세포 구조) 보강 학습 자료 제공.

다) 생성형 AI를 활용한 학생과의 소통 및 상담

(1) 실시간 질문 응답 및 학습 보조

AI는 학생들이 이해하기 어려운 개념에 대해 실시간으로 답변을 제공하고, 학습을 지원할 수 있다. 예를 들어, AI 기반 학습 보조 도구(ChatGPT, Khan Academy AI 등)를 활용해 학생들의 질문에 답변하거나, 실시간 질문 응답 시스템을 구축하여 수업 중 또는 과외 시간 외에도 지원을 제공할 수 있다. 또한 AI로 복잡한 주제를 더 쉽게 설명하는 보충 자료 작성으로 활용할 수 있다.

- 활용 예시
    - **초등학교 교사**: AI 기반 챗봇을 통해 학생들이 학습 자료를 검색하고 질문에 답변.
    - **고등학교 물리 교사**: AI로 학생들이 어려워하는 운동 법칙을 사례와 함께 설명하는 콘텐츠 제공.

(2) 정서적 지원과 상담

AI는 학생들의 정서적 상태를 파악하고, 필요한 경우 적절한 상담 자료를 제공하는 데 도움을 줄 수 있다. 예를 들어, AI 설문 데이터 분석을 통해 학생들의 스트레스 수준과 학습 만족도를 파악하고, 이를 바탕으로 상담 자료를 제공할 수 있다. 또한, AI는 감정 분석을 통해 학생들에게 적합한 멘탈 케어 프로그램을 설계하는 데 도움을 준다. 학부모와 협력하여 학생의 학습 및 정서 상태에 대한 정보를 공유하고 학생의 정서적 안정을 취하는데 도움을 줄 수 있다.

- 활용 예시
    - **초등학교 교사**: AI 설문 결과를 활용해 학생들이 즐거워하는 수업 활동을 계획.
    - **고등학교 상담 교사**: AI가 분석한 학생 감정 데이터를 기반으로 적합한 멘탈 케어 프로그램 설계.

라) 생성형 AI를 활용한 코치의 지도 전략

(1) 운동 분석 및 퍼포먼스 개선

AI는 운동 데이터를 분석하여 학생 운동선수의 퍼포먼스를 향상시킬 수 있는 구체적인 방법을 제공한다. 예를 들어, AI는 학생 선수의 경기 데이터를 분석하여 약점을 개선하기 위한 훈련 계획을 작성할 수 있다. 또한, 동영상 분석 AI 도구를 활용해 자세 교정 및 기술 개선에 도움을 줄 수 있고 AI로 학생별 체력 데이터를 기반으로 맞춤형 피트니스 계획 설계할 수 있다.

- 활용 예시
    - **중학교 축구 코치**: AI 분석으로 학생의 경기 동작 데이터를 분석하고, 패스 정확도를 높이기 위한 훈련 설계.
    - **고등학교 농구 코치**: AI가 제공한 경기 데이터를 활용해 학생들에게 슛 성공률을 높이는 전략 지도.

(2) 개인 맞춤형 훈련 프로그램 설계

AI는 학생들의 신체 능력과 목표에 맞춘 훈련 프로그램을 설계하는 데 도움을 줄 수 있다. 예를 들어, AI로 체력 테스트 결과를 분석하여 개인별 훈련 강도와 계획을 설정하고, 학생별 경기 데이터를 활용해 포지션별로 최적의 기술 훈련을 제공한다. AI는 부상 방지와 회복을 위한 체계적인 운동 계획도 제시할 수 있다.

- 활용 예시
    - **초등학교 체육 교사**: AI로 각 학생의 운동 능력을 분석하고 체력 증진을 위한 활동 설계.
    - **고등학교 육상 코치**: AI 분석 결과를 바탕으로 단거리와 장거리 주자별 맞춤형 훈련 프로그램 설계.

마) 생성형 AI와 함께 교사 및 코치의 역할 강화

AI는 교사와 코치의 역할을 강화하는 데 중요한 역할을 한다. AI를 활용하면 반복적인 작업을 줄여 교사와 코치는 더 많은 시간을 학생 지도와 창의적인 교육 설계에 투자할 수 있다. 또한, AI는 데이터 기반 교육을 가능하게 하여 학생 성과를 분석하고 더 나은 결과를 도출하는 데 도움을 준다.

① 효율성 극대화: AI를 통해 반복적인 작업을 줄이고, 더 많은 시간을 학생 지도와 창의적인 교육 설계에 투자.

② 학생 참여도 향상: 개인화된 자료와 학습 방법을 제공하여 학생의 흥미와 참여도를 극대화.

③ 데이터 기반 교육: AI가 제공하는 데이터를 기반으로 학생 성과를 분석하고, 더 나은 결과를 도출.

정리하면, 생성형 AI는 초·중·고등학교 교사와 코치가 학생들에게 맞춤형 교육을 제공하고, 학습 및 훈련의 질을 높이는 데 핵심 역할을 한다. AI를 통해 교사와 코치는 학생들의 성취도를 극대화하고, 창의적이고 혁신적인 교육 환경을 조성할 수 있다.

AI는 교사와 코치의 동반자로서, 학생들의 학습과 성장을 돕는 강력한 도구이다. 이를 적극적으로 활용해 더 나은 교육과 지도 경험을 제공하세요.

4. 생성형 AI로 프리랜서 시장에서의 경쟁력 강화 방안

프리랜스 시장에서 생성형 AI는 작업 효율성을 높이고, 더 많은 고객과의 연결을 지원하며, 경쟁력을 강화하는 강력한 도구로 활용될 수 있다. 생성형 AI는 콘텐츠 제작, 프로젝트 관리, 고객 대응, 그리고 새로운 비즈니스 기회 창출에 있어 프리랜서들에게 다양한 방식으로 도움을 줄 수 있다. 아래에서는 생성형 AI를 활용하여 프리랜스 시장에서 성공적으로 활동하는 방법과 구체적인 실행 전략을 예시와 함께 설명하겠다.

가) 생성형 AI를 활용한 작업 효율성 극대화

(1) 작업 자동화

생성형 AI는 반복적인 작업을 자동화하여 시간을 절약하고, 프리랜서들이 고부가가치 작업에 집중할 수 있도록 도와줍니다. 예를 들어, ChatGPT를 활용해 이메일 초안, 제안서, 계약서 등을 자동으로 생성할 수 있다. 또한 DALL-E를 사용해 그래픽 디자인 작업의 초기 아이디어를 생성할 수 있으며, AI 기반 데이터 정리 및 시각화 도구를 활용하여 리서치 및 보고서 작성 업무도 자동화할 수 있다.

- 활용 예시
  - **카피라이터**: ChatGPT로 광고 문구와 소셜 미디어 콘텐츠를 작성한 후, 고객 피드백을 반영해 최종 수정.
  - **디자이너**: DALL-E, Designs.ai, Kittl, Canva를 통해 로고의 초기 시안을 생성하고 이를 기반으로 세부 디자인 작업 진행.
  - **데이터 분석가**: AI 도구(ChatGPT, napkin AI 등)를 사용해 고객 데이터를 정리하고, 시각화된 대시보드를 제작해 고객에게 전달.

(2) 작업 품질 개선

AI는 작업의 품질을 향상시키는 데 중요한 역할을 한다. 프리랜서는 AI의 피드백과 추천을 통해 더 나은 결과물을 제공할 수 있다. 예를 들어, AI는 콘텐츠의 문법과 스타일을 검토하고 개선할 수 있는 도구로 활용되며, 디자인 작업에서 색상 조합이나 레이아웃에 대한 추천을 받을 수 있다. 또한, AI는 데이터를 기반으로 고객의 요구를 분석하고 최적의 솔루션을 제안하는 데에도 유용하다.

- 활용 예시
  - **콘텐츠 작가**: Grammarly와 같은 AI 도구로 문법과 어휘를 점검해 최상의 품질을 제공.
  - **웹 디자이너**: AI(Uizard, Freepik AI, Framer, Pixlr)가 추천하는 사용자 경험(UX) 개선안을 반영해 웹사이트 설계.

나) 생성형 AI를 활용한 고객 유치 및 커뮤니케이션

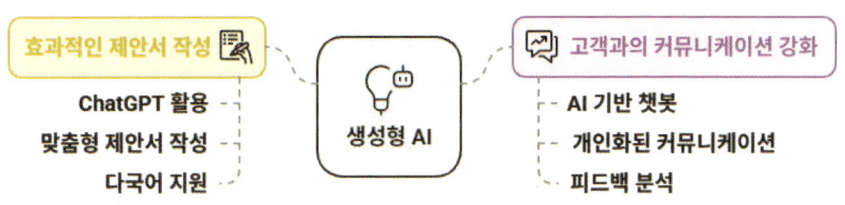

(1) 효과적인 제안서 작성

생성형 AI는 프리랜서가 고객에게 제안서를 작성할 때 효율적이고 매력적인 문구를 작성하는 데 도움을 준다. 예를 들어, ChatGPT를 활용해 프로젝트 요구 사항에 맞춘 제안서 초안을 작성할 수 있으며, 고객의 요구를 분석해 맞춤형 제안서와 포트폴리오를 작성할 수 있다. 또한, AI는 다국어 제안서 작성 및 번역을 지원하여 글로벌 고객과의 계약 체결에 유리한 환경을 제공한다.

- 활용 예시
  - **프리랜서 마케터**: ChatGPT로 프로젝트 요구 사항을 바탕으로 SNS 마케팅 전략 제안서를 작성.
  - **번역 전문가**: AI를 활용해 다국어 제안서를 작성하고, 글로벌 고객과의 계약 체결.

(2) 고객과의 커뮤니케이션 강화

AI는 고객과의 소통을 간소화하고, 효과적인 상호작용을 지원한다. 예를 들어, AI 기반 챗봇을 통해 고객의 기본 문의사항을 자동으로 응답할 수 있으며, AI로 작성한 고객 이메일이나 메시지를 보다 개인화된 방식으로 전달할 수 있다. 또한, 고객 피드백 데이터를 AI로 분석하여 맞춤형 서비스를 제공할 수 있다.

- 활용 예시

- **프리랜서 디자이너**: 고객 문의에 대한 챗봇 초기 응답 후, 필요한 경우 직접 상세 상담 진행.
- **컨설턴트**: 고객의 설문 데이터를 AI로 분석해 주요 요구를 파악하고 해결책 제안.

다) 생성형 AI를 활용한 서비스 확장

(1) 새로운 서비스 개발

AI는 프리랜서가 기존 서비스에 새로운 가치를 추가하거나, 새로운 비즈니스 모델을 개발하도록 돕는다. 예를 들어, AI를 사용해 데이터를 분석하고 인사이트를 제공하는 서비스를 추가하거나, AI를 활용한 자동화된 콘텐츠 제작 서비스를 제공할 수 있다. 또한, 고객 맞춤형 AI 도구를 설계하거나 추천하여 새로운 시장 기회를 창출할 수 있다.

- 활용 예시
  - **소셜 미디어 관리 프리랜서**: AI로 고객 계정의 데이터 분석 보고서를 제공해 추가 서비스 수익 창출.
  - **그래픽 디자이너**: DALL-E, 캔바(Canva), 프레이머(Framer)로 맞춤형 일러스트를 제작해 고객에게 독창적인 디자인 옵션 제공.

(2) 글로벌 시장 진출

AI는 프리랜서가 글로벌 고객과 연결되고, 서비스 범위를 확장하는 데 큰 도움이 된다. 예를 들어, AI 번역 도구(예: DeepL, ChatGPT)를 활용해 다국어 커뮤니케이션을 지원할 수 있으며, 글로벌 프리랜스 플랫폼인 Fiverr(파이버)나 Upwork에서 AI를 활용해 서비스 설명 및 제안서를 작성할 수 있다. AI는 또한 글로벌 소비자 데이터를 분석하여 새로운 시장 기회를 발굴하는 데 도움을 준다.

- 활용 방법
  - **IT 전문가**: Upwork에서 AI로 작성한 맞춤형 서비스 설명을 통해 글로벌 고객 유치.
  - **번역가**: 다국어 번역 서비스를 제공해 아시아와 유럽의 고객층 확보.

라) 생성형 AI를 활용한 네트워크 확장

(1) 고객 및 파트너 연결

AI는 프리랜서가 새로운 고객과 파트너를 발굴하고, 관계를 확장할 수 있도록 지원한다. 예를 들어, AI 기반 추천 시스템을 활용해 잠재 고객이나 협력 파트너를 발굴하거나, 링크드인(LinkedIn)과 같은 플랫폼에서 AI로 최적의 연결 대상을 추천받을 수 있다. 또한, 과거 프로젝트 데이터를 AI로 분석하여 유사한 신규 고객을 타겟팅할 수 있다.

- 활용 예시
  - **프리랜서 개발자**: 링크드인(LinkedIn)에서 AI가 추천한 기술 관련 네트워크 확장.
  - **콘텐츠 제작자**: AI가 추천한 잠재 고객과 협업을 통해 더 큰 프로젝트 진행.

(2) 개인 브랜드 구축

AI는 개인의 전문성을 효과적으로 보여줄 수 있는 콘텐츠 제작과 네트워크 관리를 돕는다. 예를 들어, ChatGPT를 활용해 작성한 전문 블로그 글이나 LinkedIn 게시물을 작성하여 전문성을 강조할 수 있다. 또한, AI로 작성한 뉴스레터를 통해 기존 고객과의 관계를 유지하고, 개인 포트폴리오 웹사이트를 AI로 최적화하여 고객 접근성을 강화할 수 있다.

- 활용 예시
    - **프리랜서 작가**: AI로 작성한 글을 블로그에 게시하여 전문성을 강조하고 잠재 고객 유치.
    - **마케팅 컨설턴트**: AI 기반 이메일 뉴스레터를 통해 기존 고객에게 최신 마케팅 동향 공유.

마) 실행 전략: AI를 활용한 프리랜스 활동 단계

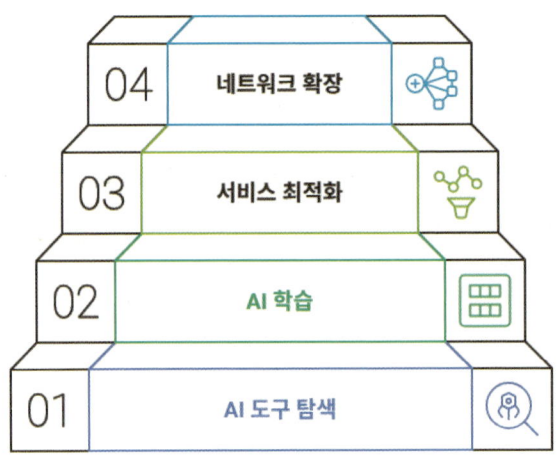

1단계: 적합한 AI 도구 탐색
- 자신의 프리랜스 분야에 적합한 AI 도구를 선택.
    - 콘텐츠 제작: ChatGPT, Jasper AI.

- 그래픽 디자인: DALL-E, Canva, Firamer, Pixlr
- 데이터 분석: Tableau, Power BI.

2단계: AI 도구 학습

- 선택한 AI 도구의 사용법을 익히고, 프로젝트에 적용.
- 온라인 튜토리얼이나 가이드를 참고하여 AI 활용 역량 강화.

3단계: 서비스 최적화

- AI를 활용해 기존 서비스를 개선하고, 작업 시간을 단축.
- 고객 피드백을 반영해 AI를 통한 맞춤형 솔루션 제공.

4단계: 네트워크 확장 및 브랜딩

- AI로 제작한 콘텐츠를 통해 전문성을 강조하고, 고객 네트워크 확장.
- 글로벌 플랫폼에서 AI로 작성한 프로필과 제안서 활용.

정리하면, 생성형 AI는 프리랜서가 생산성을 높이고, 고객과의 소통을 강화하며, 새로운 비즈니스 기회를 창출하는 데 핵심적인 도구로 작용한다. AI를 적극적으로 활용하면 더 많은 고객을 확보하고, 효율적으로 작업하며, 글로벌 시장에서 경쟁력을 확보할 수 있다.

AI는 프리랜서에게 새로운 가능성과 도전을 제공하는 강력한 동반자이다.

이를 통해 **자신의 전문성과 창의성을 극대화하고, 프리랜스 시장에서 성공적인 커리어를 구축하세요!**

5. 생성형 AI로 집에서 효율적이고 창의적인 생활 만들기

생성형 AI는 집에서 다양한 활동을 효율적으로 수행할 수 있도록 지원하며, 학습, 취미 개발, 비즈니스 창출, 창의적 작업 등 다양한 영역에서 활용된다. 아래에서는 생성형 AI를 집에서 활용해 개인적 성장과 생산성을 극대화하는 구체적인 방법과 예시를 설명하겠다.

가) 학습 및 자기계발

기술 학습
AI는 개인화된 학습 자료와 계획을 제공하여 새로운 기술 습득을 지원합니다.

독서와 요약
AI는 정보를 요약하고 정리하여 독서와 학습의 효율성을 높입니다.

(1) 새로운 기술 학습

AI는 개인의 학습 수준과 목표에 맞춘 학습 자료와 계획을 제공하며, 새로운 기술을 배우는 데 큰 도움을 준다. 예를 들어, ChatGPT를 통해 프로그래밍, 데이터 분석, 그래픽 디자인 등 다양한 기술을 학습할 수 있다. 또한, Coursera,

Udemy와 같은 플랫폼에서 AI가 추천하는 강의를 수강하면서 학습을 더욱 심화시킬 수 있다. 학습 중 생기는 질문에 대해 AI로 실시간으로 답변을 받을 수 있어, 보다 효과적인 학습이 가능하다.

- 활용 예시
  - **코딩 배우기**: ChatGPT로 Python, JavaScript와 같은 프로그래밍 언어를 배우고 간단한 프로젝트 실행.
  - **외국어 학습**: AI 기반 번역 및 대화 도구를 사용해 영어, 스페인어 등 새로운 언어를 연습.

(2) 독서와 요약 학습

생성형 AI는 방대한 정보를 요약하고 정리해 독서와 학습의 효율성을 높이는 데 도움을 준다. 책이나 논문을 읽는 대신, **ChatGPT**에게 요약을 요청하거나, 복잡한 주제에 대한 간단한 설명을 얻을 수 있다. 또한, AI가 추천하는 도서를 통해 체계적인 독서 계획을 수립할 수 있다.

- 활용 예시
  - **경제학 공부**: ChatGPT를 통해 경제 이론에 대한 개념을 이해하고, 사례 중심으로 학습.
  - **자기계발서 읽기**: AI로 주요 챕터 요약을 받고, 핵심 내용을 빠르게 습득.

나) 취미 개발과 창의적 활동

(1) 콘텐츠 제작

AI는 창의적인 아이디어를 제공하고 콘텐츠 제작 과정을 돕는 중요한 도구이다. 예를 들어, **ChatGPT**를 사용하여 블로그 글, 전자책, 기사 등의 텍스트 콘텐츠 초안을 생성할 수 있고, **DALL-E**를 활용해 창의적인 일러스트나 그래픽을 제작할 수 있다. 또한, 유튜브 스크립트를 작성하거나 동영상 편집 아이디어를 제공받을 수 있다.

- 활용 예시
    - **요리 블로그 운영**: ChatGPT로 요리 레시피와 관련 이야기를 작성해 블로그 콘텐츠 제작.
    - **디지털 아트**: DALL-E, Canva, Designs.ai, Pixlr 등을 사용해 독특한 디지털 일러스트 제작 후, Etsy와 같은 플랫폼에서 판매.

(2) 창작 활동

AI는 개인의 창작 활동을 돕고 새로운 취미를 시작하도록 지원한다. 예를 들어, **ChatGPT**를 활용하여 시, 소설, 노래 가사 등을 작성하고, 공예 아이디어나 DIY 프로젝트를 AI에 요청해 실행할 수 있다. AI는 새로운 취미(예: 사진, 그림 등)를 시작하는 데도 도움을 줄 수 있다.

- 활용 예시
    - **글쓰기**: ChatGPT의 도움으로 소설 초안을 작성하고, 이를 기반으로 창작 작업 수행.
    - **핸드메이드 공예**: AI가 추천한 DIY 아이디어를 활용해 새로운 공예품 제작.

다) 건강 관리와 피트니스

(1) 맞춤형 운동 계획 수립

AI는 개인의 건강 상태와 목표에 맞춘 운동 계획을 제공할 수 있다. 예를 들어, **ChatGPT**를 사용해 체중 감량, 근육 강화 등의 목표에 맞는 운동 루틴을 작성하거나, **AI 기반 피트니스 앱**(예: MyFitnessPal)을 통해 식단과 운동 기록을 관리할 수 있다. AI는 스트레칭과 요가 동영상을 추천하며, 이를 따라 할 수 있도록 지원한다.

- 활용 예시
  - **홈 트레이닝 루틴**: ChatGPT로 작성된 초보자용 근력 운동 루틴 실행.
  - **요가와 명상**: AI가 추천하는 유튜브 요가 강의를 활용해 매일 30분씩 연습.

(2) 식단 관리 및 레시피 추천

AI는 건강한 식단을 설계하고, 집에서도 쉽게 따라 할 수 있는 요리법을 추천한다. 예를 들어, ChatGPT를 통해 냉장고에 있는 재료를 기반으로 요리법을 요청하거나, AI가 제안하는 주간 식단 계획을 수립할 수 있다. AI는 개인의 식단 목표(예: 저칼로리, 고단백 등)에 맞춘 요리법을 설계하여 제공할 수 있고 AI가 제안하는 주간 식단 계획 작성 등이 가능하다.

- 활용 예시
  - **주말 브런치 준비**: 냉장고에 있는 재료를 기반으로 ChatGPT로 레시피 요청.

- **다이어트 식단 설계**: AI가 설계한 저칼로리 메뉴로 체중 관리 시작.

라) 비즈니스 아이디어 개발 및 실행

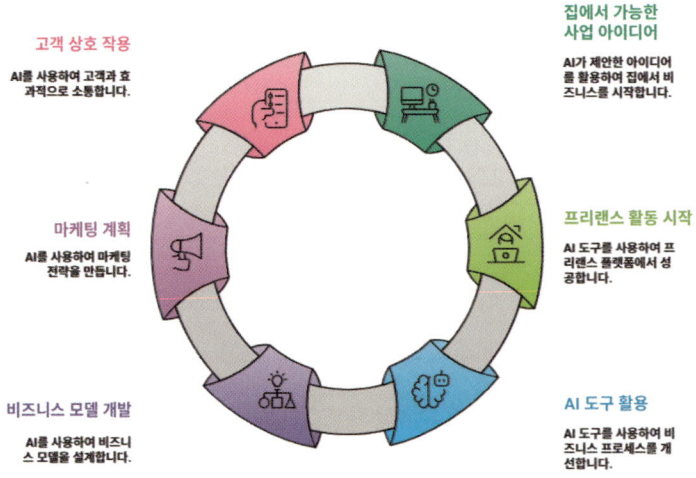

(1) 집에서 가능한 사업 아이디어 발굴

AI는 집에서 가능한 비즈니스 아이디어를 제안하고, 초기 실행 계획을 설계할 수 있도록 돕는다. 예를 들어, ChatGPT에 새로운 사업 아이디어를 생성해 달라고 요청하고, 비즈니스 모델, 마케팅 계획, 비용 추정 등을 AI를 통해 작성할 수 있다. AI는 상품 설명이나 광고 문구 작성도 도와준다.

- 활용 예시
    - **핸드메이드 제품 판매**: AI가 제안한 공예 아이디어를 제작하고, Etsy에 판매.
    - **온라인 강의 플랫폼 운영**: ChatGPT로 강의 콘텐츠를 작성하고, 아래의 온라인 학습 플랫폼에서 강의 개설

(2) 프리랜스 활동 시작

생성형 AI는 프리랜스 플랫폼에서 성공적인 활동을 할 수 있도록 지원한다. 예를 들어, **AI로 작성된 제안서와 포트폴리오**를 통해 고객을 유치하고, **글로벌 고객과의 소통을 위해 AI 번역 도구**를 활용할 수 있다. 또한, 작업 효율성을 높이기

- 한국인공지능인재개발원 - https://korai.kr/
- 패스트캠퍼스 - http://www.fastcampus.co.kr
- 코세라 - http://www.coursera.org/
- 유데미 - http://www.udemy.com

위해 AI 도구를 사용하는 방법도 제시해준다.

- 활용 예시
  - **그래픽 디자이너**: DALL-E로 생성한 시안을 고객과 공유하고, 수정 작업 진행.
  - **콘텐츠 작가**: ChatGPT로 작성한 블로그 초안을 고객에게 제공하고 피드백 반영.

마) 가족 및 개인 생활에서의 활용

(1) 자녀 학습 지원

AI는 자녀의 학업을 돕는 강력한 도구로 활용될 수 있다. 예를 들어, **ChatGPT**를 통해 수학, 과학, 역사 등의 과목별 학습 자료를 생성하고, 숙제나 리포트 작성에 필요한 도움을 제공한다. 또한, 퀴즈와 테스트 문제를 AI로 제작하여 자녀와 함께 학습할 수 있다.

- 활용 예시
  - **초등학생 학습 지원**: ChatGPT로 간단한 과학 실험 자료를 생성해 자녀와 함께 실험 진행.

- **중학생 영어 과제**: 자녀의 영어 작문 과제를 AI(ChatGPT, grammarly 등)로 점검하고 개선.

(2) 집안일 및 생활 관리

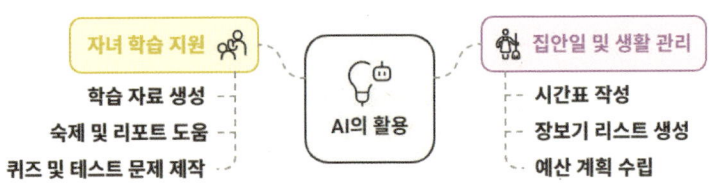

AI는 가사와 생활 관리를 효율적으로 지원한다. 예를 들어, **AI를 통해 정리와 청소를 위한 시간표를 작성**하거나, **주간 장보기 리스트를 생성**할 수 있다. 또한, **가정용 예산 계획**을 수립하여 재정 관리에도 도움을 줄 수 있다.

- 활용 예시
    - **장보기 리스트 작성**: AI가 주간 식단에 필요한 재료를 리스트로 생성.
    - **집안 정리 계획**: AI로 작성한 시간표를 따라 가족과 함께 집 정리 진행.

정리하면, 생성형 AI는 집에서 할 수 있는 활동의 범위를 크게 확장하며, 학습, 창의적 작업, 건강 관리, 비즈니스 개발 등 다양한 영역에서 도움을 제공한다. AI를 활용하면 집에서도 효율성을 높이고, 더 많은 가능성을 실현할 수 있다.

AI는 집에서도 개인의 성장을 위한 강력한 도구이다.

이를 통해 일상 생활을 더 풍요롭고 생산적으로 만들어보세요!

6. 생성형 AI를 활용한 기업 컨설팅 및 자문 업무 수행

생성형 AI는 기업 컨설팅 및 자문 업무에서 효율성을 극대화하고, 고객에게 더 깊이 있는 인사이트와 솔루션을 제공하는 데 핵심적인 도구로 사용될 수 있다. 기업 컨설턴트와 자문가는 기업의 문제를 분석하고, 개선 방안을 제안하며, 전략적 의사결정을 지원하는 중요한 역할을 수행한다.

생성형 AI는 데이터 분석, 전략 수립, 보고서 작성, 고객 커뮤니케이션 등 다양한 영역에서 활용될 수 있다. 아래에서는 생성형 AI를 활용한 기업 컨설팅 및 자문 업무의 구체적인 활용 방법과 실행 예시를 설명하겠다.

가) 생성형 AI를 활용한 기업 컨설팅 역할

(1) 데이터 분석과 문제 진단

　기업 컨설팅의 첫 번째 단계는 조직의 데이터를 분석하고 문제를 진단하는 것이다. 생성형 AI는 방대한 데이터를 빠르게 분석하고, 핵심 문제를 도출하는 데 도움을 준다. AI 기반의 데이터 분석 도구(Tableau, Power BI, Python) 등을 사용하여 실적 데이터를 분석하고, 고객 피드백 및 시장 트렌드 데이터를 통해 문제의 원인을 파악할 수 있다. 또한, ChatGPT를 활용해 분석 결과를 요약하고 프레젠테이션 자료를 생성할 수 있다.

- 활용 예시
    - **소매업체 컨설팅**: 생성형 AI를 통해 판매 데이터와 고객 리뷰를 분석하여 특정 제품군의 판매 부진 원인을 파악하고, 고객 선호도 변화에 맞춘 재고 관리 전략 제안.
    - **제조업체 컨설팅**: AI로 생산 공정 데이터를 분석해 병목 현상을 도출하고, 효율성을 높이기 위한 개선안 제공.

(2) 전략 수립과 실행 계획 설계

　AI는 기업의 상황에 맞는 맞춤형 전략을 설계하고 실행 계획을 구체화하는 데 중요한 역할을 한다. 예를 들어, ChatGPT를 활용해 **SWOT 분석, PESTLE 분석** 등 전략적 도구를 기반으로 보고서를 작성하고, 경쟁사 데이터를 분석하여 시장 내 기업의 위치를 평가할 수 있다. AI는 또한 실행 계획의 세부 단계와 시간표를 자동으로 생성하여, 전략을 체계적으로 실현할 수 있도록 돕는다.

- 활용 예시
    - **스타트업 컨설팅**: AI를 활용해 투자 유치 전략과 성장 계획을 설계하고, 실행 로드맵 작성.
    - **IT 기업 컨설팅**: AI가 제안한 디지털 전환 전략을 바탕으로 조직 구조 변경과 기술 도입 실행 계획 설계.

(3) 맞춤형 보고서 및 제안서 작성

생성형 AI는 고객의 요구와 문제를 반영한 전문적이고 맞춤형 보고서를 작성하는 데 도움을 준다. ChatGPT를 활용하여 시장 조사 보고서와 전략 제안서 초안을 작성하고, AI를 사용해 복잡한 데이터를 시각화하여 고객이 쉽게 이해할 수 있도록 도와준다. AI를 활용해 다양한 버전의 문서를 작성하여 고객 맞춤형 제안을 제공할 수 있다.

- 활용 예시
  - **글로벌 진출 컨설팅**: AI를 활용해 해외 시장 분석 보고서를 작성하고, 지역별 전략과 실행 계획을 제안.
  - **재무 컨설팅**: AI가 분석한 재무 데이터를 바탕으로 투자 제안서 및 비용 절감 전략 보고서를 작성.

나) 생성형 AI를 활용한 기업 자문 역할

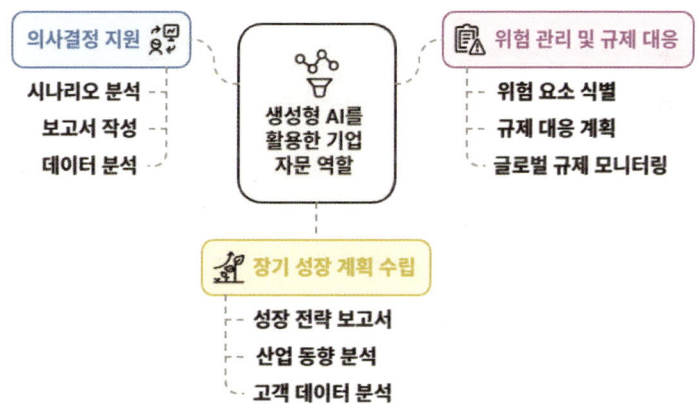

(1) 의사결정 지원

기업 자문가는 경영진의 의사결정을 돕기 위해 분석과 평가를 제공하며, AI는 이를 효과적으로 지원한다. AI로 다양한 의사결정 시나리오를 분석하고, 예상 결과를 시뮬레이션하는 데 도움을 줄 수 있다. 또한, **ChatGPT**를 사용해 의사결정의 장단점을 정리한 보고서를 작성하고, 실시간 데이터 분석을 통해 최신 시장 동향을 반영하여 경영진의 결정을 지원한다.

- 활용 예시
    - **경영진 자문**: AI를 통해 새로운 제품 출시의 수익성을 분석하고, 예상되는 시장 반응과 비용 구조를 경영진에게 보고.
    - **재무 자문**: AI로 M&A(인수합병) 시뮬레이션을 실행해 최적의 투자 방안 제안.

(2) 위험 관리 및 규제 대응

AI는 기업이 직면할 수 있는 위험 요소를 분석하고, 규제에 적합한 대응 전략을 수립하는 데 도움을 준다. AI로 법률 및 규제 데이터를 분석하여 위험 요소를 식별하고, ChatGPT를 활용해 규제 대응 계획 초안을 작성할 수 있다. 또한, AI는 글로벌 규제 트렌드를 모니터링하여 기업의 적응 전략을 설계하는 데 도움을 준다.

- 활용 예시
    - **금융 자문**: AI로 규제 변화가 기업의 대출 구조에 미치는 영향을 분석하고, 대응 방안 제안.
    - **제조업 자문**: AI가 분석한 공급망 데이터를 활용해 ESG(환경, 사회, 지배구조) 규제에 부합하는 조달 전략 설계.

(3) 장기 성장 계획 수립

AI는 기업이 장기적인 성장 목표를 달성할 수 있도록 데이터를 기반으로 한 실행 가능한 계획을 제안한다. ChatGPT를 사용해 장기 성장 전략 보고서를 작성하고, 산업별 성장 동향과 주요 기술 혁신을 분석하여 방향성을 제시할 수 있다. 고객 데이터를 분석하여 고객 중심의 성장 전략을 설계할 수 있다.

- 활용 예시
  - **소프트웨어 기업 자문**: AI가 분석한 기술 동향과 고객 요구를 바탕으로 신규 소프트웨어 개발 전략 제안.
  - **소매업체 자문**: AI로 소비자 행동 데이터를 분석해 5년간의 매출 성장 목표와 달성 방안 설계.

다) 생성형 AI를 활용한 구체적인 실행 예시

사례 1: 글로벌 시장 진출 컨설팅

- 배경: 중소기업이 새로운 해외 시장으로 확장하고자 함.
- 실행:
    - ChatGPT를 활용해 각국의 시장 진입 전략 보고서 작성.
    - AI가 제공한 소비자 데이터를 바탕으로 맞춤형 마케팅 전략 설계.
    - 경쟁사 데이터를 분석해 가격 책정 및 브랜딩 전략 제안.
- 결과: 초기 6개월 내에 새로운 해외 시장에서 15% 매출 성장 달성.

사례 2: 비용 절감 전략 자문

- 배경: 제조업체가 운영 비용을 줄이고 수익성을 높이고자 함.
- 실행:
- AI로 생산 공정 데이터를 분석해 비효율적인 단계 식별.
- ChatGPT로 비용 절감 방안을 포함한 보고서 작성.
- 공급망 데이터를 분석해 최적화된 조달 전략 제안.
- 결과: 연간 운영 비용 20% 절감.

라) 생성형 AI를 활용한 컨설턴트 및 자문의 장점

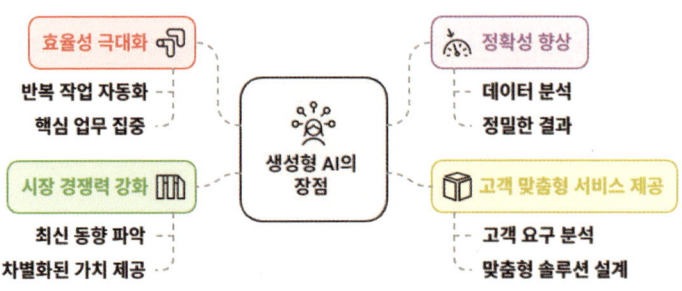

① 효율성 극대화: AI가 반복적인 작업(보고서 작성, 데이터 분석 등)을 자동화하여 컨설턴트가 핵심 업무에 집중 가능.
② 정확성 향상: AI는 방대한 데이터를 분석하여 인간의 실수를 줄이고, 보다 정밀한 결과를 제공.
③ 고객 맞춤형 서비스 제공: AI를 통해 고객의 요구에 최적화된 맞춤형 솔루션 설계.
④ 시장 경쟁력 강화: AI를 활용해 최신 동향을 빠르게 파악하고, 고객에게 차별화된 가치를 제공.

정리하면, 생성형 AI는 기업 컨설팅 및 자문 업무에서 전략적 의사결정 지원, 데이터 기반 인사이트 제공, 효율적인 커뮤니케이션 도구로 활용될 수 있다. 이를 통해 컨설턴트와 자문가는 고객에게 더 나은 솔루션을 제공하고, 업계에서 경쟁력을 강화할 수 있다.

AI는 단순한 도구를 넘어, 기업 컨설팅과 자문 업무의 핵심 파트너가 될 것이다. 이를 통해 **더 많은 기업이 혁신을 달성하고, 지속 가능한 성장을 이루는 데 기여할 수 있다.**

7. AI를 통한 새로운 수익 창출 기회(AI활용 내자산 내가 불리기)

가) 셀프 자산운용 시스템 "GPT Craft" 개요

　개인 투자자들은 자신만의 자산을 불리며 재정적 목표를 달성하기 위해 다양한 방법을 모색한다. 특히 복잡한 금융 시장 환경 속에서 안정성과 지속 가능한 수익을 추구하는 것은 필수적이다. 그러나 전통적인 자산운용 방식은 감정적인 판단, 경험 부족, 정보의 과부하로 등으로 인해 실패할 가능성이 높다.

　이러한 문제를 해결할 수 있는 새로운 기회를 제공하는 것이 Open AI에서 개발한 GPT(Generative Pre-trained Transformer)를 활용하여 개인 투자자들에게 이러한 문제를 해결할 수 있는 새로운 기회를 제공한다. GPT는 인간의 자연어를 이해하고 생성할 수 있도록 설계된 딥러닝 기반 모델로, 개인 투자자들에게 자산운용의 어려움을 극복할 수 있는 실용적인 도구가 되어준다.

　GPT Craft 시스템은 이제 전문가의 전유물이 아닌, 누구나 활용할 수 있는 도구로 자리잡았으며, 예비 은퇴자들에게도 퇴직 후 인생 2막을 준비하며 안정적 수익을 찾고 새로운 가능성을 탐색하는 데 유용한 방법을 제시한다. AI와 GPT 기술을 활용한 셀프 자산운용은 단순히 자산 증식뿐만 아니라, 신지식과 신기술 기반의 창업 효과까지 제공한다. 이 장에서는 최신 AI와 GPT 기술을 활용한 셀프 자산운용 시스템 "GPT Craft"를 중심으로, 안정적이고 건강한 자산운용 전략을 소개한다.

나) 자산 관리의 어려움

자산 관리(Asset Management)는 기업, 기관, 개인이 보유한 자산을 효율적으로 운영하고 유지하는 과정이다. 하지만 여러 내부적, 외부적 요인으로 인해 자산 관리가 어려워질 수 있다. 이를 내부 요인과 외부 요인으로 나누어 살펴보면 다음과 같다.

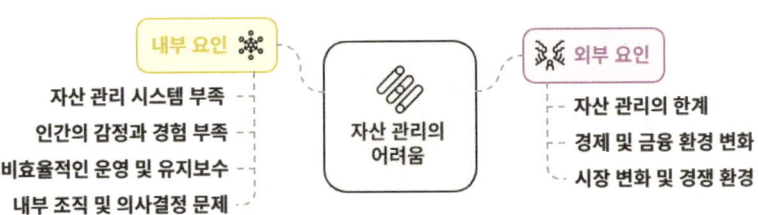

(1) 내부 요인 (Internal Factors)

내부 요인은 기업이나 개인이 직접 통제할 수 있는 요인으로, 조직 내부의 문제로 인해 자산 관리가 복잡해지는 경우를 의미한다.

① 자산 관리 시스템 및 프로세스 부족
- 자산을 체계적으로 관리할 수 있는 **전산 시스템(ERP, CMMS 등) 부족**
- 데이터 관리의 비효율성으로 인해 **정확한 자산 파악이 어려움**
- 자산 사용 내역과 상태를 추적하는 **효율적인 모니터링 시스템 부재**

② 인간의 감정과 경험 부족
- **감정적 결정**: 시장 변동성에 따라 두려움과 탐욕이 결정에 영향을 미침
- **경험 부족**: 체계적인 시장 분석과 리스크 관리 기술의 부재가 실패를 유발함
- **리스크 관리 실패**: 적절한 손실 방지 전략이 없다면 큰 손실을 피할 수 없음

③ 비효율적인 운영 및 유지보수
- 자산의 수명 주기에 대한 **정확한 분석 및 유지보수 계획 부족**
- 유지보수를 위한 **전문 인력 부족 및 기술력 부족**
- 기존 자산을 **최적의 상태로 운영하는 전략 부족**

④ 내부 조직 및 의사결정 문제
- 자산 관리에 대한 **책임과 권한의 불분명**
- 부서 간 협업 부족으로 인해 **자산 활용 및 최적화 어려움**
- **비효율적인 의사결정** 구조로 인해 신속한 대응이 어려움

(2) 외부 요인 (External Factors)

외부 요인은 기업이나 개인이 직접 통제할 수 없는 요인으로, 시장 변화나 환경적 요인 등 외부 환경으로 인해 자산 관리가 복잡해지는 경우를 의미한다.

① 자산 관리가 한계
- **기계 트레이딩의 지배력 증가** 오늘날 전 세계 트레이딩의 80% 이상이 기계에 의해 수행됨. 데이터 기반의 빠르고 정확한 매매 전략은 인간 투자자가 경쟁하기에는 한계가 있음
- **정보의 홍수** 속에서 거짓 정보가 혼재하여 정확한 판단이 어려워졌음

② 경제 및 금융 환경 변화
- **금리 상승**으로 인해 자산 운용 비용 증가
- **환율 변동**으로 인한 해외 자산 가치 변화
- **인플레이션**으로 인해 자산 가치 하락 가능성
- 경기 침체 시 **자산의 유동성 부족 및 현금 흐름 악화**

③ 시장 변화 및 경쟁 환경
- **산업 트렌드 변화**로 인해 기존 자산의 가치가 하락할 가능성
- **기술 혁신**으로 인해 기존 자산의 필요성이 줄어들거나 경쟁력이 낮아짐
- 자산 활용에 대한 **법적 규제 변화**로 인해 운영 방식 변경 필요

(3) 해결 방안 및 전략적 대응

자산 관리의 어려움을 극복하기 위해서는 내부 시스템 정비와 외부 환경 변화에 대한 유연한 대응이 필요하다.

다) AI와 GPT를 활용 소프트웨어 "GPT Craft"로 문제 해결

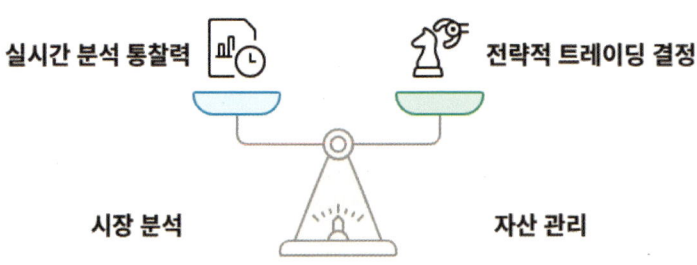

AI 기반 투자 전략 최적화

"GPT Craft" 시스템은 AI와 GPT 기술을 통해 개인 투자자들이 직면한 주요 문제를 해결한다.

(1) AI와 GPT 활용 분석 및 추천

GPT는 인공지능 기반의 강력한 언어 모델로, 텍스트 생성, 번역, 요약, 코드 작성 등 다양한 자연어 처리(NLP) 작업을 수행할 수 있다.

- GPT와 기계 학습을 통해 대량의 텍스트 데이터를 분석하고, 이를 바탕으로 최신 시장에 대한 실시간 분석 정보 제공
- 금융 뉴스, 시장 심리, 경제 지수, 기술지표 등 종합적인 분석결과를 기반으로 트레이딩 결정
- 시장의 감정, 트렌드 변화, 훈련된 AI 데이터 모델을 기반으로 자산의 가격 변동을 분석하고 매매 시그널을 생성

- 실시간으로 시장 방향(Buy, Sell, Neutral)을 제안하는 트렌드 추천 기능을 통해 투자자의 자산운용을 도움

(2) AI와 GPT 기반 셀프 자산운용으로 수익 실현

미국 주식 ETF 중 안정적인 특정 자산운용 종목에 대해 Long(Buy)과 Short(Sell)을 활용한 양방향 트레이딩을 지원함으로써 주가가 올라가도, 내려가도 수익 실현을 가능하게 한다.

인간이 하기 힘든 리스크 관리와 자금배분을 시스템에 탑재하여 안정적이고 지속적인 트레이딩을 지원한다.

라) "GPT Craft" 시스템의 핵심 기술

"GPT Craft"는 강화학습과 GPT 기술을 결합하여 강력한 금융 어드바이저 역할을 수행한다.

① GPT 추론 능력 강화
  - 실시간 데이터 패턴 인식 및 추론 기능으로 시장의 트렌드를 정확히 파악함
② 리스크 관리 기술
  - 복수의 에이전트(Agent)를 활용하여 분산 진입과 분산 청산 전략으로 손실 위험을 최소화함.
③ Client-Server 분산 기술
  - 서버 측: 24시간 실시간 데이터 모니터링, GPT 추론, 시그널 생성 담당
  - 클라이언트 측: 실제 매매 실행, 리스크 관리 수행

마) 안정적인 셀프 자산운용을 위한 GPT Craft의 주요 기능

"GPT Craft"는 개인투자자들의 새로운 금융 여정을 돕기 위해 다음과 같은 기능을 제공한다.
① 정확한 실시간 분석
- 투자 종목별 실시간 데이터 분석을 통해 수익 기회를 극대화함
② 리스크 관리 최적화
- 자산운용 실패의 주요 원인을 사전에 차단함
③ 체계적인 자금 배분
- 분산 투자를 통해 손실 위험을 최소화하고 지속 가능한 수익을 실현함
④ 다양한 ETF 포트폴리오 제공
- 미국 주식 ETF, 월배당 ETF, 2배 레버리지 ETF 등 다양한 투자 옵션으로 선택의 폭을 넓힘

바) 교육과 시스템 체험의 혜택

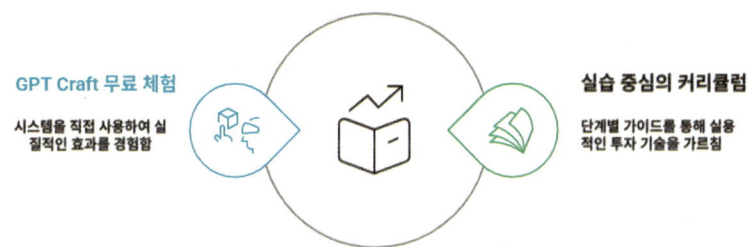

"AI와 GPT 기술융합 셀프 자산운용 교육" 과정은 초보 투자자도 쉽게 따라 할 수 있도록 설계되었다.

① 실습 중심의 커리큘럼
- 계좌 개설부터 자산운용 세팅까지 단계별 가이드를 제공함
- 안정적인 수익 창출과 리스크 관리 전략을 실습함

② "GPT Craft" 무료 체험 제공
- 교육 기간 2개월 동안 "GPT Craft" 시스템을 직접 체험하며 실질적인 효과를 경험할 수 있음

[그림 1] AI와 GPT 금융 어드바이저 "GPT Craft" 실행 화면

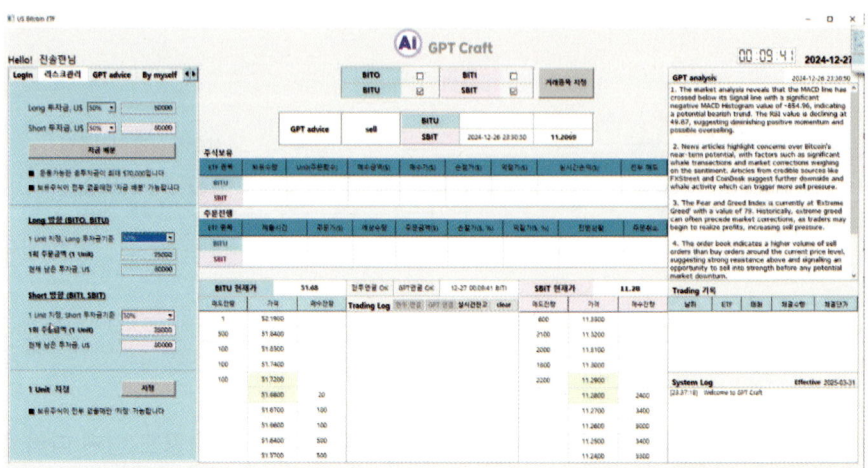

홈페이지 : www.aionfintech.com

정리하면, 개인투자자들은 이제 단순한 재정적 준비를 넘어, AI와 GPT 기술을 활용한 자산운용으로 안정적이고 지속 가능한 미래를 설계할 수 있다. "GPT Craft" 시스템은 복잡한 금융 계산과 감정적 결정을 대신하며, 당신의 새로운 시작을 위한 가장 강력한 동반자가 될 것으로 예상된다.

체계적인 교육과 "GPT Craft" 셀프 자산운용 체험을 통해 오늘부터 AI와 GPT 기술로 금융 혁신의 주인공이 되세요!

8. 생성형 AI를 활용한 맞춤형 글쓰기 절차와 방법

가) 글쓰기 유형에 따른 글쓰기 절차와 방법

일반적으로 책을 쓸 때는 [그림1]과 같이 글 쓰기 유형 선택, 책의 주제 선정 및 목차 구성, 원고 초안 작성, 원고 수정 및 교정, 최종 검토 및 출판 준비 및 출판사 선정의 5가지 주요 단계로 나눌 수 있다. 이러한 단계에 생성형 AI를 활용해서 글을 쓰면 쉽게 책을 쓸 수 있다.

[그림1] 책 쓰기 5가지 단계

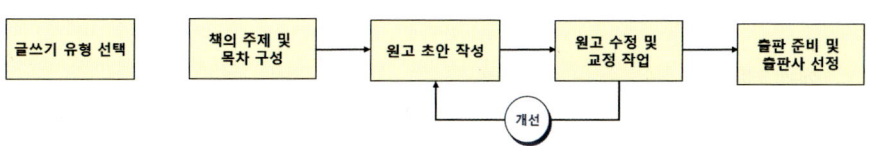

생성형 AI는 글쓰기 과정에서 아이디어 생성부터 초안 작성, 편집 및 다듬기, 피드백 반영까지 다양한 방식으로 활용될 수 있다. 아래 [그림2]와 같이 글쓰기 유형에 따라 AI의 활용법도 다르며, 각각의 특징을 고려한 맞춤형 접근이 필요하다. 아래에서는 **소설, 자서전, 에세이, 전문서적, 영화 대본, 잡지, 단행본, 시, 칼럼, 블로그**를 작성하는 데 있어 생성형 AI를 효과적으로 활용하는 절차와 방법을 구체적으로 설명하겠다.

[그림2] 글쓰기 유형

나) 소설 쓰기: 창의적 스토리텔링과 캐릭터 구축

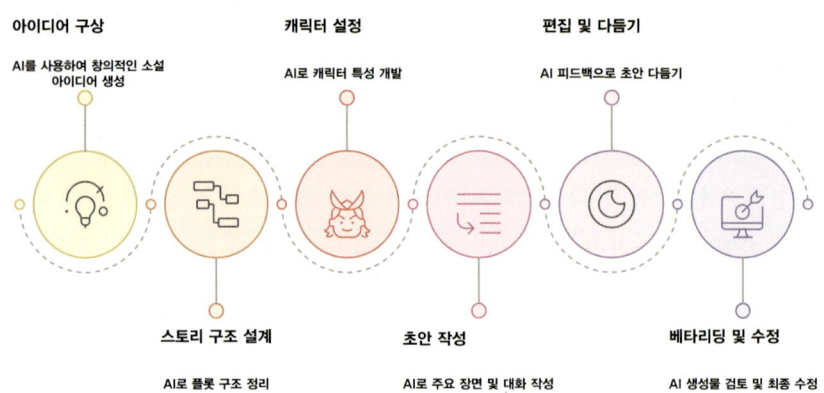

(1) 글쓰기 절차

① 아이디어 구상 – AI에게 소설 주제나 장르를 입력하고, 창의적인 아이디어를 추천받음.

② 스토리 구조 설계 – 3막 구조, 기승전결 등 플롯을 AI를 통해 플롯을 구조적으로 설계.
③ 캐릭터 설정 – AI를 이용해 캐릭터의 성격, 배경, 대화 스타일과 성격을 구체적으로 설계.
④ 초안 작성 – AI로 주요 장면, 대화, 설정 등을 초안으로 생성.
⑤ 편집 및 다듬기 – AI의 피드백을 받아 문장 다듬기 및 서사 흐름 조정.
⑥ 베타리딩 및 수정 – AI가 생성한 내용을 검토하고 감성적 요소를 추가하여 최종 수정.

● 참고: **플롯이란?** 플롯은 주로 이야기나 시나리오에서 이야기의 흐름을 구성하는 작업을 말한다. 이야기가 어떻게 전개될지, 어떤 사건들이 일어날지, 등장인물들이 어떤 갈등을 겪고 어떻게 해결하는지를 계획하는 과정이다. 플롯은 기본적으로 이야기의 구조를 잡아주는 중요한 요소로, 독자나 관객이 몰입할 수 있게 만드는 역할을 한다.

플롯 생성에서 중요한 점은 다음과 같습니다:

- 기승전결: 이야기의 시작, 중간, 결말을 어떻게 연결할지 설정하는 것.
- 갈등과 해결: 주인공이나 등장인물이 직면하는 문제나 갈등을 어떻게 풀어나갈지 계획하는 것.
- 캐릭터 발전: 등장인물이 어떻게 변화하거나 성장하는지, 그들의 목표나 동기를 어떻게 설정할지 고민하는 것.

플롯 생성은 스토리텔링에서 중요한 부분으로, 창작 활동을 할 때 이야기의 전개를 짜는 데 필수적이다.

(2) AI 활용 방법
- **플롯 생성**: ChatGPT에 "스릴러 소설의 플롯 아이디어 3가지"를 요청.
- **캐릭터 개발**: AI에게 "20대 여성 주인공이 겪을 수 있는 심리적 변화"에 대한 정보를 제공받음.

- **대사 작성**: "두 명의 형사가 범인을 심문하는 장면을 대화체로 작성해줘."
- **배경 설정**: AI로 특정 시대적 배경(예: 19세기 런던)을 조사하여 소설의 사실성을 높임.

다) 자서전 쓰기: 인생 스토리 정리와 감동적인 서술

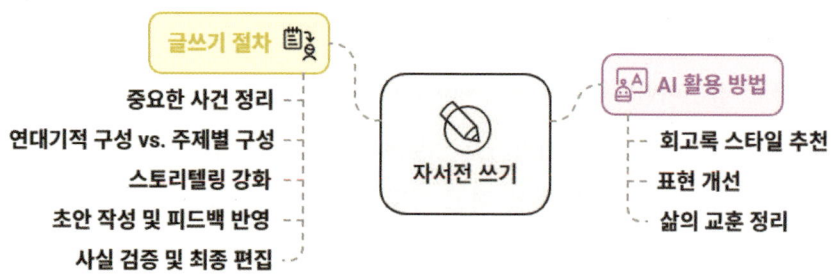

(1) 글쓰기 절차

① 중요한 사건 정리 – AI에게 "자서전에 포함할 주요 인생 사건 정리 방법"을 요청.

② 연대기적 구성을 선택할지, 주제별 구성을 선택할지 결정 – AI가 추천하는 다양한 서술 구조 중 선택.

③ 스토리텔링 강화 – AI를 활용해 감동적이거나 드라마틱한 표현을 추가.

④ 초안 작성 및 피드백 반영 – AI가 작성한 초안을 바탕으로 감성을 추가하여 다듬기.

⑤ 사실 검증 및 최종 편집 – AI를 활용하여 과거 사건을 조사하고 교차 검증.

(2) AI 활용 방법

- **회고록 스타일 추천**: "자서전을 쓰려는데 감동적인 회고록 스타일 예시를 보여줘."

- 표현 개선: "이 문장을 더 감동적으로 만들어줘."
- 삶의 교훈 정리: "인생 경험에서 얻은 교훈을 효과적으로 전달하는 방법은?"

라) 에세이 쓰기: 감성적이고 철학적인 글쓰기

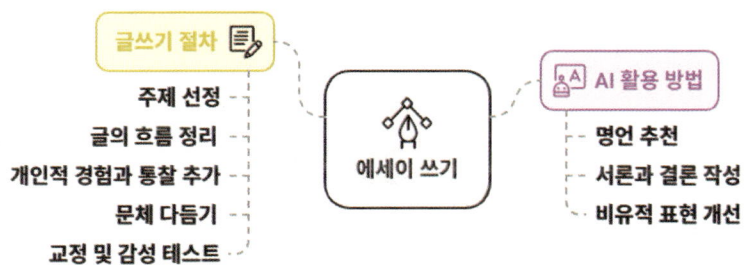

(1) 글쓰기 절차
① 주제 선정 – AI에게 "인기 있는 에세이 주제 추천"을 요청.
② 글의 흐름을 정리 – AI를 활용해 논리적인 글의 구조를 설계.
③ 개인적 경험과 통찰 추가 – AI가 생성한 기본 틀에 실제 경험과 감정을 더함.
④ 문체 다듬기 – AI로 어휘와 문장을 정리하여 부드럽고 감성적인 표현으로 수정.
⑤ 교정 및 감성 테스트 – AI를 통해 문장 자연스러움 및 감성 전달력 테스트.

(2) AI 활용 방법
- 명언 추천: "이 주제와 관련된 유명한 명언 추천해줘."
- 서론과 결론 작성: "감동적인 서론과 결론을 만들어줘."
- 비유적 표현 개선: "이 문장을 더 문학적으로 다듬어줘."

마) 전문서적 쓰기: 논리적이고 신뢰도 높은 정보 전달

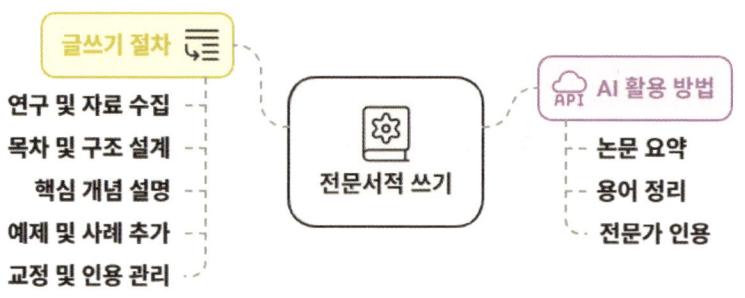

(1) 글쓰기 절차

　① 연구 및 자료 수집 – AI로 최신 연구 및 논문 검색.

　② 목차 및 구조 설계 – AI를 통해 논리적인 챕터 구성 생성.

　③ 핵심 개념 설명 – AI가 제공하는 과학적 및 기술적 내용을 쉽게 풀어 설명.

　④ 예제 및 사례 추가 – AI를 활용해 실제 사례를 수집하고 추가.

　⑤ 교정 및 인용 관리 – AI를 통해 문장 교정 및 참고 문헌 정리.

(2) AI 활용 방법

　- **논문 요약**: "최신 AI 연구 논문의 핵심 내용을 요약해줘."

　- **용어 정리**: "이 개념을 초보자도 이해할 수 있도록 쉽게 설명해줘."

　- **전문가 인용**: "이 분야의 전문가가 남긴 유명한 인용문을 찾아줘."

바) 영화 대본 쓰기: 시각적 서술과 강렬한 대사 작성

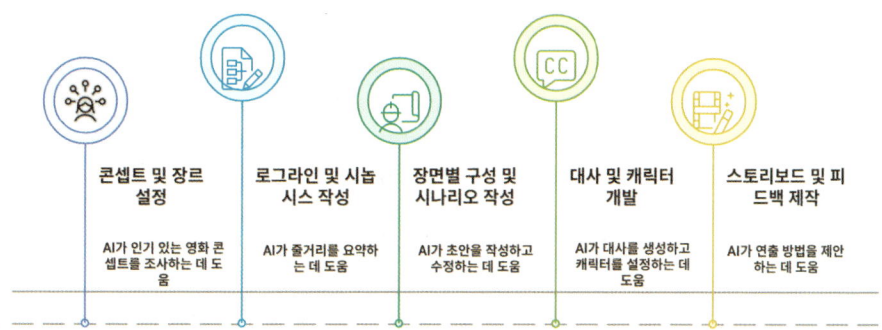

(1) 글쓰기 절차

① 콘셉트 및 장르 설정 – AI가 추천하는 인기 있는 영화 콘셉트 조사.

② 로그라인 및 시놉시스 작성 – AI로 영화 줄거리를 요약.

③ 장면 구성과 시나리오 작성 – AI가 초안을 작성하고 수정.

④ 대사 작성 및 캐릭터 설정 – AI로 대사 초안을 생성한 후 자연스럽게 다듬기.

⑤ 스토리보드 제작 및 연출 피드백 – AI가 제공하는 연출 방식 추천.

(2) AI 활용 방법

- **대사 생성**: "로맨틱 코미디 영화에서 감동적인 고백 장면을 작성해줘."
- **캐릭터 설정**: "강한 여성 주인공 캐릭터의 성격을 설정해줘."
- **플롯 트위스트 추천**: "예상치 못한 반전 아이디어를 제시해줘."

사) 잡지 기사 쓰기: 트렌디하고 정보성 높은 콘텐츠 제작

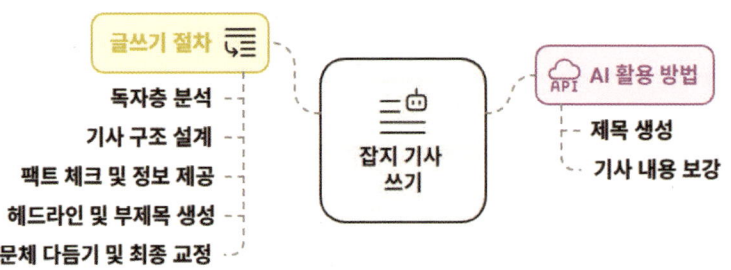

(1) 글쓰기 절차

① 독자층 분석 – AI로 타겟 독자층 조사 및 관심 주제 선정.

② 기사 구조 설계 – AI가 추천하는 효과적인 기사 구성 활용.

③ 정보 제공과 사실 확인 – AI를 통해 최신 정보 및 통계 활용.

④ 헤드라인 및 부제목 생성 – AI로 클릭률 높은 헤드라인 작성.

⑤ 문체 다듬기 및 최종 교정 – AI를 활용한 문장 수정 및 문법 체크.

(2) AI 활용 방법

- **제목 생성**: "이 주제에 어울리는 강렬한 제목을 추천해줘."
- **기사 내용 보강**: "이 기사에 추가하면 좋은 통계 자료를 찾아줘."

아) 단행본 쓰기: 체계적인 정보 제공과 깊이 있는 분석

(1) 글쓰기 절차

　① 주제 선정 및 시장 조사 – AI로 독자층 분석 및 경쟁 서적 조사.
　② 목차 설계 및 초안 작성 – AI를 활용해 효과적인 책 구조 생성.
　③ 내용 보강 및 사례 연구 – AI가 제공하는 최신 트렌드 및 데이터 추가.
　④ 문체 정리 및 가독성 개선 – AI의 피드백을 통해 문장 정리 및 교정.
　⑤ 출판 및 마케팅 전략 – AI를 활용한 독자 타겟팅 및 홍보 콘텐츠 제작.

(2) AI 활용 방법

　- **출판 전략**: "이 책을 성공적으로 출판하기 위한 마케팅 전략을 제안해줘."
　- **가독성 점검**: "이 단락을 더 쉽게 이해할 수 있도록 수정해줘."

자) 시(詩) 쓰기: 감성적이고 함축적인 언어 표현

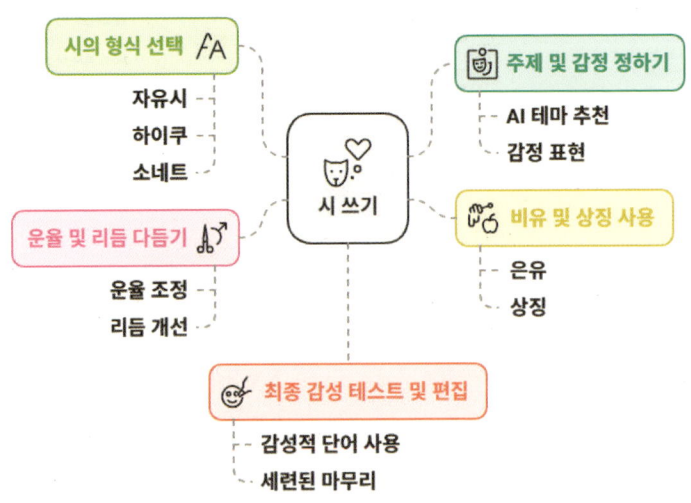

(1) 글쓰기 절차

① 주제 및 감정 정하기 – AI에게 감성을 표현할 주제를 요청.

② 시의 형식 선택 – 자유시, 하이쿠, 소네트 등 다양한 시 형식 추천받기.

③ 비유와 상징적인 표현 사용 – AI가 제안하는 은유적 표현을 활용.

④ 운율 및 리듬 다듬기 – AI의 피드백을 활용하여 운율 조정.

⑤ 최종 감성 테스트 및 편집 – AI가 추천하는 감성적 단어를 활용해 세련되게 마무리.

(2) AI 활용 방법

- **테마 추천**: "사랑을 주제로 한 시의 아이디어 3가지 제공해줘."

- **비유 강화**: "이 문장을 더 시적으로 만들어줘."

- **운율 개선**: "이 시에 어울리는 운율을 추가해줘."

- **예시**: AI에게 "가을과 그리움을 주제로 한 짧은 시"를 요청하여 초안을 만든 후, 직접 감성을 추가하여 다듬기.

차) 칼럼(Column) 쓰기: 시사적이고 논리적인 글쓰기

(1) 글쓰기 절차

① 시의성 있는 주제 선정 – AI로 최신 이슈 및 트렌드 조사.

② 주요 논점 정리 – AI에게 찬성과 반대 입장을 분석하도록 요청.

③ 논리적인 글 구성 – AI가 제안하는 구조(서론-본론-결론) 활용.

④ 강렬한 문장 및 인용 추가 – AI가 추천하는 유명한 인용문 삽입.

⑤ 문장 정리 및 편집 – AI로 가독성을 높이고 문법 오류 수정.

(2) AI 활용 방법

- **주제 추천**: "현재 가장 논의되고 있는 사회적 이슈 5가지 알려줘."
- **논리 강화**: "이 칼럼의 논점을 더 설득력 있게 만들어줘."
- **인용 삽입**: "이 주제와 관련된 유명한 인용문을 제공해줘."
- **예시**: "AI 윤리적 문제"를 주제로 AI가 제공한 자료를 바탕으로 칼럼 초안을 작성하고, 사회적 영향력 분석을 추가하여 완성.

카) 블로그 글쓰기: 대중적이고 SEO 최적화된 글 작성

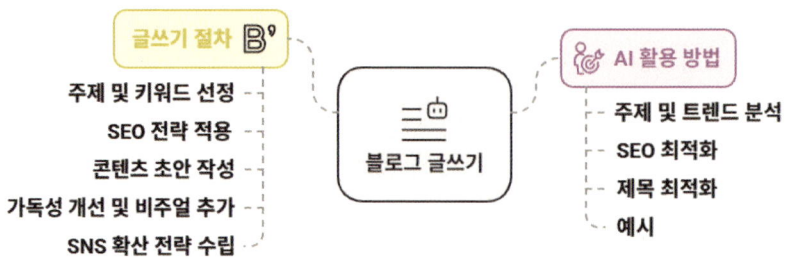

(1) 글쓰기 절차

① 블로그 주제 및 키워드 선정 – AI가 추천하는 검색량 높은 키워드 활용.
② 검색엔진최적화(SEO) 전략 적용 – AI로 메타 태그, 제목, 부제목 최적화.
③ 콘텐츠 초안 작성 – AI가 제공한 논리적 글 구조를 활용하여 초안 작성.
④ 가독성 개선 및 비주얼 추가 – AI 추천으로 이미지 및 동영상 포함.
⑤ SNS 확산 전략 수립 – AI가 제안하는 소셜미디어 공유 전략 반영.

(2) AI 활용 방법

- **주제 및 트렌드 분석**: "현재 가장 인기 있는 블로그 주제는?"
- **SEO 최적화**: "이 글의 SEO 점수를 높일 수 있는 방법은?"
- **제목 최적화**: "이 블로그 글의 클릭률을 높일 수 있는 제목을 추천해줘."
- **예시**: "2025년 AI 트렌드"를 주제로 AI가 추천한 키워드 기반으로 글을 작성하고, SEO 최적화된 제목과 부제목을 적용하여 가독성을 높임.

정리하면, 생성형 AI를 활용하면 **아이디어 생성부터 초안 작성, 편집 및 보완, 마케팅**까지 모든 과정에서 생산성을 높일 수 있다. 생성형 AI는 단순한 문장 생성 도구가 아니라, **창의적인 아이디어 개발, 논리적인 글 구성, 감성적인 표현 강화, SEO 최적화** 등 다양한 글쓰기 과정에서 활용할 수 있는 강력한 도구이다.

• 창의적인 글쓰기(소설, 시, 영화 대본) → AI로 아이디어 및 표현 강화

- 논리적인 글쓰기(전문서적, 칼럼, 잡지) → AI로 논점 정리 및 데이터 활용
- 대중적인 글쓰기(블로그, 에세이, 단행본) → AI로 SEO 및 트렌드 분석

생성형 AI를 적절히 활용하면 **더 빠르고 효율적인 글쓰기뿐만 아니라, 창의적이고 차별화된 콘텐츠 제작**이 가능하다.

AI를 활용한 글쓰기로 나만의 차별화된 작품을 만들어보세요!

9. 생성형 AI를 활용한 온라인 강의 및 교육 콘텐츠 제작 방법

생성형 AI는 강의 기획부터 콘텐츠 제작, 학생 맞춤형 학습, 자동 평가 및 피드백, 강의 마케팅에 이르기까지 온라인 교육의 모든 단계에서 활용될 수 있다. AI를 적절히 활용하면 교육 콘텐츠를 빠르고 효율적으로 제작할 수 있을 뿐만 아니라, 학생들의 학습 경험을 향상시키고 맞춤형 교육을 제공하는 데 기여할 수 있다.

아래에서는 **온라인 강의 및 교육 콘텐츠 제작 방법**을 5단계(기획 – 제작 – 학습 지원 – 평가 및 피드백 – 마케팅 및 운영)로 나누고, 각 단계별 AI 활용 방법과 예시를 구체적으로 설명하겠다.

가) 온라인 강의 및 교육 콘텐츠 제작 방법

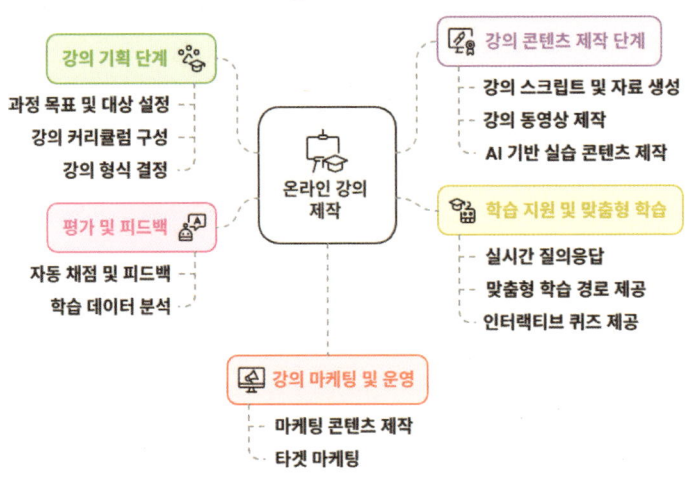

(1) 강의 기획 단계: 효과적인 교육 과정 설계

  ① 과정 목표 및 대상 설정

    - AI에게 학습자의 수준과 요구를 입력하면, 맞춤형 강의 목표와 주제를 추천받을 수 있다.

    예) "초보자를 위한 데이터 분석 강의"를 만들고 싶다면, ChatGPT에게 "**데이터 분석 초보자를 위한 강의 주제 5가지 추천해줘.**" 요청하여, AI가 학습자의 수준을 고려하여 **적절한 난이도와 흐름**을 설계해준다.

  ② 강의 커리큘럼 구성

    - AI가 논리적이고 **체계적인 커리큘럼**을 설계하도록 요청할 수 있다.

    예) "파이썬 프로그래밍 강의"를 기획한다면, ChatGPT에게 "**초보자를 위한 파이썬 온라인 강의 커리큘럼을 만들어줘.**" 요청하면, AI가 기초 문법 → 데이터 구조 → 실전 예제 → 프로젝트 순서로 커리큘럼을 설계해준다.

  ③ 강의 형식 결정 (동영상, 문서, 실습 등)

    - AI는 강의 목적에 맞는 **최적의 강의 형식**을 추천해 줄 수 있다.

    예) "영어 강의"를 기획할 때 ChatGPT에게 "**영어 회화 온라인 강의에 가장 적합한 콘텐츠 형식을 추천해줘.**" 요청하면, AI는 **대화형 강의, AI 챗봇 연습, 문법 퀴즈, 실전 스크립트 연습** 등의 형식을 제안해준다.

(2) 강의 콘텐츠 제작 단계: AI 기반 콘텐츠 개발

  ① 강의 스크립트 및 강의 자료 생성

    - AI는 **강의 대본, 강의 슬라이드, 학습 자료**를 자동 생성해 준다.

    예) "AI 마케팅 강의"를 제작할 때, ChatGPT에게 "**AI 마케팅 개념을 설명하는 강의 스크립트를 작성해줘.**" 요청하면, AI는 **핵심 개념, 실전 사례, 주요 트렌드** 등을 포함한 강의 대본을 생성한다. 또한, Gama AI, Canva AI 또는 DALL-E와 같은 도구를 활용하여 **강의용 PPT 디자인을 자동으로 생성**할 수 있다.

② 강의 동영상 제작 (AI 음성, 자막 추가)
- AI 기반 음성 생성 도구(TTS, Google Text-to-Speech, Murf AI 등)를 활용해 **강사의 음성 파일을 생성**할 수 있다.
  예) "영어 회화 강의"를 제작할 때, AI 음성(TTS)을 활용해 원어민 발음으로 대화 예제를 녹음하고, **자막 자동 생성 도구(AI Subtitle Generator)를** 활용하여 빠르게 자막을 추가할 수 있다.

③ AI 기반 실습 콘텐츠 제작
- AI는 코드 실습, 문제 해결, 시뮬레이션 콘텐츠 제작에도 활용된다.
  예) "프로그래밍 강의"를 만들 때, AI 코드 생성 도구(ChatGPT, Copilot)를 활용해 **실습 예제를 자동으로 생성하고, ChatGPT에게 "파이썬 초보자가 연습할 만한 코딩 문제 5개 만들어줘."**라고 요청하여 실습 문제를 받을 수 있다.

(3) AI 기반 학습 지원 및 맞춤형 학습 제공
① AI 챗봇을 활용한 실시간 질의응답
- AI 챗봇을 활용해 학습자가 실시간으로 질문을 하고 답변을 받을 수 있도록 설정할 수 있다.
  예) "디지털 마케팅 강의"에서 AI 챗봇을 이용해 **페이스북 광고 설정 방법**과 관련된 질문에 즉시 답변을 제공하는 방식으로, 학습자의 이해도를 높일 수 있다.

② 개인 맞춤형 학습 경로 제공
- AI는 학습자의 성취도를 분석하여 **맞춤형 학습 추천**을 할 수 있다.
  예) "수학 강의"에서 AI가 학습자의 문제 풀이 데이터를 분석하고, **필요한 복습 개념을 추천해 준다.** ChatGPT에게 **"중학생을 위한 맞춤형 수학 복습 계획을 만들어줘."**라고 요청하여 복습 계획서를 받을 수 있다. 이를 통해 학습자가 필요로 하는 부분을 정확히 파악하고 보충할 수 있다.

③ AI 기반 인터랙티브 퀴즈 제공
  - AI를 활용하여 자동으로 문제를 출제하고 실시간 피드백을 제공할 수 있다.
    예) "영어 문법 강의"에서 AI 기반 퀴즈 생성 도구(Quizizz, Kahoot AI)를 활용해 학습자 수준에 맞는 문제를 자동으로 출제하고, 실시간으로 피드백을 제공하여 학습 효과를 높일 수 있다.

(4) 평가 및 피드백: AI 자동 평가 시스템 활용
  ① AI 기반 자동 채점 및 피드백 제공
    - AI는 학습자가 제출한 과제를 자동으로 채점하고, 개선할 점을 제시할 수 있다.
    예) "에세이 작성 강의"에서 ChatGPT 또는 Grammarly를 사용하여 **에세이를 자동으로 채점하고 피드백을 제공하며, 문장 구성을 평가해 줄 수 있다.** 또한 AI에게 **"이 에세이의 논리성과 문장 구성을 평가해줘."** 라고 요청하여 문장 구성에 대한 전반적인 부분을 평가받을 수 있다.

  ② 학습 데이터 분석 및 성취도 평가
    - AI는 학습자의 학습 패턴을 분석하여 **취약한 부분을 진단하여 보완책을 제시할 수 있다.**
    예) "IT 인증 시험 준비 과정"에서 AI가 학습자의 모의고사 성적을 분석하여 **강화해야 할 개념을 추천하는** 방식으로 학습 성취도를 평가하고 개선점을 제시한다.

(5) 강의 마케팅 및 운영: AI 기반 홍보 전략
  ① AI 기반 마케팅 콘텐츠 제작
    - AI를 활용하여 강의를 홍보하기 위한 블로그 글, SNS 광고, 이메일 마케팅 콘텐츠를 자동으로 생성할 수 있다.

예) "온라인 코딩 부트캠프"를 홍보할 때, ChatGPT에게 **"이 강의를 홍보할 블로그 글을 작성해줘."**라고 요청하면, AI가 SEO 최적화된 제목, 키워드, SNS용 짧은 광고 문구 등을 자동으로 생성해 준다.

② AI 기반 타겟 마케팅
- AI 분석 도구를 활용하여 **타겟 고객층을 식별**하고, 맞춤형 광고 전략을 수립할 수 있다.
  예) "비즈니스 영어 강의"를 홍보할 때, AI가 분석한 데이터를 기반으로 LinkedIn 광고를 최적화하여 더 많은 고객에게 도달할 수 있도록 한다.

정리하면, 생성형 AI는 온라인 강의의 **기획 → 제작 → 학습 지원 → 평가 → 마케팅**의 모든 과정에서 활용될 수 있다.

✅ 생성형 AI 활용의 핵심 이점:
- 강의 기획 자동화 – AI가 커리큘럼 및 강의 흐름 추천.
- 콘텐츠 제작 효율화 – 강의 스크립트, 동영상, 실습 자료 자동 생성.
- 맞춤형 학습 지원 – AI 챗봇 및 개별 맞춤 학습 경로 제공.
- 자동 평가 및 피드백 – AI가 학습 성취도 분석 및 개선점 추천.
- 마케팅 최적화 – AI로 SEO 콘텐츠, 광고 전략 자동 생성.

AI를 적극 활용하면 교육 콘텐츠를 더욱 효율적이고 체계적으로 제작할 수 있으며, 학습자의 참여와 만족도를 극대화할 수 있다.

10. 생성형 AI를 활용한 'AI 여행 컨시어지 전문가' 되기

AI 기술이 발전하면서 '**AI 여행 컨시어지 전문가**'라는 새로운 직업이 주목받고 있다. AI를 활용해 여행객 맞춤형 여행 계획을 제공하고, 항공권 및 호텔 예약, 현지 가이드, 일정 조정 등의 **디지털 여행 컨설팅**을 수행하는 전문가이다.

기존의 여행사나 컨시어지 서비스와 달리, AI는 사용자의 취향, 예산, 일정 등을 분석하여 **가장 최적화된 여행 플랜을 자동으로 추천하고 예약까지 도와주는 역할**을 한다.

즉, AI 여행 컨시어지는 개인 비서처럼 여행 일정을 설계하고, 항공권과 호텔을 추천하며, 레스토랑 예약 및 관광지 추천까지 한 번에 해결하는 스마트한 여행 도우미라 할 수 있다.

이 직업은 **AI 기술과 여행 산업을 결합하여 효율적인 여행 솔루션을 제공하는 역할**을 하며, 여행사를 운영하거나 개인 프리랜서로 활동할 수 있다.

가) AI 여행 컨시어지 전문가란?

AI 여행 컨시어지 전문가는 생성형 AI와 자동화 시스템을 활용하여 **고객의 여행을 맞춤 설계하고, 실시간으로 지원하는 전문가**이다.

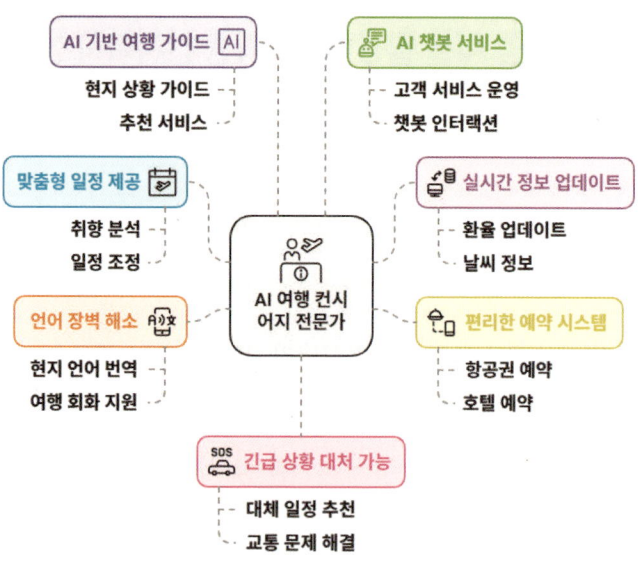

(1) AI 여행 컨시어지 전문가의 주요 업무

- **맞춤형 일정 제공** → 여행자의 취향을 반영한 맞춤형 여행 플랜 생성
- **실시간 정보 업데이트** → 최신 환율, 날씨, 예약 가능 여부 반영
- **편리한 예약 시스템** → 항공권, 호텔, 렌터카, 식당 예약까지 AI가 자동 처리
- **언어 장벽 해소** → 현지 언어 번역 및 여행 회화 지원, 현지 커뮤니케이션 지원
- **AI 기반 여행 가이드** → 현지 상황에 따른 여행 가이드 및 추천 서비스 제공
- **AI 챗봇 서비스** → AI 챗봇을 활용한 고객 서비스 운영
- **긴급 상황 대처 가능** → 기상 변화, 교통 문제 발생 시 대체 일정 추천

(2) AI 여행 컨시어지가 기존 여행 서비스와 다른 점

    기존 여행 서비스 방식은 여행자가 직접 검색해서 숙소와 항공권을 예약하고, 맛집과 관광지를 찾아야 한다. 그러나 [표1]과 같이 AI 여행 컨시어지는 AI가 여행자의 성향을 분석해 최적의 항공권, 호텔, 관광지를 자동 추천하고, 여행 중 일정 조정까지 지원하는 것이다.

[표1] AI 여행 컨시어지가 기존 여행 서비스 비교

기존 여행 서비스	AI 여행 컨시어지
사람이 직접 계획 및 예약	AI가 자동으로 맞춤 일정 추천
여행사 패키지 위주	개인 맞춤형 일정 설계
항공권 및 호텔 개별 검색 필요	AI가 실시간 최적 가격 검색
현지 정보 직접 검색해야 함	AI가 자동으로 관광지, 맛집 추천
문제 발생 시 여행사 또는 직접 해결	AI가 실시간 대안 및 지원 제공

나) AI 여행 컨시어지 전문가가 되기 위한 단계별 과정

AI 여행 컨시어지 전문가가 되려면 AI 기술, 여행 산업 이해, 고객 서비스 역량을 갖춰야 한다. 아래 단계별 과정을 통해 전문가로 성장할 수 있다.

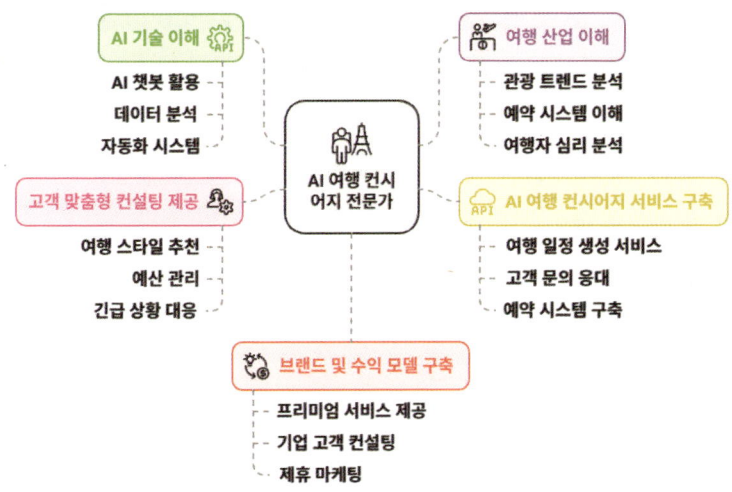

1단계: AI 기술 이해 및 학습

먼저, AI 여행 컨시어지를 운영하기 위해 생성형 AI와 자동화 시스템을 이해해야 한다.

✅ 필요한 기술과 도구

- **AI 챗봇 활용** – ChatGPT, Google Bard, Bing AI 등
- **데이터 분석 및 일정 자동화** – Python, Tableau, Notion AI
- **음성 및 텍스트 번역 AI** – Google Translate AI, DeepL
- **자동화 예약 시스템** – Expedia API, Skyscanner AI
- **디지털 마케팅 & SEO** – 블로그, SNS 마케팅

   예시: "여행 일정 자동 생성형 AI를 만들려면?"
   - ChatGPT에게 "유럽 7일 여행 일정 추천 AI 스크립트 작성해줘." 요청
   - ChatGPT을 활용해 고객 맞춤형 여행 플랜을 생성할 수 있도록 요청

2단계: 여행 산업 및 관광 트렌드 이해

생성형 AI만 다룰 줄 알아서는 전문가가 될 수 없다. 여행 시장에 대한 이해와 트렌드 분석이 필요하다.

✅ 필요한 지식

- **관광 트렌드 분석** – 최신 여행 스타일(웰니스 여행, 럭셔리 여행 등)
- **호텔 및 항공권 예약 시스템 이해**
- **여행자 심리 및 소비 행동 분석**

   예시: ChatGPT에게 "MZ세대가 선호하는 여행 스타일은?"
   - ChatGPT에게 "MZ세대 여행 트렌드 분석해줘." 요청
   - SNS 데이터를 활용해 젊은 여행객이 좋아하는 여행지 및 스타일 파악

3단계: AI 여행 컨시어지 서비스 구축

실제 AI 여행 컨시어지 서비스를 운영하려면 **플랫폼을 구축하거나 개인 컨설팅 서비스를 시작할 수 있다.**

✅ 필요한 작업

- **맞춤형 여행 일정 생성 서비스 개발**
- **AI 챗봇을 활용한 고객 문의 응대**

- 자동화된 예약 및 일정 조정 시스템 구축
- SNS 및 블로그 운영으로 고객 유치

    예시: "AI 여행 컨시어지 웹사이트 만들기"

    - ChatGPT를 활용해 웹사이트 콘텐츠 및 자동화된 여행 일정 추천 시스템 구축
    - 고객이 입력한 정보를 AI가 분석하여 **실시간 맞춤형 여행 플랜 제공**

4단계: 고객 맞춤형 여행 컨설팅 제공

AI를 활용하여 고객 맞춤형 서비스를 제공하고, **온라인 및 오프라인 고객을 대상으로 컨설팅을 진행**함.

☑ 맞춤형 컨설팅 방법

- AI 분석을 통한 여행 스타일 추천
- 맞춤형 일정 및 예산 관리 제공
- 다국어 지원 및 현지 가이드 연결
- 긴급 상황 대응 및 실시간 지원

    예시: "출장 여행자를 위한 AI 컨시어지 서비스"

    - 바쁜 비즈니스 여행객을 위해 **가장 최적화된 일정과 미팅 장소 추천**
    - AI 챗봇을 활용해 **항공권 및 호텔 예약 관리**

5단계: 브랜드 및 수익 모델 구축

AI 여행 컨시어지 전문가로 성장하려면 **자신만의 브랜드와 수익 모델을 구축**해야 한다.

☑ 수익 창출 방법

- 프리미엄 AI 여행 컨시어지 서비스 제공 (월 구독제)
- 기업 및 VIP 고객 대상 맞춤형 AI 컨설팅 제공
- SNS 및 블로그를 통한 제휴 마케팅 (광고, 수익 창출)
- AI 여행 기술 관련 강의 및 컨설팅 진행

예시: "AI 여행 컨시어지 서비스로 돈 벌기"
- 기업 대상 출장 및 VIP 여행 컨시어지 패키지 판매
- 개인 여행객 대상으로 AI 맞춤형 일정 컨설팅 제공(유료 서비스 운영)

다) AI 여행 컨시어지 전문가가 활용할 수 있는 AI 기술 예시

① AI 기반 여행 일정 자동 생성
- ChatGPT를 활용해 맞춤형 여행 일정을 자동 생성
  예: "5일간 이탈리아 여행 일정을 만들어줘."

② 실시간 AI 챗봇 운영
- AI 챗봇을 활용해 여행객의 실시간 문의 응대
  예: "뉴욕에서 가장 인기 있는 스테이크 하우스 추천해줘."

③ AI 번역 및 가이드 서비스
- DeepL AI를 활용해 여행 중 실시간 번역 지원
  예: "이탈리아 레스토랑에서 주문하는 방법 알려줘."

④ 항공권 및 호텔 최적화 예약
- AI 가격 비교 알고리즘을 활용해 최적의 예약 옵션 제공
  예: "7월 10일 서울 → 도쿄 최저가 항공권 찾아줘."

라) AI 여행 컨시어지 전문가가 될 경우의 미래 전망

AI 여행 컨시어지는 더욱 발전하여 음성 명령 기반의 AI 도우미, VR을 활용한 가상 여행 체험, 개인 맞춤형 AI 가이드봇과 같은 기능이 추가될 것이다. 또한, AI가 여행자의 감정을 분석하여 더욱 감성적인 여행 경험을 제공하는 시대가 열릴 것이다.

미래에는 AI 여행 컨시어지가 더욱 발전하여 개인 맞춤형 AI 비서 역할을 수행할 가능성이 크다.

- AI 여행 컨설팅 시장 성장 – AI 기반 여행 서비스의 수요 증가
- AI 자동화 여행 계획 기술 발전 – 실시간 일정 조정 및 맞춤형 추천
- AI 컨시어지 전문가의 역할 확대 – 글로벌 여행사, 호텔과 협업 가능

정리하면, AI 여행 컨시어지 전문가가 되면 단순한 여행 가이드가 아닌, 맞춤형 AI 컨설팅을 제공하는 하이테크 전문가로 성장할 수 있다.

AI를 적극 활용하여 여행자들에게 새로운 경험을 제공하는 선도적인 전문가가 되어보세요!

Part 4

생성형 AI를 활용한 직무 연속 및 직업 전환 사례

1. 초·중·고등학교 교사의 직무 연속 및 직업 전환 사례

가) 초·중·고등학교 교사의 직무 연속 및 퇴직 후 직업 전환 개요

초·중·고등학교 교사는 **교육 기획, 강의, 멘토링, 학습 자료 제작, 평가 및 피드백 제공** 등의 경험을 가지고 있어 퇴직 후에도 **AI와 디지털 기술을 활용해 다양한 방식으로 직무를 연속하거나 새로운 직업으로 전환**할 수 있다.

특히, 온라인 교육 시장의 성장, AI 기반 교육 플랫폼 증가, 맞춤형 학습 서비스 확대로 인해 퇴직 교사는 교육 컨설턴트, 온라인 강의 개발자, AI 기반 학습 코치, 에듀테크 창업가 등으로 전환할 수 있다.

나) 초·중·고 교사의 주요 직무 연속 및 전환 사례

초·중·고등학교 교사가 퇴직 후에 생성형 AI를 활용해 새로운 직업으로 전환해서 실현 가능성이 높은 전환 사례를 [표1]과 같이 정리하였다.

[표1] AI 여행 컨시어지가 기존 여행 서비스 비교

기존 직무	활용 기술	새로운 직업 (전환 후)	주요 업무 및 사례
국어 교사	AI 글쓰기 도구, 온라인 교육	AI 글쓰기 코치	AI 활용 맞춤형 글쓰기 지도
수학 교사	AI 기반 문제 출제	AI 학습 컨설턴트	AI를 활용한 학생별 맞춤 수학 지도
영어 교사	AI 번역 & 음성 학습	AI 기반 영어 코치	AI 활용 회화 연습 및 번역 강의 제공
사회/역사 교사	AI 데이터 분석	AI 역사 교육 콘텐츠 제작	AI 기반 역사 시뮬레이션 콘텐츠 개발

과학 교사	AI 실험 시뮬레이션	AI STEM 교육 전문가	AI 기반 실험 콘텐츠 및 강의 개발
음악 교사	AI 작곡 & 음성 합성	AI 음악 교육 컨설턴트	AI 음악 제작 및 온라인 강의 운영
체육 교사	AI 피트니스 코칭	AI 건강 & 스포츠 코치	AI 활용 맞춤형 운동 지도
진로 상담 교사	AI 커리어 매칭	AI 기반 진로 컨설턴트	AI를 활용한 맞춤형 진로 컨설팅 제공

다) 초·중·고 교사의 기존 직무를 활용한 직업 전환 사례

◆ **사례 1: AI 글쓰기 코치** (국어 교사 → AI 활용 맞춤형 글쓰기 강사)

☑ 기존 직무: 국어 교사 (작문 지도, 독서 교육)

☑ 활용 기술: ChatGPT, Grammarly, AI 문서 생성 도구

☑ 전환 직업: AI 글쓰기 코치

📌 직무 변화 과정

① 기존 **작문 지도 경험을 AI 기반 맞춤 피드백 시스템**으로 확장

② AI를 활용해 학생들의 **논술, 자기소개서, 에세이 첨삭 및 피드백 제공**

③ AI 기반 작문 교육 프로그램을 운영하고 **온라인 수업 및 컨설팅 서비스 제공**

📍 실제 적용 예시

- ChatGPT를 활용해 **논술 첨삭 서비스 제공** (예: AI가 문장 구조, 논리 흐름 평가)
- AI 글쓰기 툴을 활용한 **기업 대상 보고서 작성 교육**
- **유튜브 & 블로그를 활용해 글쓰기 팁 강의** 운영

◆ **사례 2: AI 학습 컨설턴트** (수학 교사 → AI 기반 맞춤 학습 지도 전문가)

☑ **기존 직무**: 수학 교사 (문제 출제, 학생 개별 지도)

- ✅ **활용 기술**: AI 문제 생성, 맞춤형 AI 튜터링
- ✅ **전환 직업**: AI 학습 컨설턴트

📌 직무 변화 과정

① 기존 **문제 출제 및 학생 지도 경험을 AI 맞춤 학습 시스템과 결합**
② AI가 학생 개별 취약 개념을 분석하고 **맞춤형 문제 및 해설 제공**
③ **AI 기반 개인 학습 컨설팅 사업** 또는 온라인 수업 플랫폼 운영

📍 실제 적용 예시

- AI가 학생별 성적 데이터를 분석해 **취약 개념별 맞춤형 문제 출제**
- AI 수학 튜터링 서비스를 제공하여 **실시간 해설 및 연습문제 추천**
- AI 학습 도구(Khan Academy AI 등)를 활용한 **수학 교육 컨설팅 제공**

◆ **사례 3: AI 기반 영어 코치 (영어 교사 → AI 활용 영어 학습 강사)**

- ✅ **기존 직무**: 영어 교사 (회화, 문법, 독해 지도)
- ✅ **활용 기술**: AI 번역, AI 음성 합성, 챗봇 영어 학습
- ✅ **전환 직업**: AI 기반 영어 코치

📌 직무 변화 과정

① 기존 **영어 교육 경험을 AI 음성 학습 및 챗봇과 결합**
② AI 기반 스피킹 연습 프로그램을 활용하여 **맞춤형 발음 & 문법 교정 제공**
③ 기업 대상 AI 활용 비즈니스 영어 코칭 진행

📍 실제 적용 예시

- ChatGPT를 활용해 **학생 맞춤형 영어 대화 시뮬레이션 제공**
- AI 기반 자동 발음 분석 시스템을 활용하여 **개별 피드백 제공**
- 유튜브, 온라인 강의를 통해 **AI 활용 영어 학습법 강의 운영**

◆ **사례 4: AI STEM 교육 전문가 (과학 교사 → AI 활용 과학 강사)**

(Science, Technology, Engineering, and Mathematics: 과학·기술·공학·수학 융합교육)

- ✅ **기존 직무**: 과학 교사 (실험 지도, 과학 원리 설명)
- ✅ **활용 기술**: AI 시뮬레이션 실험, 디지털 트윈, 증강현실(AR)
- ✅ **전환 직업**: AI STEM 교육 전문가

📌 직무 변화 과정

① 기존 **실험 지도 경험을 AI 및 가상실험 시스템과 결합**

② AI 기반 **과학 학습 앱 개발 및 실험 콘텐츠 제작**

③ **온라인 STEM 강의 플랫폼 운영**

📍 실제 적용 예시

- AI 시뮬레이션을 활용한 **무중력 실험 가상 체험 콘텐츠 개발**
- AI 기반 자동 채점 시스템을 활용한 **과학 문제 풀이 코칭**
- 기업 및 학원 대상 **AI STEM 교육 컨설팅 제공**

◆ **사례 5: AI 기반 진로 컨설턴트 (진로 상담 교사 → AI 커리어 매칭 전문가)**

- ✅ **기존 직무**: 진로 상담 교사 (학생 맞춤형 진로 상담)
- ✅ **활용 기술**: AI 커리어 추천 시스템, 데이터 분석
- ✅ **전환 직업**: AI 기반 진로 컨설턴트

📌 직무 변화 과정

① AI 기반 진로 추천 시스템을 활용하여 **학생 개별 맞춤형 직업 매칭 제공**

② AI가 학생 성향과 스킬을 분석하여 **최적의 직업 및 전공 추천**

③ 기업 대상 **AI 기반 인재 채용 컨설팅 진행**

📍 실제 적용 예시

- AI를 활용해 **고등학생 개별 성향에 맞는 직업 추천 프로그램 운영**
- AI를 활용한 **기업 맞춤형 인재 추천 및 채용 컨설팅 사업 운영**

라) AI를 활용한 교사 퇴직자의 미래 직무 전망

🚀 퇴직 교사는 AI를 활용해 교육 업계에서 지속적으로 활동할 수 있음.

- ✔ AI 기반 맞춤형 교육 서비스 증가 → AI 교육 전문가 수요 증가
- ✔ 온라인 강의 시장 확대 → AI 교육 컨설턴트 및 강사로 활동 가능
- ✔ AI와 접목된 맞춤형 학습 솔루션 → 개인 & 기업 대상 컨설팅 기회 증가

🎯 결론

초·중·고등학교 퇴직 교사는 AI를 활용하면 **교육 컨설팅, 온라인 강의 운영, AI 학습 솔루션 개발** 등 다양한 방식으로 직무를 연속하거나 **전환**할 수 있다.

AI와 교육을 접목하여 새로운 커리어 기회를 만들어보세요!

 ## 2. 제조업 직원의 직무 연속 및 직업 전환 사례

가) 제조업 직원의 직무 연속 및 퇴직 후 직업 전환 개요

제조업에서 근무하고 있는 직원이 AI를 활용해 효율성 높게 직무를 잘 수행하고, 퇴직한 후에도 자신의 **기술과 경험을 살려 연속적인 직무를 수행**하거나, AI와 디지털 기술을 활용해 **새로운 직업으로 전환**할 수 있다.

최근 **스마트 팩토리, AI 기반 자동화, 디지털 트윈** 등의 기술이 발전하면서, 제조업 퇴직자들은 AI를 활용하여 **컨설턴트, 강사, 창업가, IT 융합 전문가 등 다양한 방식으로 직무를 연속**할 수 있다.

나) 제조업 퇴직자의 주요 직무 연속 및 전환 사례

제조업에서 근무한 직원이 퇴직 후에 생성형 AI를 활용해 새로운 직업으로 전환해서 실현 가능 성이 높은 전환 사례를 [표1]과 같이 정리하였다.

[표1] 제조업 퇴직자의 주요 직무 연속 및 전환 사례

기존 직무	활용 기술	새로운 직업 (전환 후)	주요 업무 및 사례
생산기술 엔지니어	AI 기반 품질관리	AI 품질 컨설턴트	제조 공정 품질 검사 자동화 컨설팅
설비 유지보수 기술자	스마트 팩토리	스마트 팩토리 엔지니어	공장 자동화 시스템 유지보수 컨설팅
생산관리자	AI 분석	제조업 AI 분석가	공정 최적화 데이터 분석
기계 설계 엔지니어	AI 3D 모델링	AI 기반 제품 디자이너	CAD & AI 3D 모델링 기술 활용
공장 관리자	자동화 & IoT	AI 공장 운영 컨설턴트	스마트 팩토리 운영 자문

기존 직무	활용 기술	새로운 직업 (전환 후)	주요 업무 및 사례
품질 관리 전문가	데이터 분석	AI 품질 평가 컨설턴트	AI 검사 도입 및 품질 개선
제조 공정 지니어	디지털 트윈	공정 최적화 컨설턴트	제조업의 디지털 전환 지원
기계 가공 기술자	CNC & AI	AI 기반 스마트 공작소 창업	자동화된 소규모 제조업 운영
기능직(용접, 조립 등)	로봇 자동화	제조 로봇 트레이너	로봇 활용 교육 & 컨설팅

다) 제조업 근무 후 퇴직자의 기존 직무를 활용한 직업 전환 사례

- ◆ **사례 1: AI 품질 컨설턴트** (생산기술 엔지니어 → AI 활용 품질 전문가 전환)
    - ✅ **기존 직무**: 제조업 생산기술 엔지니어 (품질 관리, 공정 설계 담당)
    - ✅ **활용 기술**: AI 기반 품질 검사 시스템, 머신비전, 데이터 분석
    - ✅ **전환 직업**: AI 품질 컨설턴트
    - 📌 직무 변화 과정
        - ① 제조업 품질 관리 업무에서 **데이터 분석 경험**을 활용
        - ② AI 기반 품질 검사 솔루션(머신비전) 도입 컨설팅 수행
        - ③ AI 품질 검사 알고리즘을 활용해 **불량률 감소 및 생산성 향상** 프로젝트 진행
        - ④ **스마트 팩토리 구축 컨설팅 기업에 취업** 또는 프리랜서 컨설턴트 활동
    - 📍 실제 적용 예시
        - AI 비전 검사 장비를 활용하여 기존 **수작업 품질 검사를 자동화**하는 프로젝트 수행
        - 제조업체가 AI 품질 검사를 도입할 수 있도록 컨설팅 제공
        - **AI 품질 컨설팅 업체 창업** (스마트 검사 솔루션 도입 지원)

- ◆ **사례 2: 스마트 팩토리 컨설턴트** (설비 유지보수 기술자 → 공장 자동화 전문가 전환)
    - ✅ **기존 직무**: 공장 설비 유지보수 담당 (기계 고장 수리, 유지보수)

- ☑ **활용 기술**: AI 기반 예측 유지보수(PdM), IoT 센서 활용, 자동화 기술
- ☑ **전환 직업**: 스마트 팩토리 유지보수 컨설턴트
- 📌 직무 변화 과정
    - ① 기존 유지보수 경험을 바탕으로 **AI 기반 공장 자동화 솔루션 학습**
    - ② AI & IoT 센서를 활용한 **예측 유지보수 기술 도입 프로젝트** 수행
    - ③ 스마트 팩토리 컨설턴트로 활동하며 **공장 자동화 및 유지보수 최적화** 지원
- 📍 실제 적용 예시
    - AI 기반 예측 유지보수 시스템을 도입하여 공장 가동 중단 최소화
    - 제조업 공장에 IoT 센서를 적용해 **설비 이상 조기 감지 및 유지보수 최적화**
    - **스마트 팩토리 솔루션 스타트업 창업**

- ◆ 사례 3: 제조업 AI 분석가 (생산 관리자 → 데이터 분석 전문가 전환)
    - ☑ **기존 직무**: 생산관리 (공정 최적화, 인력 관리)
    - ☑ **활용 기술**: AI 기반 데이터 분석, 공정 시뮬레이션, 디지털 트윈
    - ☑ **전환 직업**: 제조업 AI 분석가
- 📌 직무 변화 과정
    - ① 기존 **공정 최적화 경험을 AI 기반 데이터 분석으로 발전**
    - ② 공정 개선을 위한 머신러닝 모델을 학습하고 적용
    - ③ 제조업체의 생산성 향상 컨설팅을 수행하며 **스마트 제조 전문가로 전환**
- 📍 실제 적용 예시
    - AI를 활용해 **공정 병목 구간을 자동 분석하여 생산성 20% 개선**
    - 스마트 팩토리에서 **제조 데이터를 분석하고 AI로 생산 예측 모델 구축**
    - 제조업 컨설팅 기업에 취업하여 **데이터 기반 의사결정 솔루션 제공**

🔸 **사례 4: AI 기반 스마트 공작소 창업** (기계 가공 기술자 → AI 자동화 제조업 창업)
- ☑ **기존 직무**: 기계 가공 (CNC, 용접, 조립)
- ☑ **활용 기술**: AI 기반 자동화 공작소, 3D 프린팅, 로봇 협업 기술
- ☑ **전환 직업**: AI 스마트 공작소 창업

📌 **직무 변화 과정**
① 기존 **가공 기술을 AI & 로봇 기술과 접목**
② 자동화된 소규모 공작소를 설립하여 **소량 생산 및 맞춤형 제품 제작**
③ AI 기반 제품 디자인과 **3D 프린팅 & CNC 가공을 결합한 제조업 운영**

📍 **실제 적용 예시**
- AI가 최적의 절삭 경로를 계산하는 **스마트 CNC 가공 공방 운영**
- 3D 프린팅 & AI 디자인 자동화를 활용하여 **주문 제작 제품 생산**
- 기존 제조업보다 **비용을 절감하면서도 고품질 맞춤형 제품 제공**

라) AI를 활용한 제조업 퇴직자의 미래 직무 전망

🚀 제조업 퇴직자는 AI 기술을 활용하면 새로운 커리어를 지속할 수 있음.
- ✔ AI 기반 품질 검사, 공정 최적화, 스마트 팩토리 구축 등 **전문 컨설턴트 역할 가능**
- ✔ AI 기술과 결합해 **제조업의 디지털 트랜스포메이션 전문가로 성장 가능**
- ✔ 개인 사업(스마트 제조 공방, 자동화 컨설팅 등) 창업 기회 증가

🎯 **결론**

제조업 퇴직자는 AI와 디지털 기술을 활용하면 **전문 컨설턴트, 분석가, 창업가 등으로 직무를 연속하거나 전환**할 수 있다.

AI와 스마트 제조 기술을 접목해 **더 효율적이고 경쟁력 있는 미래 커리어를 설계하세요!**

3. 공공기관 공무원의 직무 연속 및 직업 전환 사례

가) 공공기관 공무원의 직무 연속 및 퇴직 후 직업 전환 개요

공공기관 공무원 근무자는 **정책 기획, 행정 관리, 데이터 분석, 법률 및 규제 준수, 대민 서비스, 공공사업 운영** 등의 경험을 보유하고 있다.

이러한 역량을 생성형 AI 및 디지털 기술과 접목하면, 퇴직 후에도 **정책 컨설팅, 교육, 디지털 전환 컨설팅, 공공 데이터 분석, AI 기반 행정 컨설턴트, 창업** 등의 형태로 직무를 연속하거나 새로운 직업으로 전환할 수 있다.

최근 **디지털 정부, 스마트 행정, 공공데이터 개방 및 AI 활용 증가**로 인해 공공기관 퇴직자의 **AI 기반 직업 전환 가능성**이 높아지고 있다.

나) 공공기관 퇴직자의 주요 직무 연속 및 전환 사례

공공기관에서 장기간 근무하고 퇴직 후에 생성형 AI를 활용해 새로운 직업으로 전환해서 실현 가능 성이 높은 전환 사례를 [표1]과 같이 정리하였다.

[표1] 공공기관 퇴직자의 주요 직무 연속 및 전환 사례

기존 직무	활용 기술	새로운 직업 (전환 후)	주요 업무 및 사례
정책 기획 담당자	AI 데이터 분석, 정책 시뮬레이션	AI 정책 컨설턴트	AI 기반 정책 효과 분석 및 컨설팅
행정관리 공무원	자동화 행정 시스템	디지털 행정 컨설턴트	스마트 행정 시스템 구축 컨설팅
공공 데이터 분석가	AI 데이터 마이닝	공공 데이터 AI 분석 전문가	빅데이터를 활용한 공공 정책 컨설팅
법무 및 규제 담당자	AI 법률 분석	AI 기반 규제 컨설팅 전문가	AI를 활용한 법률 및 규제 분석 서비스 제공

기존 직무	활용 기술	새로운 직업 (전환 후)	주요 업무 및 사례
교육 담당 공무원	AI 교육 플랫폼	AI 기반 공공 교육 컨설턴트	온라인 교육 콘텐츠 개발 및 컨설팅
공공 홍보 담당자	AI 마케팅 분석	AI 기반 공공 커뮤니케이션 컨설턴트	공공기관 SNS 및 AI 기반 홍보 전략 컨설팅
공기업 인사 담당자	AI 인재 매칭	AI 기반 인사 컨설턴트	AI 활용 채용 및 HR 분석 서비스 제공
공공 프로젝트 관리 담당자	AI 프로젝트 관리	공공사업 AI 컨설턴트	AI를 활용한 공공사업 효율화 컨설팅
재정 및 회계 담당자	AI 재무 분석	공공기관 AI 회계 컨설턴트	AI 기반 재정 분석 및 예산 최적화 지원

다) 공공기관 근무 후 퇴직자의 기존 직무를 활용한 직업 전환 사례

◆ **사례 1: AI 정책 컨설턴트** (정책 기획 담당자 → AI 기반 정책 분석 전문가)

☑ **기존 직무**: 공공기관 정책 기획 및 평가 담당 (정부 정책 수립, 공공 프로젝트 운영)

☑ **활용 기술**: AI 데이터 분석, 정책 효과 시뮬레이션, 공공 데이터 활용

☑ **전환 직업**: AI 정책 컨설턴트

📌 **직무 변화 과정**

① 공공 정책 데이터 분석 경험을 AI와 접목하여 **정책 시뮬레이션 및 효과 분석 컨설팅 수행**

② AI를 활용한 정책 평가 보고서 작성 및 최적화된 정책 대안 제시

③ 정부 기관, 공공 연구소, 기업 대상으로 **AI 정책 컨설팅 서비스 제공**

📍 **실제 적용 예시**

- AI를 활용하여 **기후 변화 정책 효과 예측 및 시뮬레이션** 진행
- 공공 예산 집행 데이터를 AI로 분석하여 **최적의 예산 배분 전략 제안**
- AI 기반 정책 추천 시스템을 개발하여 **정책 입안자 지원 서비스 제공**

◆ **사례 2: 디지털 행정 컨설턴트** (행정관리 공무원 → 스마트 행정 컨설턴트)

☑ **기존 직무**: 공공기관 행정 서비스 담당 (전자정부 시스템 운영, 대민 행정 서비스)

- ☑ **활용 기술**: AI 기반 자동화 행정 시스템, 챗봇 행정 서비스
- ☑ **전환 직업**: 디지털 행정 컨설턴트
- 📌 직무 변화 과정
  - ① 공공기관의 **행정 업무 효율화 경험**을 AI 기반 자동화 시스템과 결합
  - ② AI 챗봇을 활용한 민원 응대 시스템 구축 및 컨설팅 제공
  - ③ 공공기관과 기업을 대상으로 **스마트 행정 컨설팅 및 시스템 구축 지원**
- 📍 실제 적용 예시
  - AI 챗봇을 활용하여 **대국민 행정 상담 서비스 자동화**
  - 공공기관 전산 시스템과 AI를 결합하여 **행정 자동화 솔루션 개발 및 운영 컨설팅**
  - 전자정부 프로젝트에 참여하여 **AI 기반 업무 프로세스 개선 지원**

◆ **사례 3: AI 기반 공공 데이터 분석가** (공공 데이터 담당자 → 빅데이터 분석 전문가)
- ☑ **기존 직무**: 공공기관 빅데이터 분석 및 보고서 작성 담당
- ☑ **활용 기술**: AI 데이터 마이닝, 공공 데이터 개방 및 활용
- ☑ **전환 직업**: AI 기반 공공 데이터 분석 전문가
- 📌 직무 변화 과정
  - ① 기존 **공공 데이터 분석 경험**을 AI와 결합하여 빅데이터 분석 역량 강화
  - ② AI를 활용한 **공공 데이터 시각화 및 정책 제안 모델 개발**
  - ③ 정부 기관 및 기업 대상으로 **공공 데이터 활용 컨설팅 서비스 제공**
- 📍 실제 적용 예시
  - 공공 교통 데이터를 AI로 분석하여 **출퇴근 시간 교통 최적화 모델 구축**
  - AI를 활용한 **도시 안전 분석 시스템 개발** (범죄 예방 데이터 분석)
  - 공공기관에 **AI 데이터 기반 의사결정 시스템 컨설팅 제공**

◆ **사례 4: AI 기반 공공 교육 컨설턴트** (교육 담당 공무원 → 온라인 교육 콘텐츠 개발자)
- ☑ **기존 직무**: 공공기관 교육 프로그램 기획 및 운영 담당

- ✅ **활용 기술**: AI 교육 플랫폼, 맞춤형 학습 분석 시스템
- ✅ **전환 직업**: AI 기반 공공 교육 컨설턴트

📌 직무 변화 과정

　① 기존 **교육 프로그램 기획 경험**을 AI 기반 온라인 교육 콘텐츠 개발과 접목

　② AI 맞춤형 학습 시스템을 활용하여 **개별 맞춤형 학습 컨설팅 제공**

　③ 공공기관 및 기업 대상 **AI 기반 교육 컨설팅 서비스 제공**

📍 실제 적용 예시

- AI 학습 분석 시스템을 활용한 **공공기관 맞춤형 직원 교육 프로그램 개발**
- 공공 교육 정책 컨설팅을 통해 **맞춤형 온라인 교육 서비스 기획 및 운영**
- 공공기관과 협업하여 **디지털 역량 교육 프로그램 제공**

라) AI를 활용한 공공기관 퇴직자의 미래 직무 전망

🚀 공공기관 퇴직자는 AI 기술을 활용해 공공 정책, 데이터 분석, 교육 컨설팅, 디지털 행정 혁신 등의 분야에서 지속적으로 활동할 수 있음.

- ✅ **AI 기반 정책 분석 및 컨설팅 시장 확대** → AI 정책 컨설턴트 수요 증가
- ✅ **스마트 행정 및 전자정부 프로젝트 활성화** → 디지털 행정 전문가 필요
- ✅ **공공 데이터 개방 확대 및 AI 분석 적용 증가** → AI 공공 데이터 분석가 필요
- ✅ **온라인 교육 및 맞춤형 AI 교육 시장 성장** → AI 기반 공공 교육 컨설턴트 활동 가능

🎯 결론

공공기관 근무 후 퇴직자는 AI와 디지털 기술을 접목하면 **정책 컨설팅, 디지털 행정, 데이터 분석, 교육 컨설팅** 등 다양한 방식으로 직무를 연속하거나 **전환**할 수 있다.

AI를 활용한 공공 서비스 혁신의 중심에서 새로운 커리어를 만들어보세요!

4. 의료기관 근무자의 직무 연속 및 직업 전환 사례

가) 의료기관 근무자의 직무 연속 및 퇴직 후 직업 전환 개요

의료기관에서 근무했던 직원들은 **임상의료**(의사, 간호사, 방사선사, 임상병리사), **의료 행정**(병원 경영, 건강보험, 의료 기획), **연구 및 교육**(의학 연구, 임상 시험, 보건 교육) 등의 전문 경험을 보유하고 있다.

최근 **디지털 헬스케어, AI 의료 분석, 원격 의료, 개인 맞춤형 건강관리 시스템** 등의 발전으로 인해 퇴직 의료인은 AI 기술을 활용하여 **헬스케어 컨설팅, 원격 건강 코칭, AI 기반 의료 데이터 분석, 디지털 헬스 스타트업 창업** 등 다양한 방식으로 직무를 연속하거나 전환할 수 있다.

나) 의료기관 근무자의 직무 연속 및 퇴직 후 직업 전환 사례

의료기관에서 장기간 근무한 직원들은 생성형 AI를 활용해 업무의 효율성을 높일 수 있다. 그리고 퇴직 후에도 생성형 AI를 활용해 직무 연속 및 새로운 직업으로 전환해서 실현 가능 성이 높은 전환 사례를 [표1]과 같이 정리하였다.

[표1] 공공기관 퇴직자의 주요 직무 연속 및 전환 사례

기존 직무	활용 기술	새로운 직업 (전환 후)	주요 업무 및 사례
의사(임상의료)	AI 진단 보조 시스템, 원격 의료	AI 기반 원격 건강 상담사	AI 활용 원격 진료 및 건강 상담
간호사	AI 헬스 모니터링	AI 건강 코치	AI 기반 맞춤형 건강 관리 지원
방사선사	AI 영상 분석	AI 의료영상 컨설턴트	AI 기반 의료 영상 판독 지원

기존 직무	활용 기술	새로운 직업 (전환 후)	주요 업무 및 사례
임상병리사	AI 진단 지원	AI 기반 정밀의료 분석가	AI를 활용한 정밀 진단 컨설팅
병원 행정직	AI 의료 경영 분석	AI 기반 의료경영 컨설턴트	병원 AI 시스템 최적화 컨설팅
건강보험 심사관	AI 보험 심사	AI 보험 데이터 분석가	AI 활용 건강보험 심사 최적화 지원
보건 교육사	AI 교육 플랫폼	AI 기반 건강 교육 전문가	AI 활용 건강 교육 콘텐츠 제작
의료 연구원	AI 신약 개발	AI 헬스케어 데이터 분석가	AI를 활용한 의료 데이터 연구
재활 치료사	AI 피트니스 코칭	AI 기반 운동 치료사	AI 활용 맞춤형 운동 치료 서비스

다) 의료기관 근무 후 퇴직자의 기존 직무를 활용한 직업 전환 사례

◆ **사례 1: AI 기반 원격 건강 상담사** (의사 → AI 활용 건강 컨설턴트)

☑ **기존 직무**: 임상의사 (내과, 가정의학과, 정신건강의학과 등)

☑ **활용 기술**: AI 진단 시스템, 원격 의료, 챗봇 상담

☑ **전환 직업**: AI 기반 원격 건강 상담사

📌 직무 변화 과정

① 기존 **진료 경험을 AI 기반 원격 건강 상담 서비스와 결합**

② AI 진단 보조 시스템을 활용하여 **환자의 증상을 분석하고 1차 상담 제공**

③ 건강 모니터링 플랫폼과 협업하여 **만성질환 환자 맞춤형 건강관리 프로그램 운영**

📍 실제 적용 예시

- AI가 환자의 **건강 데이터**(혈압, 혈당, 체온 등)를 분석하고 실시간 상담 제공
- **AI 기반 온라인 건강 코칭 프로그램**을 운영하여 생활습관 개선 컨설팅 진행
- **디지털 헬스케어 기업과 협력하여 원격 진료 서비스 제공**

- **사례 2: AI 기반 의료영상 컨설턴트** (방사선사 → AI 활용 영상 분석 전문가)
  - ✅ **기존 직무**: 방사선 검사 및 판독 지원
  - ✅ **활용 기술**: AI 영상 분석, 딥러닝 기반 의료 영상 판독
  - ✅ **전환 직업**: AI 의료영상 컨설턴트
  - 📌 직무 변화 과정
    - ① 기존 **방사선 영상 판독 경험을 AI 기반 영상 분석 기술과 접목**
    - ② AI 의료영상 분석 시스템을 활용하여 **판독 정확도 향상 및 자동화 컨설팅 제공**
    - ③ 병원 및 연구소 대상으로 **AI 기반 영상 분석 솔루션 도입 컨설팅**
  - 📍 실제 적용 예시
    - AI 영상 분석 솔루션을 활용하여 **폐암 조기 진단 자동화 프로젝트 진행**
    - 병원과 협업하여 **AI 기반 영상 판독 시스템 도입 컨설팅**
    - 헬스케어 스타트업과 협력하여 **AI 의료영상 데이터 학습 모델 개발**

- **사례 3: AI 건강 코치** (간호사 → AI 활용 맞춤형 건강 관리 전문가)
  - ✅ **기존 직무**: 병동 간호사, 만성질환 환자 관리
  - ✅ **활용 기술**: AI 건강 모니터링 시스템, 웨어러블 헬스 기기
  - ✅ **전환 직업**: AI 건강 코치
  - 📌 직무 변화 과정
    - ① 기존 **환자 관리 경험을 AI 건강 모니터링 시스템과 결합**
    - ② 웨어러블 디바이스(AI 스마트워치, 혈당 모니터)를 활용한 **실시간 건강 관리 서비스 제공**
    - ③ 환자 맞춤형 건강 상담 및 AI 기반 건강 개선 프로그램 운영
  - 📍 실제 적용 예시
    - AI 건강 분석 프로그램을 활용하여 **개인별 맞춤형 운동 및 식이요법 추천**
    - 당뇨, 고혈압 환자를 위한 **AI 기반 맞춤 건강 모니터링 서비스 제공**
    - AI 챗봇을 활용한 **온라인 건강 상담 서비스 운영**

- **사례 4: AI 기반 의료경영 컨설턴트** (병원 행정직 → 병원 디지털 전환 전문가)
  - ☑ **기존 직무**: 병원 운영 및 행정 관리 (경영 기획, 병원 서비스 개선)
  - ☑ **활용 기술**: AI 의료 데이터 분석, 스마트 병원 시스템
  - ☑ **전환 직업**: AI 기반 의료경영 컨설턴트
  - 📌 직무 변화 과정
    - ① 기존 **병원 행정 경험을 AI 기반 데이터 분석 및 자동화 시스템과 접목**
    - ② 병원 경영 효율성을 높이기 위해 **AI 기반 업무 프로세스 최적화 컨설팅 제공**
    - ③ 의료 데이터 분석을 통해 **병원 운영 개선 솔루션 기획 및 컨설팅 진행**
  - 📍 실제 적용 예시
    - AI 의료 데이터 분석을 활용하여 **환자 대기 시간 단축 및 의료 서비스 개선**
    - 병원 CRM(Customer Relationship Management) 시스템을 AI로 최적화
    - AI 챗봇을 도입하여 **병원 예약, 문의 자동화 서비스 구축**

라) AI를 활용한 의료기관 퇴직자의 미래 직무 전망

🚀 퇴직 의료인은 AI 기술을 활용하여 헬스케어 산업에서 지속적으로 활동할 수 있음.
- ✔ **디지털 헬스케어 시장 급성장** → AI 기반 원격 의료 및 건강 관리 서비스 증가
- ✔ **AI 의료 데이터 분석 및 정밀 진단 기술 확산** → 의료 AI 전문가 수요 증가
- ✔ **스마트 병원 및 의료 자동화 확대** → AI 기반 의료경영 컨설턴트 역할 증가
- ✔ **헬스케어 스타트업 및 개인 건강관리 서비스 활성화** → AI 건강 코칭 및 창업 기회 확대

🎯 결론

의료기관 퇴직자는 AI와 디지털 헬스케어 기술을 접목하면 **건강 상담, 의료 데이터 분석, 원격 의료 컨설팅, 헬스케어 창업** 등 다양한 방식으로 직무를 연속하

거나 전환할 수 있다.

AI를 활용한 스마트 헬스케어의 선두주자가 되어 새로운 커리어를 만들어보세요!

5. 금융기관 직원의 직무 연속 및 직업 전환 사례

가) 금융기관 직원의 직무 연속 및 퇴직 후 직업 전환 개요

금융기관에서 근무하는 직원들은 **금융 여수신 업무, 리스크 관리, 자산 운용, 대출 심사, 투자 분석, 회계 및 세무 관리, 금융 상품 기획 및 컨설팅, 행정 업무** 등의 전문성을 보유하고 있다.

최근 **AI 기반 금융 서비스(FinTech), 로보어드바이저, 블록체인, 신용 분석, 자동화 투자 시스템** 등의 발전으로 인해 금융기관 퇴직자는 **금융 AI 컨설팅, 자산 관리, 데이터 분석, AI 기반 투자 서비스, 금융 교육 및 컨설팅, 스타트업 창업** 등 다양한 방식으로 직무를 연속하거나 새로운 직업으로 전환할 수 있다.

나) 금융기관 직원의 직무 연속 및 퇴직 후 직업 전환 사례

금융기관에서 장기간 근무하고 퇴직 후에 생성형 AI를 활용해 새로운 직업으로 전환해서 실현 가능 성이 높은 전환 사례를 [표1]과 같이 정리하였다.

[표1] 금융기관 퇴직자의 주요 직무 연속 및 전환 사례

기존 직무	활용 기술	새로운 직업 (전환 후)	주요 업무 및 사례
투자 전문가	AI 로보어드바이저	AI 기반 투자 컨설턴트	AI 활용 투자 전략 분석 및 컨설팅
리스크 관리 담당자	AI 신용평가 모델	AI 금융 리스크 컨설턴트	AI 기반 금융 리스크 분석
대출 심사원	AI 신용 평가	AI 대출 심사 전문가	AI 신용 분석 및 대출 승인 모델 개선

기존 직무	활용 기술	새로운 직업 (전환 후)	주요 업무 및 사례
회계 및 세무 전문가	AI 재무 분석	AI 기반 재무 컨설턴트	기업 및 개인 대상 AI 기반 재무 분석
금융상품 기획자	AI 금융 모델링	AI 금융상품 개발 컨설턴트	AI 활용 맞춤형 금융상품 기획
보험 심사 및 영업 담당자	AI 보험 분석	AI 기반 보험 컨설턴트	AI를 활용한 보험 리스크 평가 및 고객 맞춤 상품 추천
펀드매니저	AI 알고리즘 트레이딩	AI 기반 자동화 투자 전문가	AI 활용 자산운용 및 알고리즘 트레이딩 지원
금융 교육 및 컨설팅	AI 금융 데이터 분석	AI 금융 교육 전문가	AI 기반 금융 교육 및 투자 강의 운영
은행 영업 및 고객 서비스 담당자	AI 챗봇 및 자동화	AI 기반 금융 고객 서비스 컨설턴트	AI를 활용한 디지털 금융 서비스 지원

다) 금융기관 근무 후 퇴직자의 기존 직무를 활용한 직업 전환 사례

- **사례 1: AI 기반 투자 컨설턴트 (투자 전문가 → AI 활용 맞춤형 투자 분석가)**
  - ✅ **기존 직무**: 주식, 채권, 부동산 등 다양한 자산에 대한 투자 전략 분석 및 운용
  - ✅ **활용 기술**: AI 로보어드바이저, 머신러닝 기반 투자 모델, 금융 데이터 분석
  - ✅ **전환 직업**: AI 기반 투자 컨설턴트
  - 📌 직무 변화 과정
    - ① 기존 **투자 분석 경험을 AI 기반 로보어드바이저 기술과 접목**
    - ② 머신러닝 및 빅데이터 분석을 활용하여 **고객 맞춤형 투자 포트폴리오 설계**
    - ③ AI 기반 투자 컨설팅을 제공하며 **프리랜서 투자 자문가 또는 스타트업 창업**
  - 📍 실제 적용 예시
    - AI가 실시간으로 주식 및 채권 데이터를 분석하여 **맞춤형 투자 전략 추천**
    - AI 기반 로보어드바이저를 활용해 **개인 투자자 대상 자동 투자 포트폴리**

오 설계
- 금융기관 및 핀테크 기업과 협력하여 **AI 투자 솔루션 컨설팅 제공**

◆ **사례 2: AI 금융 리스크 컨설턴트** (리스크 관리 담당자 → AI 활용 리스크 분석 전문가)
- ☑ **기존 직무**: 금융 리스크 관리, 신용평가, 시장 리스크 분석
- ☑ **활용 기술**: AI 신용평가 모델, 빅데이터 기반 리스크 예측, 블록체인 보안
- ☑ **전환 직업**: AI 금융 리스크 컨설턴트
- 📌 직무 변화 과정
    - ① 기존 **금융 리스크 분석 경험을 AI 신용평가 및 리스크 모델링과 접목**
    - ② 머신러닝을 활용하여 **신용 리스크 예측 및 부실 채권 방지 솔루션 제공**
    - ③ 핀테크 기업 및 금융기관 대상으로 **AI 기반 리스크 관리 컨설팅 수행**
- 📍 실제 적용 예시
    - AI 기반 신용평가 시스템을 활용하여 **대출 승인 및 리스크 평가 자동화**
    - 머신러닝을 활용해 **시장 변동성 및 금융 위기 예측 모델 개발**
    - 핀테크 스타트업과 협력하여 **AI 리스크 관리 솔루션 개발 및 컨설팅 제공**

◆ **사례 3: AI 기반 대출 심사 전문가** (대출 심사원 → AI 활용 신용 분석가)
- ☑ **기존 직무**: 개인 및 기업 대출 심사, 신용 평가 및 리스크 관리
- ☑ **활용 기술**: AI 신용 평가 모델, 핀테크 대출 플랫폼, 빅데이터 금융 분석
- ☑ **전환 직업**: AI 기반 대출 심사 전문가
- 📌 직무 변화 과정
    - ① 기존 **대출 심사 및 신용평가 경험을 AI 신용 분석 모델과 접목**
    - ② AI 기반 신용 평가 시스템을 활용하여 **대출 승인 및 리스크 평가 모델 최적화**
    - ③ 핀테크 및 금융기관 대상으로 **AI 대출 심사 솔루션 컨설팅 제공**
- 📍 실제 적용 예시
    - AI 신용 평가 알고리즘을 활용하여 **개인 및 중소기업 대상 신용 평가 자**

동화
- 핀테크 기업과 협력하여 **AI 기반 비대면 대출 심사 모델 구축**
- AI 기반 금융 데이터 분석을 통해 **대출 리스크 최소화 및 수익 극대화** 지원

◆ 사례 4: AI 금융 교육 전문가 (금융 교육 담당자 → AI 활용 투자 교육 강사)
- ☑ **기존 직무**: 금융 및 투자 교육 강사, 개인 및 기업 대상 금융 컨설팅
- ☑ **활용 기술**: AI 금융 데이터 분석, 챗봇 기반 교육, 온라인 금융 교육 플랫폼
- ☑ **전환 직업**: AI 금융 교육 전문가

📌 직무 변화 과정
 ① 기존 **금융 교육 및 컨설팅 경험을 AI 기반 온라인 교육 콘텐츠와 결합**
 ② AI 기반 금융 분석 도구를 활용하여 **맞춤형 금융 교육 프로그램 개발**
 ③ 온라인 교육 플랫폼을 통해 **AI 기반 투자 전략 및 금융 교육 강의 운영**

📍 실제 적용 예시
- AI 금융 챗봇을 활용한 **온라인 투자 교육 프로그램 개발**
- AI 기반 데이터 분석을 활용하여 **개인 맞춤형 재테크 강의 제공**
- 유튜브 및 블로그를 통해 **AI 활용 금융 교육 콘텐츠 제작 및 배포**

라) AI를 활용한 금융기관 퇴직자의 미래 직무 전망

🚀 금융기관 퇴직자는 AI 기술을 활용해 투자, 신용평가, 금융 리스크 관리, 핀테크 컨설팅 등의 분야에서 지속적으로 활동할 수 있음.

- ✔ **AI 기반 투자 및 자산관리 시장 확대** → AI 투자 컨설턴트 수요 증가
- ✔ **핀테크 산업 성장 및 디지털 금융 혁신 가속화** → AI 금융 전문가 필요
- ✔ **금융 데이터 분석 및 머신러닝 모델 적용 증가** → AI 기반 신용평가 및 대출 심사 전문가 필요
- ✔ **온라인 금융 교육 및 AI 투자 강의 시장 성장** → AI 금융 교육 전문가 활동

가능

🎯 결론

금융기관 퇴직자는 AI 및 핀테크 기술을 접목하면 **투자 컨설팅, 신용 평가, 금융 교육, 데이터 분석, 핀테크 컨설팅** 등 다양한 방식으로 직무를 연속하거나 전환할 수 있다.

AI를 활용한 디지털 금융의 새로운 기회를 잡아보세요!

6. 법률전문 업무 담당 직원의 직무 연속 및 직업 전환 사례

가) 법률전문 업무 담당자의 직무 연속 및 퇴직 후 직업 전환 개요

법률 전문가(변호사, 법무사, 노무사, 변리사, 판사, 검찰, 법률 사무직 등)는 **법률 상담, 계약 검토, 소송 대리, 법률 문서 작성, 법률 리서치, 기업 자문** 등의 역할을 수행하며, 고도의 법률적 사고 능력과 문서 작성 및 분석 역량을 보유하고 있다.

최근 **AI 기반 법률 서비스(리걸테크), 계약 자동화, AI 법률 챗봇, 온라인 법률 교육, 법률 데이터 분석** 등의 발전으로 인해 법률 전문가들은 AI 기술을 활용하여 **법률 컨설팅, 법률 문서 자동화, AI 기반 법률 분석가, 디지털 법률 교육 전문가, 리걸테크 창업** 등의 방식으로 직무를 연속하거나 전환할 수 있다.

나) 법률전문 업무 담당자의 주요 직무 연속 및 퇴직 후 전환 사례

일반 기업 및 공공기관 등에서 장기간 법률 업무를 담당하고 퇴직 후에 생성형 AI를 활용해 새로운 직업으로 전환해서 실현 가능 성이 높은 전환 사례를 [표1]과 같이 정리하였다.

[표1] 법률전문 업무 담당 퇴직자의 주요 직무 연속 및 전환 사례

기존 직무	활용 기술	새로운 직업 (전환 후)	주요 업무 및 사례
변호사	AI 계약 분석, 챗봇 법률 상담	AI 법률 컨설턴트	AI 기반 법률 상담 및 계약 자동화 컨설팅
법무사	AI 공증 및 문서 자동화	AI 법률 문서 자동화 컨설턴트	AI 기반 법률 문서 작성 및 검토
노무사	AI 근로계약 분석	AI 인사·노무 컨설턴트	AI 활용 맞춤형 노무 관리 컨설팅

기존 직무	활용 기술	새로운 직업 (전환 후)	주요 업무 및 사례
변리사	AI 특허 검색 및 분석	AI 기반 특허 컨설턴트	AI 활용 특허 데이터 분석 및 등록 지원
판사·검사	AI 법률 리서치	AI 법률 데이터 분석가	AI 활용 판례 및 법률 데이터 분석
기업 법무 담당자	AI 계약서 자동화	AI 기반 법률 리스크 컨설턴트	기업 대상 AI 법률 리스크 분석 및 대응
법률 연구원	AI 리걸테크	AI 법률 연구 컨설턴트	AI 활용 법률 연구 및 정책 자문
법률 교육 전문가	AI 법률 교육 플랫폼	AI 기반 법률 교육 전문가	AI 활용 법률 교육 콘텐츠 제작
법률 행정·사무직	AI 법률 챗봇 개발	AI 법률 지원 서비스 전문가	AI 기반 법률 상담 챗봇 운영

다) 법률전문 업무 담당 퇴직자의 기존 직무를 활용한 직업 전환 사례

- **사례 1: AI 법률 컨설턴트** (변호사 → AI 기반 법률 서비스 전문가)

    ✅ **기존 직무**: 변호사 (소송, 계약 검토, 기업 법률 자문)

    ✅ **활용 기술**: AI 법률 챗봇, 계약 분석 자동화 시스템, 법률 데이터 분석

    ✅ **전환 직업**: AI 법률 컨설턴트

    📌 **직무 변화 과정**

    ① 기존 **법률 상담 및 계약 검토 경험을 AI 계약 자동화 시스템과 접목**

    ② AI 법률 챗봇을 활용하여 **온라인 법률 상담 서비스 운영**

    ③ 기업 및 개인을 대상으로 **AI 법률 컨설팅 서비스 제공 및 리걸테크 창업**

    📍 실제 적용 예시

    - AI 계약 분석 시스템을 활용하여 **자동 계약 검토 및 리스크 분석 제공**
    - 기업 및 스타트업 대상으로 **AI 기반 법률 리스크 컨설팅 진행**
    - AI 챗봇을 활용한 **온라인 법률 상담 서비스 운영**

- **사례 2: AI 법률 문서 자동화 컨설턴트** (법무사 → AI 기반 계약서 자동화 전문가)

    ✅ **기존 직무**: 법무사 (계약서 작성, 공증, 법률 문서 검토)

    ✅ **활용 기술**: AI 문서 자동 생성, 법률 문서 챗봇, OCR(문서 인식 기술)

- ✅ **전환 직업**: AI 법률 문서 자동화 컨설턴트
- 📌 직무 변화 과정
  - ① 기존 **계약서 및 법률 문서 검토 경험을 AI 자동화 기술과 결합**
  - ② AI 기반 계약 자동화 시스템을 활용하여 **계약서 작성 및 공증 프로세스 최적화**
  - ③ 법률 문서 자동화 컨설팅을 제공하며 **프리랜서 또는 기업과 협업**
- 📍 실제 적용 예시
  - AI 계약 검토 시스템을 활용하여 **스타트업 및 기업 맞춤형 계약 검토 서비스 제공**
  - 자동 계약 생성형 AI 플랫폼을 운영하여 **온라인 계약 작성 서비스 제공**
  - AI OCR 기술을 활용하여 **법률 문서 디지털화 및 자동 검토 시스템 개발**

◆ 사례 3: AI 기반 노무 컨설턴트 (노무사 → AI 활용 인사·노무 자동화 전문가)
- ✅ **기존 직무**: 노무사 (근로계약 작성, 기업 인사 관리, 노동법 자문)
- ✅ **활용 기술**: AI 근로계약 분석, AI 기반 인사 자동화 시스템
- ✅ **전환 직업**: AI 인사·노무 컨설턴트
- 📌 직무 변화 과정
  - ① 기존 **근로계약 및 인사 관리 경험을 AI 자동화 솔루션과 결합**
  - ② AI 기반 근로계약 검토 및 인사 관리 시스템을 활용하여 **기업 대상 컨설팅 제공**
  - ③ AI 챗봇을 활용한 **노동법 자문 서비스 운영**
- 📍 실제 적용 예시
  - AI 기반 HR 분석을 활용하여 **기업 맞춤형 근로계약 자동화 컨설팅 제공**
  - AI 노무 챗봇을 활용하여 **기업 및 직원 대상 노동법 상담 서비스 운영**
  - 중소기업 대상 AI 노무 관리 솔루션 컨설팅 제공

◆ 사례 4: AI 법률 교육 전문가 (법률 교육 전문가 → AI 기반 온라인 강의 전문가)
- ✅ **기존 직무**: 법률 강사, 대학 교수, 기업 법률 교육 담당

- ✅ **활용 기술**: AI 법률 교육 플랫폼, 온라인 강의 제작 도구
- ✅ **전환 직업**: AI 기반 법률 교육 전문가

📌 직무 변화 과정
- ① 기존 **법률 강의 경험을 AI 기반 온라인 교육 콘텐츠와 결합**
- ② AI 법률 챗봇을 활용하여 **실시간 질의응답 시스템 운영**
- ③ 유튜브, 블로그, 온라인 법률 강좌를 통해 **디지털 법률 교육 전문가로 활동**

📍 실제 적용 예시
- AI 기반 법률 교육 플랫폼을 통해 **실시간 법률 교육 강의 제공**
- AI 챗봇을 활용하여 **법률 시험 대비 맞춤형 교육 콘텐츠 개발**
- 기업 및 공공기관 대상 **법률 교육 컨설팅 진행**

라) AI를 활용한 법률전문 퇴직자의 미래 직무 전망

🚀 법률 전문가들은 AI 기술을 활용하여 법률 서비스, 계약 자동화, 법률 컨설팅, 교육 등의 분야에서 지속적으로 활동할 수 있음.
- ✅ 리걸테크(법률+AI) 시장 성장 → AI 법률 서비스 전문가 수요 증가
- ✅ AI 기반 법률 자동화 및 챗봇 활성화 → 법률 문서 자동화 컨설팅 가능
- ✅ 법률 교육 디지털화 확대 → AI 기반 법률 교육 및 강의 제공 가능
- ✅ 기업의 AI 법률 리스크 관리 강화 → AI 법률 컨설턴트 역할 증가

🎯 결론

법률전문 업무 퇴직자는 AI 기술을 접목하면 **법률 컨설팅, 문서 자동화, 법률 교육, 리걸테크 창업** 등 다양한 방식으로 직무를 연속하거나 **전환**할 수 있다.

AI를 활용한 스마트 법률 서비스의 선구자가 되어 새로운 커리어를 만들어보세요!

7. 언론기관 직원의 직무 연속 및 직업 전환 사례

가) 언론기관 직원의 직무 연속 및 퇴직 후 직업 전환 개요

언론기관(신문사, 방송국, 온라인 미디어 등)에서 근무하는 직원들은 **취재, 기사 작성, 인터뷰, 영상 콘텐츠 제작, 미디어 전략 기획, 저널리즘 연구 및 교육** 등의 전문 역량을 보유하고 있다.

최근 **생성형 AI 기반 콘텐츠 제작, 자동 기사 작성, AI 뉴스 분석, 미디어 플랫폼 최적화, 디지털 콘텐츠 마케팅** 등이 발전하면서 퇴직 언론인은 AI 기술을 활용하여 **콘텐츠 기획자, AI 기반 저널리스트, 미디어 컨설턴트, 디지털 뉴스 교육 전문가, 미디어 스타트업 창업** 등의 방식으로 직무를 연속하거나 전환할 수 있다.

나) 언론기관 직원의 직무 연속 및 퇴직 후 직업 전환 사례

언론기관에서 장기간 근무하고 퇴직 후에 생성형 AI를 활용해 새로운 직업으로 전환해서 현실적이고 실현 가능 성이 높은 전환 사례를 [표1]과 같이 정리하였다.

[표1] 언론기관 퇴직자의 주요 직무 연속 및 전환 사례

기존 직무	활용 기술	새로운 직업 (전환 후)	주요 업무 및 사례
신문 기자	AI 기사 자동 생성	AI 기반 저널리스트	AI 활용 기사 작성 및 자동화 뉴스 제작
방송 기자	AI 음성 합성, 영상 편집	AI 기반 뉴스 콘텐츠 제작자	AI 음성 및 영상 기술을 활용한 디지털 뉴스 제작

기존 직무	활용 기술	새로운 직업 (전환 후)	주요 업무 및 사례
편집장/데스크	AI 뉴스 트렌드 분석	AI 미디어 컨설턴트	AI 기반 뉴스 콘텐츠 최적화 및 편집 전략 수립
사진기자	AI 이미지 생성, 편집	AI 기반 디지털 포토저널리스트	AI 활용 보도 사진 생성 및 편집 컨설팅
칼럼니스트	AI 글쓰기 보조	AI 기반 콘텐츠 크리에이터	AI 활용 칼럼 및 블로그 콘텐츠 제작
미디어 기획자	AI 마케팅 분석	AI 미디어 전략 컨설턴트	AI 활용 미디어 브랜드 전략 및 광고 기획
언론 교육 전문가	AI 저널리즘 교육 플랫폼	AI 기반 미디어 교육 전문가	AI 기반 저널리즘 및 미디어 교육 콘텐츠 제작
영상 프로듀서	AI 영상 자동 편집	AI 기반 영상 콘텐츠 크리에이터	AI 활용 영상 편집 및 유튜브 콘텐츠 제작
미디어 리서치 담당자	AI 데이터 분석	AI 기반 미디어 데이터 분석가	AI 활용 뉴스 트렌드 및 독자 분석

다) 언론기관 근무 후 퇴직자의 기존 직무를 활용한 직업 전환 사례

◆ **사례 1: AI 기반 저널리스트** (신문 기자 → AI 활용 뉴스 콘텐츠 제작 전문가)

☑ **기존 직무**: 신문 기자 (취재, 기사 작성, 인터뷰)

☑ **활용 기술**: AI 기사 자동 생성 도구(ChatGPT, Jasper), 데이터 저널리즘

☑ **전환 직업**: AI 기반 저널리스트

📌 직무 변화 과정

① 기존 **기사 작성 경험을 AI 자동 기사 생성 및 뉴스 최적화 기술과 접목**

② AI 기반 데이터 분석을 활용하여 **트렌드 예측 및 뉴스 큐레이션 제공**

③ 미디어 스타트업 및 디지털 뉴스 플랫폼과 협력하여 **AI 저널리즘 컨설팅 제공**

📍 실제 적용 예시

• AI를 활용해 **속보 뉴스 및 트렌드 분석 기사 자동 생성**

• AI 기반 뉴스 요약 및 번역 기술을 활용하여 **다국어 뉴스 서비스 운영**

• 데이터 저널리즘을 활용한 **심층 분석 기사 및 리포트 작성**

- **사례 2: AI 기반 뉴스 콘텐츠 제작자** (방송 기자 → AI 활용 디지털 뉴스 제작 전문가)
  - ✅ **기존 직무**: 방송 기자 (뉴스 리포팅, 영상 콘텐츠 기획)
  - ✅ **활용 기술**: AI 음성 합성, AI 자동 영상 편집, 가상 아나운서
  - ✅ **전환 직업**: AI 기반 뉴스 콘텐츠 제작자
  - 📌 직무 변화 과정
    - ① 기존 **뉴스 제작 경험을 AI 기반 음성 합성 및 자동 영상 편집 기술과 결합**
    - ② AI 기반 가상 아나운서를 활용하여 **디지털 뉴스 채널 운영**
    - ③ 유튜브, SNS를 활용한 **AI 기반 영상 뉴스 플랫폼 구축**
  - 📍 실제 적용 예시:
    - AI 음성 및 영상 기술을 활용하여 **가상 뉴스 진행 및 인터뷰 콘텐츠 제작**
    - AI 자동 영상 편집 도구를 활용하여 **최적화된 짧은 뉴스 영상 제작**
    - 유튜브 및 틱톡에서 **AI 기반 디지털 뉴스 채널 운영**

- **사례 3: AI 미디어 컨설턴트** (편집장/데스크 → AI 활용 뉴스 최적화 전문가)
  - ✅ **기존 직무**: 신문·방송 편집장 (콘텐츠 기획, 기사 편집)
  - ✅ **활용 기술**: AI 뉴스 트렌드 분석, SEO 기반 뉴스 최적화
  - ✅ **전환 직업**: AI 미디어 컨설턴트
  - 📌 직무 변화 과정
    - ① 기존 **뉴스 편집 및 기획 경험을 AI 기반 데이터 분석과 접목**
    - ② AI 뉴스 큐레이션 시스템을 활용하여 **콘텐츠 최적화 전략 제공**
    - ③ 미디어 기업 대상으로 **AI 기반 독자 분석 및 뉴스 기획 컨설팅 제공**
  - 📍 실제 적용 예시
    - AI 뉴스 트렌드 분석을 활용하여 **최적의 기사 배치 및 콘텐츠 추천 시스템 운영**
    - 미디어 기업을 대상으로 **AI 활용 뉴스 큐레이션 및 맞춤형 뉴스 서비스 컨설팅**
    - AI 기반 SEO 최적화를 통해 **뉴스 사이트 방문자 증가 전략 수립**

- 사례 4: AI 기반 미디어 교육 전문가 (언론 교육 전문가 → AI 활용 저널리즘 교육 강사)
  - ✅ **기존 직무**: 언론 교육 강사, 대학 저널리즘 교수
  - ✅ **활용 기술**: AI 법률 교육 플랫폼, 온라인 강의 제작 도구
  - ✅ **전환 직업**: AI 기반 저널리즘 및 미디어 교육 전문가
  - 📌 직무 변화 과정
    - ① 기존 **저널리즘 교육 경험을 AI 기반 온라인 교육 콘텐츠와 결합**
    - ② AI 기반 데이터 저널리즘 교육을 제공하여 **디지털 뉴스 리터러시 교육 운영**
    - ③ 유튜브, 블로그, 온라인 저널리즘 강좌를 통해 **디지털 저널리즘 교육 전문가로 활동**
  - 📍 실제 적용 예시
    - AI 기반 저널리즘 교육 플랫폼을 통해 **온라인 뉴스 리터러시 교육 제공**
    - AI 뉴스 분석 도구를 활용하여 **대학생 및 기자 지망생 대상 강의 운영**
    - 기업 및 언론사 대상 **AI 기반 미디어 전략 및 저널리즘 교육 컨설팅**

라) AI를 활용한 언론기관 퇴직자의 미래 직무 전망

🚀 언론기관 퇴직자는 AI 기술을 활용해 뉴스 콘텐츠 제작, 미디어 컨설팅, 저널리즘 교육, 미디어 스타트업 창업 등의 분야에서 지속적으로 활동할 수 있음.

- ✔ **AI 기반 저널리즘 시장 성장** → AI 저널리스트 및 뉴스 콘텐츠 제작 전문가 수요 증가
- ✔ **디지털 뉴스 플랫폼 확대** → AI 기반 뉴스 최적화 컨설팅 가능
- ✔ **AI 기반 미디어 데이터 분석 중요성 증가** → AI 미디어 분석가 및 전략 컨설턴트 필요
- ✔ **디지털 저널리즘 교육 확대** → AI 활용 미디어 교육 및 강의 제공 가능

🎯 결론

언론기관 퇴직자는 AI 및 디지털 미디어 기술을 접목하면 **AI 기반 저널리즘, 미디어 컨설팅, 디지털 뉴스 제작, 미디어 교육** 등 다양한 방식으로 직무를 연속하거나 전환할 수 있다.

AI를 활용한 새로운 미디어 트렌드에 맞춰 혁신적인 커리어를 만들어보세요!

8. IT회사 직원의 직무 연속 및 직업 전환 사례

가) IT회사 직원의 직무 연속 및 퇴직 후 직업 전환 개요

IT업계(소프트웨어 개발, 데이터 분석, 네트워크 보안, IT 기획, AI 연구, UX/UI 디자인 등)에서 근무하는 직원들은 **프로그래밍, 데이터 처리, IT 전략 기획, 프로젝트 관리, 기술 컨설팅, 보안 및 네트워크 운영** 등의 전문 역량을 보유하고 있다.

최근 **생성형 AI 기반 소프트웨어 개발, 자동화 기술, AI 데이터 분석, AI 기반 보안 솔루션, IT 컨설팅, 디지털 전환 프로젝트** 등이 발전하면서 IT회사 퇴직자는 **프리랜서 개발자, IT 컨설턴트, AI 기술 교육 강사, IT 스타트업 창업, AI 자동화 시스템 전문가** 등의 방식으로 직무를 연속하거나 전환할 수 있다.

나) IT회사 직원의 직무 연속 및 퇴직 후 직업 전환 사례

IT회사에서 장기간 근무하고 퇴직 후에 생성형 AI를 활용해 새로운 직업으로 전환해서 실현 가능 성이 높은 전환 사례를 [표1]과 같이 정리하였다.

[표1] IT회사 퇴직자의 주요 직무 연속 및 전환 사례

기존 직무	활용 기술	새로운 직업 (전환 후)	주요 업무 및 사례
소프트웨어 개발자	AI 자동 코딩, Low-Code/No-Code 플랫폼	AI 기반 개발 컨설턴트	AI 활용 소프트웨어 개발 및 컨설팅
데이터 분석가	AI 데이터 모델링, 머신러닝	AI 기반 데이터 컨설턴트	AI 활용 빅데이터 분석 및 비즈니스 인사이트 제공
네트워크 보안 전문가	AI 사이버 보안	AI 기반 보안 컨설턴트	AI 활용 보안 솔루션 구축 및 보안 강화

IT 프로젝트 매니저	AI 프로젝트 관리 도구	AI 기반 IT 컨설턴트	AI 기반 IT 프로젝트 최적화 및 디지털 전환 컨설팅
클라우드 엔지니어	AI 클라우드 자동화	AI 기반 클라우드 컨설턴트	AI 활용 클라우드 최적화 및 비용 절감 전략 제공
UX/UI 디자이너	AI 디자인 자동화	AI 기반 UX/UI 컨설턴트	AI 활용 디자인 최적화 및 사용자 경험 개선
AI/ML 연구원	생성형 AI, 딥러닝	AI 연구 컨설턴트	AI 모델 설계 및 기업 AI 기술 도입 컨설팅
IT 기술 교육자	AI 기반 IT 교육 플랫폼	AI 기반 IT 교육 강사	AI 활용 IT 교육 콘텐츠 제작 및 강의
기술 영업 및 컨설팅	AI 세일즈 자동화	AI 기반 기술 영업 컨설턴트	AI 활용 세일즈 최적화 및 기업 컨설팅 제공

다) IT회사 퇴직자의 기존 직무를 활용한 직업 전환 사례

- **사례 1: AI 기반 개발 컨설턴트 (소프트웨어 개발자 → AI 활용 소프트웨어 개발 전문가)**
  - ☑ **기존 직무**: 소프트웨어 개발자 (웹, 앱, AI, 백엔드 등)
  - ☑ **활용 기술**: AI 자동 코드 생성(GitHub Copilot, ChatGPT), Low-Code/No-Code 플랫폼
  - ☑ **전환 직업**: AI 기반 개발 컨설턴트

📌 직무 변화 과정

① 기존 **코딩 경험을 AI 기반 자동화 개발 솔루션과 결합**

② Low-Code/No-Code 플랫폼을 활용하여 **빠르고 효율적인 개발 컨설팅 제공**

③ 기업과 스타트업을 대상으로 **AI 소프트웨어 개발 최적화 컨설팅 진행**

📍 실제 적용 예시

- AI 코드 자동 생성 툴을 활용하여 **스타트업 MVP(최소 기능 제품) 개발 지원**
- 기업 대상 **AI 기반 애플리케이션 개발 자동화 컨설팅 제공**
- AI 코딩 교육을 제공하여 **개발자들의 생산성 향상 지원**

- **사례 2: AI 기반 데이터 컨설턴트** (데이터 분석가 → AI 활용 데이터 분석 전문가)
  - ☑ **기존 직무**: 데이터 분석 및 비즈니스 인사이트 제공
  - ☑ **활용 기술**: AI 기반 데이터 분석, 머신러닝, 데이터 시각화
  - ☑ **전환 직업**: AI 기반 데이터 컨설턴트

  📌 직무 변화 과정
  ① 기존 **데이터 분석 경험을 AI 기반 머신러닝 및 자동화 분석 시스템과 접목**
  ② AI 기반 예측 분석을 활용하여 **기업의 비즈니스 의사결정 지원**
  ③ 프리랜서 또는 기업 컨설팅을 통해 **AI 데이터 전략 수립 지원**

  📍 실제 적용 예시
  - AI 기반 고객 분석을 활용하여 **맞춤형 마케팅 전략 제공**
  - AI 예측 모델을 적용하여 **비즈니스 리스크 분석 및 수익 극대화**
  - AI를 활용한 **자동 데이터 정제 및 시각화 툴 개발 및 컨설팅**

- **사례 3: AI 기반 보안 컨설턴트** (네트워크 보안 전문가 → AI 활용 보안 솔루션 전문가)
  - ☑ **기존 직무**: 네트워크 보안, 침입 탐지 시스템 운영
  - ☑ **활용 기술**: AI 기반 보안 시스템(EDR, SOAR), 머신러닝 기반 이상 탐지
  - ☑ **전환 직업**: AI 기반 보안 컨설턴트

  📌 직무 변화 과정
  ① 기존 **보안 경험을 AI 기반 침입 탐지 및 보안 자동화 시스템과 결합**
  ② AI 기반 사이버 보안 솔루션을 활용하여 **기업 보안 리스크 최소화 지원**
  ③ 프리랜서 또는 기업 대상 **AI 보안 컨설팅 제공**

  📍 실제 적용 예시
  - AI 기반 보안 시스템을 활용하여 **기업의 사이버 공격 탐지 및 방어 강화**
  - 머신러닝 기반 이상 탐지를 통해 **랜섬웨어 및 해킹 공격 조기 감지**
  - AI 자동화 보안 정책 최적화를 통해 **기업 보안 비용 절감 및 효율성 증가**

- 사례 4: AI 기반 IT 교육 강사 (IT 교육 전문가 → AI 활용 IT 교육 콘텐츠 제작자)
  - ☑ **기존 직무**: IT 강사, 기업 내 IT 교육 담당자
  - ☑ **활용 기술**: AI 교육 콘텐츠 생성(ChatGPT, Synthesia), 온라인 강의 플랫폼
  - ☑ **전환 직업**: AI 기반 IT 교육 강사
  - 📌 직무 변화 과정
    - ① 기존 IT 교육 경험을 AI 기반 온라인 강의 및 교육 콘텐츠 제작과 결합
    - ② AI를 활용하여 **자동화된 IT 교육 콘텐츠 제작 및 맞춤형 학습 시스템 구축**
    - ③ 개인 유튜브, 블로그, 기업 강의 등을 통해 **AI 기반 IT 교육 전문가로 활동**
  - 📍 실제 적용 예시
    - AI 기반 코드 리뷰 및 실시간 피드백 시스템을 활용하여 **효율적인 IT 교육 제공**
    - AI 챗봇을 활용한 **자동 IT 강의 응답 시스템 운영**
    - 기업 및 기관을 대상으로 **AI 활용 IT 교육 컨설팅 및 강의 제공**

라) AI를 활용한 IT회사 퇴직자의 미래 직무 전망

🚀 IT회사 퇴직자는 AI 기술을 활용해 개발, 보안, 데이터 분석, IT 컨설팅, AI 기반 교육 등의 분야에서 지속적으로 활동할 수 있음.

- ☑ **AI 기반 자동화 개발 및 코딩 시장 확대** → AI 소프트웨어 개발 컨설팅 수요 증가
- ☑ **기업의 데이터 활용 증가** → AI 기반 데이터 분석 전문가 필요
- ☑ **사이버 보안 위협 증가** → AI 기반 보안 솔루션 전문가 역할 중요
- ☑ **IT 교육 및 AI 활용 기술 확산** → AI 기반 IT 강의 및 컨설팅 기회 증가

🎯 결론

IT회사 퇴직자는 AI 및 디지털 기술을 접목하면 **AI 기반 개발 컨설팅, 데이터 분석, 보안 컨설팅, IT 교육, 디지털 전환 컨설팅** 등 다양한 방식으로 직무를 연속하거나 전환할 수 있다.

AI를 활용한 스마트 IT 전문가로 새로운 커리어를 만들어보세요!

9. 일반 회사 근무 직원의 직무 연속 및 직업 전환 사례

가) 일반 회사 직원의 직무 연속 및 퇴직 후 직업 전환 개요

일반 회사에서 근무하는 직원들은 **경영, 영업, 마케팅, 기획, 재무·회계, 인사·노무, 고객 서비스, 물류·구매, IT 지원, 연구개발**(R&D) 등 다양한 직무 경험을 보유하고 있다.

최근 **생성형 AI를 활용한 자동화 업무, 데이터 분석, AI 마케팅, AI 영업, AI 고객 상담, AI 기반 인사·노무 솔루션, 디지털 전환 컨설팅** 등의 기술이 발전하면서 일반 회사 퇴직자는 **AI 컨설팅, AI 기반 마케팅·영업 전문가, 디지털 트랜스포메이션 컨설턴트, AI 기반 HR 컨설턴트, AI 교육 및 코칭 전문가, 온라인 창업가** 등의 방식으로 직무를 연속하거나 전환할 수 있다.

나) 일반 회사 근무 직원의 주요 직무 연속 및 퇴직 후 직업 전환 사례

일반 회사에서 장기간 근무하고 퇴직 후에 생성형 AI를 활용해 새로운 직업으로 전환해서 실현 가능성이 높은 전환 사례를 [표1]과 같이 정리하였다.

[표1] 일반 회사 퇴직자의 주요 직무 연속 및 전환 사례

기존 직무	활용 기술	새로운 직업 (전환 후)	주요 업무 및 사례
경영 기획	AI 데이터 분석, AI 의사결정 지원	AI 기반 경영 컨설턴트	기업의 AI 기반 데이터 활용 및 전략 수립 지원
마케팅 담당자	AI 마케팅 자동화, SEO	AI 기반 마케팅 컨설턴트	AI 활용 디지털 마케팅 및 광고 최적화
영업 담당자	AI 영업 자동화, CRM 분석	AI 기반 영업 컨설턴트	AI 기반 영업 데이터 분석 및 세일즈 자동화

기존 직무	활용 기술	새로운 직업 (전환 후)	주요 업무 및 사례
재무·회계 담당자	AI 회계 자동화, 데이터 분석	AI 기반 재무 컨설턴트	AI 활용 회계 자동화 및 재무 분석
인사·노무 담당자	AI HR 분석, 인사 자동화	AI 기반 HR 컨설턴트	AI 활용 인사 채용 및 조직 운영 최적화
고객 서비스·CS 담당자	AI 챗봇, AI VOC 분석	AI 고객 서비스 컨설턴트	AI 기반 고객 경험 최적화 컨설팅
구매·물류 담당자	AI 수요 예측, 자동 발주	AI 기반 공급망 컨설턴트	AI 활용 물류 최적화 및 자동화 솔루션 컨설팅
연구개발(R&D)	AI 연구 및 개발 지원	AI 기술 컨설턴트	AI 활용 신제품 개발 및 기술 연구
IT 지원	AI 자동화 시스템, 클라우드	AI 기반 IT 컨설턴트	AI 활용 IT 인프라 최적화 및 디지털 전환 지원

다) 일반 회사 근무 후 퇴직자의 기존 직무를 활용한 직업 전환 사례

◆ **사례 1: AI 기반 경영 컨설턴트** (경영 기획 → AI 활용 경영 전략 전문가)

☑ **기존 직무**: 회사의 전략 수립, 경영 분석, 시장 조사 담당

☑ **활용 기술**: AI 데이터 분석, 머신러닝 기반 시장 예측, AI 의사결정 지원 시스템

☑ **전환 직업**: AI 기반 경영 컨설턴트

📌 직무 변화 과정

① 기존 **경영 분석 및 기획 경험을 AI 기반 데이터 분석 기술과 결합**

② AI를 활용한 경영 의사결정 지원 시스템 도입 및 기업 컨설팅 수행

③ 기업 및 스타트업 대상으로 **AI 활용 경영 컨설팅 서비스 제공**

📍 실제 적용 예시

- AI 데이터 분석을 활용하여 **시장 변화 및 고객 트렌드 예측 모델 구축**
- AI 기반 재무 예측 시스템을 활용하여 **기업 비용 절감 및 수익 극대화 전략 제공**
- AI 기반 경영 자동화 시스템을 활용하여 **업무 효율화 및 생산성 향상 컨설팅 제공**

- **사례 2: AI 기반 마케팅 컨설턴트** (마케팅 담당자 → AI 활용 디지털 마케팅 전문가)
  - ☑ **기존 직무**: 브랜드 마케팅, 광고 기획, SEO 최적화 담당
  - ☑ **활용 기술**: AI 마케팅 자동화, AI 기반 데이터 분석, AI 콘텐츠 생성
  - ☑ **전환 직업**: AI 기반 마케팅 컨설턴트
  - 📌 직무 변화 과정
    - ① 기존 **마케팅 경험을 AI 기반 디지털 마케팅 솔루션과 접목**
    - ② AI 자동 광고 최적화 시스템을 활용하여 **기업의 마케팅 ROI 개선 컨설팅 수행**
    - ③ 기업 및 스타트업을 대상으로 **AI 마케팅 전략 컨설팅 제공**
  - 📍 실제 적용 예시
    - AI 광고 분석을 활용하여 **최적의 광고 타겟 설정 및 성과 분석 제공**
    - AI 콘텐츠 자동 생성 툴을 활용하여 **SNS 및 블로그 마케팅 최적화 지원**
    - AI 기반 고객 행동 분석을 통해 **맞춤형 마케팅 캠페인 기획 및 실행**

- **사례 3: AI 기반 영업 컨설턴트** (영업 담당자 → AI 활용 세일즈 자동화 전문가)
  - ☑ **기존 직무**: 고객 유치, 영업 전략 수립, CRM 관리
  - ☑ **활용 기술**: AI 영업 자동화(CRM), AI 고객 데이터 분석, AI 예측 분석
  - ☑ **전환 직업**: AI 기반 영업 컨설턴트
  - 📌 직무 변화 과정
    - ① 기존 **영업 경험을 AI 기반 CRM 및 영업 자동화 시스템과 결합**
    - ② AI를 활용한 고객 맞춤형 영업 전략 수립 및 컨설팅 제공
    - ③ 기업 및 영업 조직을 대상으로 **AI 활용 세일즈 전략 컨설팅 진행**
  - 📍 실제 적용 예시
    - AI 기반 고객 세분화 분석을 활용하여 **맞춤형 영업 전략 제공**
    - AI 챗봇을 활용한 **자동 고객 응대 및 영업 기회 창출**
    - AI 예측 분석을 활용하여 **고객 구매 가능성 예측 및 맞춤형 영업 전략 제공**

- 사례 4: AI 기반 HR 컨설턴트 (인사·노무 담당자 → AI 활용 인사 자동화 전문가)
  - ☑ **기존 직무**: 채용, 조직 운영, 인사평가 및 급여 관리 담당
  - ☑ **활용 기술**: AI 인재 분석, AI 면접 시스템, AI 조직 관리
  - ☑ **전환 직업**: AI 기반 HR 컨설턴트
  - 📌 직무 변화 과정
    - ① 기존 **인사 및 조직 관리 경험을 AI 기반 HR 기술과 접목**
    - ② AI 기반 인재 추천 시스템을 활용하여 **맞춤형 채용 컨설팅 제공**
    - ③ 기업을 대상으로 **AI 활용 인사 자동화 및 최적화 컨설팅 수행**
  - 📍 실제 적용 예시
    - AI 기반 인재 매칭 시스템을 활용하여 **채용 프로세스 자동화 및 지원자 분석**
    - AI 조직 분석 시스템을 활용하여 **기업 조직문화 최적화 컨설팅 제공**
    - AI 기반 성과 평가 모델을 활용하여 **직원 성과 분석 및 피드백 제공**

라) AI를 활용한 일반 회사 퇴직자의 미래 직무 전망

🚀 일반 회사 퇴직자는 AI 기술을 활용해 경영, 마케팅, 영업, 인사, 재무, 고객 서비스 등 다양한 분야에서 지속적으로 활동할 수 있음.

- ☑ **AI 기반 데이터 분석 및 경영 자동화 확대** → AI 기반 경영 컨설턴트 수요 증가
- ☑ **디지털 마케팅 및 AI 광고 최적화 확산** → AI 기반 마케팅 전문가 필요
- ☑ **AI 기반 영업 자동화 기술 발전** → AI 활용 영업 컨설턴트 수요 증가
- ☑ **AI 기반 HR 및 조직 관리 시스템 증가** → AI HR 컨설턴트 및 조직 운영 전문가 필요

결론

 일반 회사 퇴직자는 AI 및 디지털 기술을 접목하면 **경영 컨설팅, 마케팅 최적화, AI 영업 자동화, 인사 관리, 고객 서비스** 등 다양한 방식으로 직무를 연속하거나 **전환**할 수 있다.

 ChatGPT를 잘 활용하는 사람이 활용하지 않는 사람을 대체합니다. AI를 활용한 스마트한 업무 방식으로 새로운 커리어를 만들어보세요!

10. 중소기업 대표의 사업 전환 및 직업 전환 사례

가) 중소기업 대표의 사업 전환 및 직업 전환 개요

중소기업 대표(CEO)들은 주로 **경영 전략 수립, 사업 운영, 마케팅 및 영업, 제품 개발, 인사 및 조직 관리, 자금 조달** 등의 경험을 보유하고 있다.

최근 **생성형 AI, 자동화 기술, 디지털 전환, AI 기반 데이터 분석, AI 마케팅, AI 기반 비즈니스 컨설팅** 등이 발전하면서 중소기업 대표들은 **기존 사업을 AI 중심으로 전환하거나 새로운 AI 기반 사업을 창업**할 수 있다. 또한 **AI를 활용한 컨설팅, 강의, 투자, 스타트업 멘토링** 등의 방식으로 직업을 전환할 수도 있다.

나) 중소기업 대표의 주요 사업 전환 및 직업 전환 사례

중소기업 대표는 중소기업을 운영하면서 다양한 경험을 가지고 있기 때문에 생성형 AI를 활용해 새로운 사업으로 전환해서 사업을 할 수 있고 다른 직업으로 전환해서 실현 가능 성이 높은 전환 사례를 [표1]과 같이 정리하였다.

[표1] 중소기업 대표의 주요 사업 전환 및 직업 전환 사례

기존 직무	활용 기술	새로운 직업 (전환 후)	주요 업무 및 사례
제조업	AI 스마트 공장, 자동화 로봇	AI 기반 제조 자동화 컨설턴트	AI 활용 스마트 팩토리 구축 컨설팅
도소매·유통업	AI 수요 예측, AI 재고 관리	AI 기반 유통 컨설턴트	AI 활용 유통 최적화 및 마케팅 컨설팅
서비스업	AI 고객 서비스, AI 챗봇	AI 기반 고객 경험 컨설턴트	AI 활용 고객 응대 및 서비스 자동화
프랜차이즈 사업	AI 매장 운영, AI 마케팅 자동화	AI 기반 프랜차이즈 컨설턴트	AI 활용 매장 운영 최적화 및 데이터 분석

광고·마케팅	AI 광고 최적화, AI 콘텐츠 생성	AI 기반 디지털 마케팅 전문가	AI 활용 광고 전략 및 콘텐츠 자동화
소프트웨어 개발	AI 자동 코드 생성, AI SaaS	AI 기반 IT 컨설턴트	AI 활용 IT 서비스 최적화 및 자동화 컨설팅
교육업	AI 교육 플랫폼, AI 콘텐츠 제작	AI 기반 교육 사업 창업	AI 활용 온라인 교육 콘텐츠 및 강의 운영
부동산	AI 부동산 데이터 분석	AI 기반 부동산 컨설턴트	AI 활용 시장 분석 및 투자 컨설팅
스타트업 대표	AI 비즈니스 모델, AI 자동화	AI 기반 창업 멘토	AI 활용 창업 전략 및 투자 컨설팅

다) 중소기업 대표의 주요 사업 전환 및 직업 전환 사례

◆ **사례 1: AI 기반 스마트 제조 컨설턴트** (제조업 대표 → AI 활용 제조업 자동화 전문가)

  ✔ **기존 사업**: 중소 제조업 (자동차 부품, 가구, 식품 가공 등)
  ✔ **활용 기술**: AI 기반 스마트 공장, IoT, AI 기반 설비 유지보수
  ✔ **전환 사업**: AI 기반 제조 자동화 컨설팅

  📌 사업 전환 과정

   ① 기존 **제조업 운영 경험을 AI 및 스마트 팩토리 기술과 접목**
   ② AI 기반 생산 공정 최적화 및 스마트 공장 구축 컨설팅 제공
   ③ 중소 제조업체 대상으로 **디지털 전환 컨설팅 및 AI 자동화 시스템 도입 지원**

  📍 실제 적용 예시

   • AI 기반 로봇 및 자동화 설비를 도입하여 **생산성 30% 향상 및 비용 절감**
   • AI 예측 유지보수 시스템을 통해 **기계 고장 발생률 40% 감소**
   • 스마트 팩토리 컨설팅 기업 창업 후 **다른 제조업체 대상 컨설팅 제공**

◆ **사례 2: AI 기반 유통 컨설턴트** (도소매 · 유통업 대표 → AI 활용 유통 최적화 전문가)

  ✔ **기존 사업**: 전통 도소매업 (의류, 생활용품, 식료품 등)
  ✔ **활용 기술**: AI 기반 수요 예측, AI 자동 재고 관리, AI 마케팅 자동화

- ☑ **전환 사업**: AI 기반 유통 컨설턴트
- 📌 사업 전환 과정
    - ① 기존 **유통 경험을 AI 기반 자동화 및 데이터 분석 기술과 결합**
    - ② AI를 활용한 유통 최적화 및 재고 관리 솔루션 컨설팅 제공
    - ③ 중소 유통 업체 및 온라인 쇼핑몰 대상 **AI 마케팅 및 운영 자동화 컨설팅 진행**
- 📍 실제 적용 예시
    - AI 기반 수요 예측 시스템 도입 후 **재고 비용 25% 절감**
    - AI 자동화 추천 시스템을 통해 **고객 구매율 20% 증가**
    - AI 마케팅 자동화를 통해 **광고비 절감 및 ROI 최적화 성공**

◆ **사례 3: AI 기반 고객 경험 컨설턴트** (서비스업 대표 → AI 활용 고객 서비스 전문가)
- ☑ **기존 사업**: 고객 서비스 중심 사업(콜센터, 여행사, 헬스케어 등)
- ☑ **활용 기술**: AI 챗봇, AI 음성 인식, AI 기반 고객 데이터 분석
- ☑ **전환 사업**: AI 기반 고객 경험 컨설턴트
- 📌 사업 전환 과정
    - ① 기존 **고객 서비스 경험을 AI 챗봇 및 음성 인식 기술과 결합**
    - ② AI 기반 고객 응대 자동화 및 맞춤형 서비스 최적화 컨설팅 제공
    - ③ 기업 및 중소사업자 대상으로 **AI 고객 서비스 솔루션 구축 컨설팅 진행**
- 📍 실제 적용 예시
    - AI 챗봇을 활용하여 **콜센터 운영 비용 30% 절감 및 응대 속도 2배 향상**
    - AI 고객 데이터 분석을 통해 **맞춤형 고객 경험 제공 및 만족도 20% 상승**
    - AI 기반 고객 상담 자동화 솔루션을 활용한 **서비스 업종 컨설팅 제공**

◆ **사례 4: AI 기반 디지털 마케팅 전문가** (광고·마케팅 대표 → AI 활용 마케팅 자동화 컨설턴트)
- ☑ **기존 사업**: 디지털 마케팅, 광고 대행업

☑ **활용 기술**: AI 콘텐츠 생성, AI 광고 최적화, SEO 자동 분석
☑ **전환 사업**: AI 기반 디지털 마케팅 컨설턴트

📌 사업 전환 과정

① 기존 **마케팅 경험을 AI 자동화 및 빅데이터 분석 기술과 결합**

② AI 기반 광고 최적화 및 고객 데이터 분석 컨설팅 제공

③ 중소기업 및 스타트업 대상으로 **AI 활용 마케팅 자동화 컨설팅 진행**

📍 실제 적용 예시

- AI 기반 광고 최적화를 통해 **광고 성과 50% 개선**
- AI 콘텐츠 자동 생성을 활용한 **블로그 및 SNS 마케팅 자동화 성공**
- AI 기반 맞춤형 타겟팅 광고로 **전환율 30% 증가**

라) AI를 활용한 중소기업 대표의 미래 직무 전망

🚀 중소기업 대표는 AI 기술을 활용하여 사업을 전환하거나 컨설팅, 강의, 투자 등의 방식으로 지속적으로 활동할 수 있음.

☑ **AI 기반 제조업 자동화 및 스마트 팩토리 확대** → AI 기반 제조 컨설팅 수요 증가

☑ **유통 및 물류 AI 최적화 솔루션 발전** → AI 유통 컨설턴트 필요

☑ **AI 기반 고객 경험 최적화 및 자동화 증가** → AI 고객 서비스 전문가 필요

☑ **디지털 마케팅 및 AI 광고 기술 확산** → AI 기반 마케팅 컨설턴트 활동 가능

🎯 결론

중소기업 대표는 AI 및 디지털 기술을 접목하면 **제조 자동화, 유통 최적화, 고객 서비스 개선, 마케팅 자동화, AI 컨설팅, 교육 및 창업 멘토링** 등 다양한 방식으로 사업을 전환하거나 직업을 전환할 수 있다.

AI를 활용한 새로운 비즈니스 기회를 잡아보세요! 🚀

Part 5

참고문헌

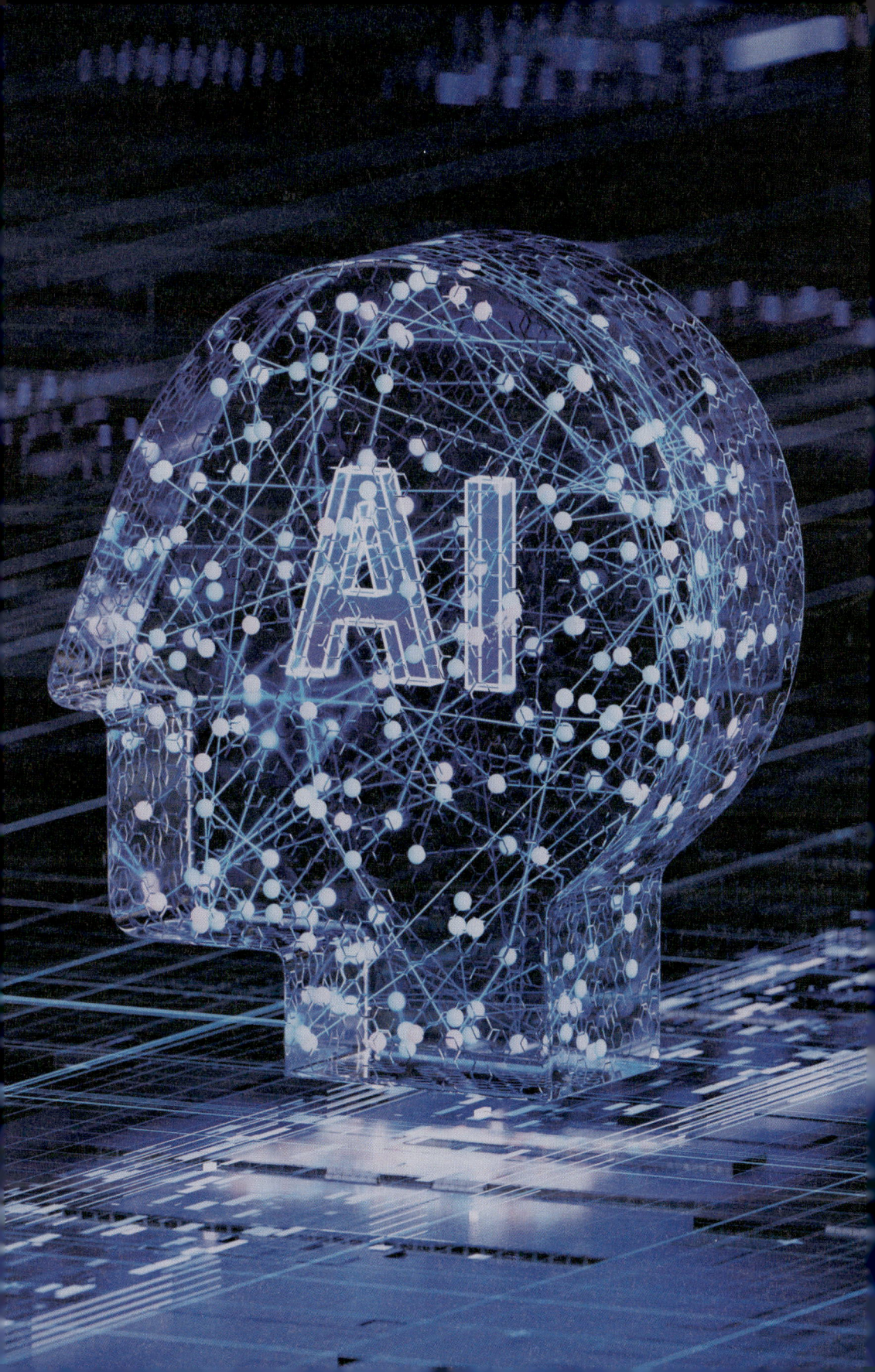

참고문헌

[1] 권보경,"AI시대 혁신 사례와 시사점 2 : 생성형 AI와 일하는 방식의 혁신", 포스코경영연구원, 2024.05.

[2] 권보경,"AI시대 혁신 사례와 시사점 3 : 비즈니스 모델 혁신", 포스코경영연구원, 2024.06.

[3] 김태원, "ChatGPT와 생성형 AI의 미래", NIA 한국지능정보사회진흥원, 2023.03.

[4] 류승희외,"창작 영역에 뛰어든 생성형 AI 투자 현황과 활용 전망", 삼정KPMG 경제연구원, 2024.05

[5] 박연주외, "생성형 AI, 제 2의 기계 시대" 테마리포트, 미래에셋증권, 2023.04

[6] 삼정KPMG 경제 연구원, "Business Focus 챗GPT가 촉발한 초거대 AI 비즈니스 혁신", 2023.04

[7] 삼정KPMG 경제 연구원, "창작영역에 뛰어든 생성형 AI 투자 현황과 활용 전망", ISSUE Monitor 제163호, 2024.05

[8] 서울디지털재단, SDF 이슈레포트 2023, "ChatGPT 활용사례 및 활용 팁", 2023.04

[9] 안성원외, "초거대언어모델의 부상과 주요이슈", ISSUE REPORT, SPRI(소프트웨어 정책연구소), 2023.02

[10] 정보통신기획평가원,"인공지능 기술 청사진(2030), 정보통신기획평가원(IITP), 2020.12.

[11] 정종기, "상상을 현실로 부를 창출하는 'ChatGPT 활용 전략'", 형설이엠제이, 2024.07

[12] 정종기, "ChatGPT 업무.비즈니스 활용 전략", 형설이엠제이, 2023.07

[13] 정종기, "150가지 사례와 함께 쉽게 활용하는, 인공지능 비즈니스", 형설이엠제이, 2021.09.

[14] 정종기, "누구도 경험하지 못한 미래, 인공지능 완전정복", 형설출판사, 2020.11.

[15] 최광일. "생성형 AI 시대, 일하는 방식이 변한다", LG경영연구원, 2023.07

[16] 최재영, "생성형 AI를 활용한 비즈니스의 현주소: 산업별 해외 선도기업 사례", 삼일PwC 경영

연구소, 2024.05

[17] 한국지능정보사회진흥원,미래2030 Vol.2", 한국지능정보사회진흥원(NIA), 2020.12

[18] NIA 한국지능정보사회진흥원. "The AI Report", 2023.01.

[19] IT WORLD CIO, "피할 수 없는 변화에서 길을 찾다. Q&A로 알아보는 생성형 AI 실전 도입 전략", 2024.05.

[20] Alcazar, Javier, et al., "Geo: Enhancing combinatorial optimization with classical and quantum generative models." arXiv preprint arXiv:2101.06250 (2021).

[21] Jack Clark et al., "Artificial Intelligence Index Report 2023", HAI, 2023.04.

[22] 네이버 지식백과, 위키백과, 두산백과, 천재교육

[23] brunch story -헤르메스 JK

[24] ChatGPT Prompt Engineering, 티타임즈, 챗GPT의 언어 정복의 비밀

[25] devocean.sk.com/blog

[26] https://www.forrester.com/research/

[27] https://charlychoi.blogspot.com/2023/06/chatgpt.html

[28] https://blog.deeplink.kr/?p=3127"

[ChatGPT 신규 업데이트] GPT-4o 모델 발표, 혁신적인 멀티모달 인공지능의 탄생 - DEEPLINK CORE Lab_

[29] https://www.gpters.org/c/notice/chatgpt

[30] https://zdnet.co.kr/view/?no=20250109141629&utm_source=chatgpt.com

[31] i-doss.co.kr/ab-6141-60002

[32] aihub.kr, aistudy.co.kr, beebom.com, blog.wishket.com, bloter.net, cigro.io, deepdaive.com, dbr.donga.com, https://www.forbes.com, ibm.com, irsglobal.com, idg.co.kr, it.chosun.com, itworld.co.kr, itdaily.kr, ko.wikihow.com, lgcns.com, lgeri.com, needjarvis.tistory.com, nia.or.kr, nvidia.co.kr, posri.re.kr, tensorflow.org, tensorflowkorea.wordpress.com, text.cortex.com, sas.com, seri.org, subokim.wordpress.com, yoonsupchoi.com, zdnet.co.kr

AI와 함께 평생 일하는 기술

초판 1쇄 인쇄 / 2025년 7월 11일
초판 1쇄 발행 / 2025년 7월 18일

저자	정종기
발행처	형설출판사
	경기도 파주시 회동길 37-23・전화 (031) 955-2361~4・팩시밀리 (031) 955-2341
발행인	장진혁
등록	라-제9호・1962년 5월 1일
홈페이지	http://www.hyungseul.co.kr
e-mail	hs@hyungseul.co.kr

정가 18,000원

ⓒ 2025 정종기 All Rights Reserved.

ISBN 978-89-472-8762-3 93500

* 본 도서는 저자와의 협의에 따라 인지는 붙이지 않습니다.
* 본 도서는 저작권법에 의해 보호를 받는 저작물이므로 동영상 제작 및 무단전재와 복제를 금합니다.
* 본 도서의 출판권은 형설출판사에 있으며, 사전 승인 없이 문서의 전체 또는 일부만을 발췌/인용하여 사용하거나 배포할 수 없습니다.

Memo

Memo